EMILIE DE MORSIER

LA MISSION DE LA FEMME

DISCOURS ET FRAGMENTS

PRÉCÉDÉS D'UNE NOTICE BIBLIOGRAPHIQUE ET LITTÉRAIRE

PAR

ÉDOUARD SCHURÉ

PARIS
LIBRAIRIE FISCHBACHER
(Société anonyme)
33, RUE DE SEINE, 33

1897

ÉMILIE DE MORSIER

LA MISSION DE LA FEMME

DISCOURS ET FRAGMENTS

Emilie de Morsier

EMILIE DE MORSIER

LA MISSION DE LA FEMME

DISCOURS ET FRAGMENTS

PRÉCÉDÉS D'UNE NOTICE BIBLIOGRAPHIQUE ET LITTÉRAIRE

PAR

ÉDOUARD SCHURÉ

PARIS
LIBRAIRIE FISCHBACHER
(Société anonyme)
33, RUE DE SEINE, 33

1897

DÉDICACE

Je dédie ces discours et ces articles à mes trois fils Auguste, Edouard *et* Louis. *Ils y trouveront le résumé de ma foi sociale et religieuse.*

Émilie de Morsier.

Octobre 1893.

INTRODUCTION

INTRODUCTION

Les discours réunis dans ce volume sont le legs d'une noble vie et d'une âme d'élite. Après la mort de Mme Emilie de Morsier, on les trouva réunis sous une enveloppe avec ces mots : « A mes fils Auguste, Edouard et Louis. Dans ces pages, ils trouveront le résumé de ma foi sociale et religieuse. »

La dernière pensée de la mère pour ses enfants est devenue de droit la dédicace du livre publié aujourd'hui.

Il s'agit donc ici d'un testament intellectuel et moral qui est le résultat de vingt années d'efforts consacrés aux œuvres de préservation sociale et surtout à la défense de la femme opprimée ou méconnue. Or, ce testament ne s'adresse pas seulement à la famille de la défunte et à ses nombreux compagnons de travail, mais encore à un public plus étendu. Comme l'a si bien dit Charles Wagner, la grande originalité de Mme Emilie de Morsier fut de joindre l'idéalisme le plus élevé au besoin énergique de l'action, et d'avoir « la bonté audacieuse. » Il semble que, dès sa jeunesse, elle ait eu ce double penchant vers une profonde vie intérieure et une forte expansion au dehors. Elle ne pouvait séparer la pensée de l'action, si bien qu'à force de collaborer ces deux puissances finirent par n'en former qu'une seule en elle. Ses rêves les plus mystiques ne pouvaient la satisfaire s'ils n'aboutissaient à un effort pratique, et ses actions les plus éclatantes furent toujours l'expression de sa pensée intime. Cet idéalisme généreux et combatif devait nécessairement la mettre en rapport avec les grands courants de la pensée rénovatrice et humanitaire qui agitent cette fin de siècle, courants qui peuvent nous consoler dans une certaine mesure de l'abaissement des mœurs et des caractères dont nous sommes témoins, parce qu'ils présagent pour le xxe siècle une transformation complète de la vie et de l'humanité.

Ceux qui ont eu le bonheur de connaître Mme Emilie de Morsier dans les dix dernières années de sa vie et qui ont rencontré dans son salon des personnalités aussi diverses que William Crookes et la duchesse de Pomar, Benoît Malon et Mme Chapmann, Amilcar Cipriani, Ch. Wagner, Yves Guyot, Maxime Ducamp, Charles Richet, l'abbé Charbonnel et tant d'autres, ont été frappés de l'étendue de ses relations et de la largeur de ses sympathies. Très dévouée à ses devoirs de famille et toujours adorée des siens, elle n'en prit pas moins une part active à trois grands mouvements intellectuels de notre époque, dont un seul eût suffi pour absorber une vie.

Les questions sociales, surtout le relèvement de la femme déchue, prirent le meilleur de ses forces. — L'occultisme sous ses nombreux aspects : spiritisme, magnétisme, psychologie expérimentale, théosophie ne cessèrent de fasciner sa pensée inquiète. — Elle joua un rôle important dans le mouvement féministe et y prit une position spéciale par ses doctrines mystiques, qui furent pour elle, non l'objet d'une vaine curiosité, mais un moyen d'éveiller et de développer les plus hautes facultés de son âme. — Enfin le souci de l'art et l'amour de la musique, qui passionnèrent sa jeunesse, la reprenaient par intervalles et lui apparaissaient souvent comme un Eden inaccessible dans sa vie fatiguée de travaux et de luttes.

Douée comme elle l'était, si Mme Emilie de Morsier se fût bornée à un seul de ces domaines, elle aurait pu y jouer un rôle de premier plan. Elle reconnaissait elle-même qu'en se jetant tour à tour sur ces chemins divers elle n'avait atteint sur aucun le but rêvé. Elle en souffrait quelquefois, mais ne s'en plaignait jamais. Elle accepta les inconvénients et les avantages de cette dispersion, y reconnaissant la loi inéluctable de sa nature. Une irrésistible pitié la poussa à descendre dans la grande cité dolente de la misère humaine. Mais un instinct non moins fort l'attira toujours aux voies cachées de l'âme solitaire et aux routes escarpées de l'esprit. Comme elle hantait à la fois ces trois mondes divers, les problèmes vitaux de notre temps se présentèrent à elle dans leur étendue comme dans leur profondeur. Elle se rendit compte des liens secrets qui unissent la question sociale à la question philosophique, à la question de l'art et toutes les trois à la question religieuse comme à leur centre vivant. Elle comprit qu'aucun de ces problèmes ne peut se résoudre séparément, et entrevit dans ses élans de charité, comme à ses heures de haute intuition, la vaste synthèse qui pourra quelque jour les éclaircir en les unifiant. Elle put réaliser ainsi sa destinée spirituelle, qui était d'incarner en sa personne un type remarquable de la femme affranchie des conventions surannées et des dogmes étroits, libre annonciatrice d'un idéal nouveau.

A ce titre, la figure de Mme Emilie de Morsier est une manifestation de l'âme contemporaine et mérite de survivre dans la mémoire de tous ceux qui s'intéressent à l'avenir de la femme. C'est pour cela que je voudrais fixer en quelques traits cette physionomie captivante, non pas en faisant sa biographie, mais en marquant les grandes étapes de sa vie intérieure, source de son action sociale.

I

LA JEUNESSE, L'ART ET LA CRISE MORALE

Mme Emilie de Morsier est issue d'une des familles patriciennes de Genève. Par son père Louis Naville, homme d'une sensibilité exquise, d'une vertu familiale et civique exemplaire, elle descendait de huguenots français. Par sa mère, née Todd, femme d'une grande fermeté de caractère, elle tenait du sang écossais. Son tempérament trahissait sa double origine. On y retrouvait la générosité française et le mysticisme des races du Nord. Avec son teint blanc, ses traits fins, ses yeux d'un bleu tendre et ses cheveux d'un blond chaud, de cette nuance que les Anglais appellent *auburn*, toute sa personne dégageait une élégance libre et une grâce hardie. Mais, quand les tristesses de la vie ou le rêve de l'au delà la saisissaient, elle semblait devenir subitement une ascète du désert ou une voyante celtique, avec parfois des enthousiasmes profonds et des indignations superbes. Quant aux caractères essentiels de sa physionomie morale, ils ont été fixés d'une manière frappante par Mme Butler. « J'ai rarement vu, dit sa grande amie, une nature humaine aussi libre de petitesse et d'égoïsme qu'elle. Elle avait des défauts comme les autres, mais c'étaient les défauts d'une très généreuse nature. Elle était portée à croire les gens meilleurs qu'ils n'étaient, et elle a dû être quelquefois, par cela même, désappointée. Son cœur généreux gagnait ceux vers qui elle se sentait attirée, par la noblesse et la générosité qu'elle possédait. Et quelle ambition elle avait pour l'humanité, quelle compassion pour les misérables et les opprimés, quel désir ardent de justice! » (1) Elle grandit dans la ville de Calvin qu'on a nommée la Rome protestante. Ce milieu sévère et distingué, illustré par son oncle, M. Ernest Naville, théologien savant et philosophe spiritualiste d'une grande élévation, favorisa son penchant précoce pour les études morales. Mais souvent aussi elle se trouva en opposition secrète ou déclarée avec les traditions et les dogmes qui règnent dans la cité genevoise. Ses aspirations intimes l'entraînaient vers des conceptions plus larges de la vie et de la religion.

La poésie et la musique furent ses premières initiatrices. La musique l'attirait par l'expression puissante qu'elle donne aux plus profondes émotions de l'âme humaine; et puis, n'est-elle pas le seul interprète infaillible du grand mystère des choses par la langue irrésistible qu'elle prête au sentiment? Emilie Naville avait une voix de mezzo-soprano rendue plus pénétrante et comme chauffée par un beau timbre d'alto. Jusqu'en l'âge mûr, elle ne manquait jamais de produire une véritable émotion lorsqu'elle disait une mélodie de Glück ou de Schumann. Elle ne chantait que rarement et plus volontiers dans l'intimité. Il lui fallait pour cela un entourage sympathique et une

(1) Lettre citée dans les *Souvenirs* de M. Gustave de Morsier sur sa femme

certaine exaltation. Mais alors tout son être vibrait; elle devenait la lyre humaine qui frémit de toutes ses cordes. Cette puissance d'émouvoir est un beau don et une grande tentation. On se sent maître des âmes pour les troubler comme pour les ravir. L'idée de se vouer complètement à l'art du chant est l'une des plus séduisantes qui puisse se présenter à l'esprit d'une jeune femme. Mais ceux que réclame la grande Pitié humaine ou qu'appelle le problème ardu de la Vérité éternelle sont forcés de dire à la Beauté un douloureux adieu. Il est vrai que cette Beauté ils espèrent la retrouver cent fois plus radieuse par delà cette vie, dans la patrie divine de l'âme, et qu'ils en ont comme l'avant-goût dans leurs dévouements passionnés et leur contemplation intérieure. Mais combien rare cette volonté et cette force! Il y faut le renoncement et la foi. Ce devait être plus tard le cas de Mme Emilie de Morsier.

En attendant, le monde de la pensée lui ouvrait ses vastes perspectives par les poètes. Dans ses cahiers de jeune fille, qu'elle remplissait d'extraits d'auteurs favoris, on trouve les noms d'Obermann, de Lamartine et de Lamennais mêlés à ceux de Byron, de Bulwer et d'Emerson. Ni Voltaire, ni Rousseau n'y figurent une seule fois. Elle eut cependant quelque chose de l'éloquence enflammée et de l'enthousiasme humanitaire de son compatriote, mais elle se détournait instinctivement du scepticisme léger et de l'ironie sanglante du premier. Un de ces carnets est rempli de passages copiés dans les poètes de son choix. Beaucoup de ces fragments se rapportent sans doute aux dates importantes de sa vie intime. Le revers de la feuille de garde montre deux devises ajoutées plus tard. L'écriture plus mâle en dénote l'époque tardive. La première est cette pensée de Victor Hugo : « Il y a un spectacle plus grand que la mer, c'est le ciel; il y a un spectacle plus grand que le ciel, c'est l'*intérieur d'une âme.* » Puis viennent ces trois vers d'Alfred de Musset :

Je ne sais. — Dieu le sait! Dans la pauvre âme humaine,
La meilleure pensée est toujours incertaine,
Mais une larme coule et ne se trompe point.

Ces deux perles poétiques résument l'histoire de cette âme

avec ses flux et ses reflux. Le problème de la vie intérieure et la religion de la pitié furent ses plus grands soucis.

Mais ce n'est pas en un jour qu'on descend dans les cercles de la douleur humaine, de plus en plus étroits et désolants comme l'enfer de Dante, ni qu'on remonte ceux de l'âme de plus en plus larges et radieux comme son paradis pour atteindre les certitudes divines de l'amour et de la foi. Au printemps de la vie, tout souriait à l'heureuse jeune femme : une belle situation sociale, la séduction d'un charme très personnel, les dons d'une riche nature et les joies de la famille sous toutes leurs formes. En épousant M. Gustave de Morsier, Emilie Naville, alors âgée de vingt ans, avait uni sa destinée à l'homme qu'elle aimait, et bientôt le bonheur d'être mère rendit sa vie complète. Ce fut aux approches de la trentième année, l'âge critique de la femme selon Balzac, que les épreuves, les méditations et le spectacle de la vie produisirent dans cette nature, à la fois sensitive et tumultueuse, une révolution totale.

Peu d'années après leur mariage, M. et Mme de Morsier vinrent s'établir près de Paris, à Saint-Mandé, où la guerre de 1870 les surprit. Ils y restèrent pendant le siège et Mme de Morsier y soigna les malades de l'ambulance. Elle connut les angoisses de l'investissement, le crépitement des fusillades voisines, les longues nuits du bombardement, où les obus de deux cents kilos tombaient sur les forts et sur le quartier du Panthéon. Après l'armistice et la paix, la jeune femme se promenait souvent le cœur serré « sur les hauteurs de Champigny couvertes de croix alignées, sur ce plateau qui s'étend au loin comme une mer sanglante et houleuse. Car les tombes succèdent aux tombes, et toujours le linceul rouge des coquelicots enveloppe les monticules et les vallées (1). » Ce fut son premier contact avec ces grandes souffrances qui ne frappent pas seulement l'individu, mais qui s'abattent sur toute une classe d'hommes et parfois sur des nations entières. Ce fut aussi sa première communion avec l'âme de la France qu'elle devait tant aimer. Ainsi

(1) Journal de Mme E. de Morsier pendant le siège, dont M. G. de Morsier a publié des fragments dans ses *Souvenirs*.

se marquait déjà le trait distinctif de son tempérament moral et intellectuel. Elle possédait la gamme complète des sentiments humains; mais elle ne pouvait aimer, elle ne savait comprendre qu'à travers la douleur.

Elle était parvenue à ce point tournant de toute vie, où la direction de l'effort se décide. Malgré le bonheur familial, malgré de nombreuses affections, l'existence lui paraissait triste, dénuée de sens et comme écrasée sous la fatalité des choses extérieures. Il lui manquait la communion vivante avec le grand courant social où crie toute l'âme et qui charrie pêle-mêle de rares grandeurs au milieu de tant de misères. Ce qu'Alfred de Vigny a nommé « la majesté des souffrances humaines », l'appelait — là-bas.

II

LE MAL SOCIAL ET LA MISSION DE LA FEMME

C'est à la rencontre de Mme Emilie de Morsier avec Joséphine Butler que remonte sa conversion, à ce qu'on pourrait appeler son apostolat social. Liée par sa foi à l'orthodoxie protestante, mais libre de toute intolérance, Joséphine Butler est un grand cœur et une âme haute. Emule de Florence Nightingale et d'Elisabeth Fry, elle appartient à cette phalange des héroïnes de la charité libre, qui font l'honneur de notre temps. Ces trois femmes intrépides n'ont pas craint de consacrer leur vie aux criminels, aux assassins, aux prostituées, et ont travaillé à leur relèvement moral avec un désintéressement absolu. Elles auraient pu choisir cette devise : « Là où la police et la médecine désespèrent au nom de la fatalité, nous recommençons au nom de l'humanité et de la charité chrétiennes. » Pour se consoler de la perte d'une fille chérie, Mme Butler en était venue à s'occuper des orphelines, des filles-mères et des pauvres créatures poussées par la misère aux derniers avilissements. Elle ne les traitait pas ainsi que cela se pratique dans beaucoup de refuges catholiques et protestants, comme des pénitentes repenties. Avec la sublime audace qui est le privilège des âmes les plus pures, elle les abordait comme des sœurs malheureuses. Ainsi faisait sainte Catherine de Sienne, dans l'Italie féroce et corrompue du XIVe siècle. « Il y a une loi, dit Mme Emilie de Morsier dans un de ses discours, qui a échappé jusqu'ici aux recherches des savants et que des femmes de cœur ont découverte, c'est que les instincts bons ou mauvais de l'individu se manifestent en raison directe du sentiment avec lequel on s'approche de lui. » De là, des résultats surprenants qui sembleraient, à beaucoup de nos psychologues, des miracles improbables. Une pauvre fille qu'elle avait sauvée dit un jour à Mme Butler : « Savez-vous quelle est la première chose qui a touché mon cœur, après que j'avais résisté à toutes les prédications et à tous les discours sur la morale? C'est un jour où vous vous êtes approchée de mon lit à l'hôpital et où vous avez passé la main dans mes cheveux en m'embrassant plusieurs fois sur le front. Je ne vous ai rien dit, mais cette nuit-là j'ai bien pleuré et je pensais : Oh! si je pouvais être aimée d'un amour pur avant de mourir! » Et Mme Butler ajoute : « Etre aimée d'un amour pur, aspirer à cet amour, c'est ce qui peut sauver ces pauvres filles. » On sait que Mme Butler a fondé une grande société nommée la *Fédération* qui a tenu ses assises en divers pays et qui a pour but d'abolir la réglementation de la prostitution par l'Etat; cela au nom de tout le sexe outragé et de la honte qui, d'une telle institution, retombe sur la société tout entière. Nous ne discuterons pas les raisons que beaucoup de médecins, plus policiers que sociologues, opposent à cette réforme. A toutes les objections qui leur sont faites, Mme Butler et ses amis répondent par trois arguments péremptoires : « 1° La réglementation de la prostitution est un attentat à la liberté humaine; elle crée une classe de réprouvées et dégrade pour toujours les femmes qui en sont l'objet; 2° C'est un encouragement public donné au vice et au recrutement des infortunées victimes qui le servent; 3° C'est une iniquité devant la conscience universelle. Or, aucun bien ne peut sortir du mal. » Comment ne pas reconnaître la valeur de cette argumentation, surtout lorsque des médecins éminents comme les docteurs Laborde, Chapmann et bien d'autres, sont venus l'appuyer de preuves statistiques? Le mouvement d'opinion, suscité par Mme Butler, s'est propagé dans toute l'Europe, et a déjà produit des modifications notables dans les lois anglaises. Ce qui, surtout, lui gagna les cœurs, ce fut son courage admirable, la grandeur et la noblesse de son sentiment.

Mme de Morsier aperçut pour la première fois Mme Butler, à Paris, dans une réunion, où la fondatrice de la Fédération était venue défendre ses idées. En la voyant, Mme de Morsier ressentit un choc électrique. Elle avait rencontré l'idéal de la femme qu'elle poursuivait inconsciemment.

La pâture que ni le monde, ni les livres, ni l'art, ni la religion officielle n'avaient pu lui procurer, elle la trouvait enfin dans cette parole de mansuétude et de rénovation. Elle y pouvait apaiser sa faim de justice et sa soif d'amour universel. Cette parole domina sa vie. « Je me reporte à ces belles années de luttes ardentes, s'écriait-elle plus tard dans un de ses discours, où tous, d'un seul cœur, d'une même âme, nous serrions les rangs autour de Joséphine Butler. La première, elle avait poussé un cri d'indignation et de révolte contre cet esclavage suprême et typique de la femme, formulé dans les règlements ou les lois qui l'asservissent au vice et font d'elle l'instrument — je ne dirai pas de l'homme — mais de la bête humaine. » La sympathie fut réciproque et de son côté Mme Butler s'est souvenue de cette rencontre après la mort de son amie. « Je me rappelle, comme si c'était hier, écrit-elle, son attitude et son regard quand je parlais des injustices et l'ardeur avec laquelle elle répondit alors à mon appel (1) ». Mme de Morsier devint l'apôtre de Mme Butler. Désormais, selon l'expression d'une vieille amie qui put la suivre dans tout le cours de son existence, « elle entra dans la lutte avec la lance et le bouclier. » Elle assista aux Congrès de Genève, de Paris, de Londres, de Gênes, de La Haye et de Liège, et y prit souvent la parole.

Mais ce fut à l'*Œuvre des libérées de Saint-Lazare*, œuvre parallèle et complémentaire de celle de la *Fédération*, que Mme

(1) Lettre à M. Gustave de Morsier.

Emilie de Morsier devait déployer sa plus grande activité. Fondée par Mlle de Grandpré, élargie par Mme de Barrau, soutenue et développée par le dévouement infatigable et le grand sens pratique de Mme Bogelot, cette œuvre a un but de préservation et de relèvement.

On sait que, dans la prison de Saint-Lazare, viennent s'entasser pêle-mêle toutes les prévenues, les condamnées à moins de deux ans, les prostituées, etc. Le grand malheur des milieux de ce genre est que la promiscuité des coupables et des malheureux y produit la contagion de toutes les perversités. Celles qui ont fauté une première fois par ignorance, par entraînement ou par excès de misère, se trouvent en contact forcé avec les endurcies du crime et du vice. Là s'échangent les propos obscènes, les rancunes amères, les basses suggestions. La persévérance dans le mal est enseignée comme une sorte de point d'honneur et la haine de l'honnêteté comme une solidarité d'un nouveau genre et comme une vertu. Quels étonnements, quelles humiliations, quel effroi pour les prévenues qui plongent pour la première fois dans ce gouffre d'abjection ! Le découragement ou la révolte s'en mêlant, presque toujours celles qui auraient encore pu être sauvées se perdent irrémédiablement en sortant de prison. Les dames fondatrices de l'Œuvre des Libérées eurent la pensée vraiment humaine de recueillir, à l'expiration de leur peine, celles de ces malheureuses qui ont le désir de revenir à une vie meilleure. On fonda des asiles temporaires pour femmes et enfants, des refuges organisés comme des familles.

La prison de Saint-Lazare offrit un vaste champ de travail et d'études à Mme Emilie de Morsier, devenue vice-présidente de l'Œuvre des Libérées. Elle consola et sauva plus d'une de ces pauvres égarées. Elle appliqua à la lettre la belle maxime : « A mesure que la pensée s'élève, la pitié descend toujours plus bas ». Ses discours en font foi. On ne parle pas ainsi quand on n'a pas souffert de la souffrance des autres et que l'on n'a pas fait un grand effort pour la soulager. Il y a toutes sortes de récompenses au bien généreusement embrassé. La plus intime et la plus précieuse est l'élargissement de l'âme qui en résulte, la force nouvelle qui en afflue. Les œuvres dites de charité, ne sont pas toujours une initiation. Pratiquées froidement et machinalement au nom d'un devoir abstrait, comme des œuvres d'orgueil mondain ou dans l'idée égoïste du salut personnel, elles dessèchent le cœur et ne produisent que des fruits de cendre pareils à ceux du figuier de l'Evangile. La vraie charité commence par l'élan et l'amour et par l'oubli de soi. Alors, en retour de ce qu'elle donne aux autres, une révélation lui revient. Car il n'y a pas pour l'homme de communion plus profonde avec l'âme universelle. Mme de Morsier fut une néophyte ardente de cette charité qui est à la fois une science et un art, l'effort et la grâce de l'amour. En méditant sur la profondeur de la souffrance humaine, sur la puissance de la sympathie, sur la nécessité de l'une et de l'autre pour le progrès de l'homme, ses yeux se dessillèrent, sa vue s'étendit au loin. Le sens et le but de la vie lui apparurent plus clairement. Parlant de Mme Bogelot qui « a sacrifié à cette œuvre son temps, ses forces, sa santé et jusqu'aux joies les plus légitimes de la vie », elle disait un jour : « Mesdames, pour créer quelque chose de vraiment grand et de bon en ce monde, pour faire une œuvre vivante et durable, dans quelque domaine que ce soit, il ne faut pas moins que le don d'une vie et d'une âme tout entière. Voilà pourquoi on trouve sur la terre beaucoup d'ébauches et peu de chefs-d'œuvre. »

Cette conception de la destinée humaine, résultat d'une expérience intime, devint pour cette femme supérieure l'idée directrice de sa vie. Pour s'y affermir, elle aimait à citer cette pensée de Victor Hugo : « Il ne suffit pas de faire une œuvre, il faut en faire la preuve. L'œuvre est faite par l'écrivain, la preuve est faite par l'homme. La preuve d'une œuvre est la souffrance acceptée. »

Les discours de Mme Emilie de Morsier, qu'on lira dans ce volume, où les soins pieux de son mari et de ses fils les ont réunis, se distinguent par une éloquence spontanée, une forme naturellement noble et des accents virils sous lesquels on sent toujours palpiter l'âme féminine. Les épisodes saisissants, les peintures pathétiques y abondent. Quelle dramatique opposition entre « la jeune fille frappée d'une légère condamnation, dont les cheveux s'échappent en boucles folles de son bonnet brun et qui semble l'incarnation de la jeunesse et du printemps » — et « cette femme aux yeux noirs et fixes sous sa dentelle espagnole, dont le visage pâle et flétri porte les traces de la débauche précoce qui tue le corps avant que l'âme ait eu le temps de s'épanouir. » Les deux prisonnières se croisent et se regardent sans se connaître dans une salle de Saint-Lazare. Mais le regard pénétrant de l'observatrice émue voit et comprend. L'une est au premier, l'autre au dernier échelon du vice, et c'est pour empêcher celle-là de devenir comme celle-ci, que la charité peine et travaille. — Quelle tragique histoire aussi que celle de la malheureuse que son amant voulait forcer d'abandonner leur enfant et qui l'étouffa dans un accès de désespoir ! Quelle peinture prise sur le vif des familles foudroyées par les catastrophes financières et de « ces profonds yeux d'enfants qui semblent avoir déjà contemplé ou deviné toutes les misères de la terre ! » Et par un contraste consolant, quel touchant tableau de « ces familles spirituelles, formées par les liens du malheur et de la pitié et qui sont peut-être plus vraies que celles formées uniquement par les liens du sang. » Partant des faits, l'orateur s'élève toujours aux sentiments généraux, aux vues d'ensemble. Il plane volontiers dans la haute région des pensées philosophiques et morales qui semblent son atmosphère naturelle. Il abonde aussi en remarques d'une psychologie profonde comme celle-ci : « L'amour est semblable à un aimant. Lorsqu'il s'approche de ces âmes brisées ou flétries, il attire à lui des profondeurs de l'être toutes les parcelles de vie morale, tous les germes du bien qui peuvent encore y rester. Et voilà pourquoi nous trouvons parfois chez ces femmes que vous qualifiez de perdues, des âmes encore vivantes qui n'attendent qu'un rayon de soleil pour s'épanouir. » Dans son allocution au *Congrès des Institutions féminines*, lors de l'Exposition de 1889, Mme de Morsier terminait son discours par une de ces images frappantes, qui résument une situation sociale. A côté de la glorieuse cité qui célèbre les triomphes de l'art, de la science et de l'industrie, elle évoquait « la grande cité dolente des malheureux et des désespérés. et cette population flottante de la misère qui passe incessamment pareille à une rivière noire, sous les roues de notre machine sociale. » Elle finissait par un cri qui contient la pensée dominante de sa vie : « Notre patrie à nous autres femmes, est partout où l'on souffre ! »

Ceux-là seuls ont pu comprendre l'éloquence de ces discours, qui les ont entendus prononcés par l'orateur, de sa voix rythmée et musicale, avec une vibration d'autant plus communicative qu'elle était plus contenue et plus profonde. C'est parce que Mme Emilie de Morsier restait complètement femme, lorsqu'elle parlait en public, et cela dans le sens le plus charmant et le plus élevé du mot, qu'elle faisait une si vive impression sur son auditoire et qu'elle possédait le don essentiel de l'orateur qui est de persuader. Même réduites à la parole imprimée, quoiqu'elles y perdent beaucoup, ces œuvres gardent encore leur beauté particulière, leur haute valeur intellectuelle et morale.

On les lit avec un puissant intérêt, à cause des grandes idées qu'elles défendent avec une si noble chaleur, et surtout parce qu'elles racontent l'histoire d'une belle âme qui poursuivit un grand idéal et voulut l'exprimer, non par la lettre morte du livre, mais par le verbe vivant de l'action.

III

MAZZINI ET LE HÉROS MODERNE

En 1881, Mme de Morsier publia la traduction française d'une vie de Mazzini, écrite par son amie, Mme Ashurt Venturi. Dans la préface elle explique, en quelques mots, les raisons pour lesquelles elle recommande l'exemple de cette vie à la démocratie française. « Aujourd'hui, dit-elle, on fait bon marché de l'enthousiasme, de l'idéal, de la fidélité aux principes, lorsque ces sentiments ont pris leur source dans une foi qui ne limite pas l'existence individuelle à la brièveté de nos jours terrestres. Sur les ruines du cléricalisme religieux, nous voyons germer et grandir un *cléricalisme scientifique*, plus dangereux peut-être, qui, sous prétexte de nous affranchir des préjugés, des illusions et de l'ignorance, nous offre aussi son nouveau catéchisme infaillible. Ce nouveau clergé, il est vrai, ne brûle pas les hérétiques, il se contente de déclarer que toute personne qui croit à un avenir extra-terrestre, qui admet l'existence de lois divines d'après lesquelles l'homme doit chercher à diriger sa vie, est atteinte d'aliénation mentale. C'est un cas pathologique dans lequel le médecin-prêtre, qui devient aussi quelquefois *inquisiteur*, est seul compétent. » Mazzini offre un type humain absolument contraire à celui de ces prétendus hommes de science, qui, au lieu d'affranchir l'âme humaine, l'écrasent sous la fatalité de l'univers matériel et la dépouilleraient, si on les laissait faire, de ses divins privilèges : la liberté, l'intuition et l'amour créateur. C'est pour cela que ce grand homme attira l'auteur des discours sur *la mission de la femme*.

Mazzini a eu le sort des grands précurseurs. En dehors de son fidèle compagnon et continuateur, Aurelio Saffi, et d'un petit groupe d'amis, l'Italie, dont il prépara plus que personne l'affranchissement, a négligé l'ancien triumvir de Rome, pour glorifier en Cavour la politique habile, en Victor-Emmanuel le roi heureux, en Garibaldi le capitaine héroïque et un peu théâtral. L'Europe, qu'il appela à une fédération républicaine de nations libres, ne voit plus en lui qu'un carbonaro qui n'a pas réussi. Les socialistes d'aujourd'hui le méprisent parce qu'il croyait en Dieu et qu'il n'était pas collectiviste. Ce libre penseur spiritualiste, ce révolutionnaire religieux restera cependant une des plus hautes figures de ce siècle. Il fut le promoteur des grandes questions sociales qui sont encore aujourd'hui à l'ordre du jour : l'émancipation des nationalités, l'alliance des peuples, la substitution de la justice internationale au droit de la force, l'abolition de l'esclavage sous toutes ses formes, la réhabilitation de la personne humaine dans la femme. Ce génie prophétique aux vues larges et profondes, annonça même la rénovation de l'art par la musique, si merveilleusement réalisée plus tard par Richard Wagner (1). Il pressentit enfin la nouvelle synthèse

(1) Voir son traité : *Filosofia della musica* paru en 1834 et republié dans le

religieuse et philosophique qui sera l'œuvre du xxe siècle. Son caractère, plus encore que son génie, excita l'admiration de Mme Emilie de Morsier. Elle trouvait en lui l'union parfaite de la pensée, de l'action et de la foi. Un moment capital de cette vie l'avait frappée entre tous, sans doute parce qu'il lui remémorait les grands appels de la conscience qu'elle avait entendus elle-même et cette voix de Dieu qui parle à l'homme lorsqu'il se sent complètement seul et abandonné de ses frères. Mazzini, après une première tentative d'insurrection et un échec total, était en prison à Savone. Beaucoup de ses compagnons avaient été fusillés, ses meilleurs amis doutaient de lui. Chose pire, il doutait de lui-même. Il se demandait « s'il fallait continuer à faire pleurer les mères » et s'il ne valait pas mieux se livrer aux joies des affections pures dont il s'était sevré pour son œuvre. Il eut huit jours d'une lutte affreuse. Un matin, il se réveilla calme et résolu à continuer sa route avec une fermeté inébranlable. Il venait de traverser « ce désert qui entoure presque toujours les martyrs de la pensée. » Mais, tout au bout, « dans une paix froide et désespérée » il avait trouvé soudain la lumière et la force. Il dit « un long adieu à toute espérance terrestre. » Alors, ajoute-t-il, « *de mes propres mains je creusai la tombe de* « *tous mes désirs personnels et je jetai dessus une poignée de* « *terre, afin que nul ne se doutât du moi qui y était enseveli.* » Puis il écrivit ces lignes :

« La vie est une mission, toute autre définition est fausse et égare ceux qui l'acceptent. La religion, la science, la philosophie, bien que variant sur beaucoup de points, s'accordent à dire que chaque existence est, par elle-même, un but. Il s'agit donc, pour chacun de nous, de développer et de mettre en action toutes les facultés constitutives qui dorment dans sa nature et de les combiner harmonieusement pour arriver au développement de sa loi propre.

« La vie est une mission et le devoir en est la loi la plus élevée. De l'accomplissement de cette loi dépend le progrès futur ;

tome IV de ses œuvres complètes. Wagner eût été bien étonné d'y trouver longuement déduite toute la théorie des motifs conducteurs, de la mélodie psychologique et de la synthèse des arts.

c'est là qu'est le secret de l'existence à laquelle nous serons initiés en quittant celle-ci.

« La vie est immortelle, mais les conditions de temps et d'évolution à travers lesquelles elle doit passer dépendent en partie de nous.

« Nous devons purifier notre âme comme un temple et l'affranchir de l'égoïsme. (1). »

Depuis ce jour, Mazzini garda une âme sereine dans une existence orageuse. Sa vie entière fut l'accomplissement des résolutions prises en cette heure solennelle. Il devint la terreur de Metternich et l'espoir des peuples renaissants. Trente ans d'exil, de luttes, de conspirations et d'insurrections ne lassèrent pas son courage. Il eut la douleur de voir des ennemis plus souples et des compagnons moins scrupuleux s'emparer de sa pensée et de son œuvre pour la fausser et s'en faire un marchepied de leur gloire. Que dirait-il aujourd'hui d'un de ses fervents de jadis, de M. Crispi ? Il ne daigna même pas s'emporter contre ces bonheurs douteux et ces trahisons habiles. Pas un seul instant, il ne douta de ses convictions et du résultat final de son œuvre. Les plus nobles amitiés d'hommes et de femmes consolèrent ses dernières années. Il mourut dans l'intégrité de sa pensée et de sa foi. Ses œuvres complètes, publiées par les soins de ses amis, demeurent un monument littéraire, philosophique et social. Son action est écrite dans l'histoire d'Italie et sa pensée germe en des milliers d'âmes.

Par ce peu de mots, on comprendra l'enthousiasme que la vie de Mazzini dut exciter en Mme Emilie de Morsier. Elle avait salué en Mme Butler une apparition de la femme nouvelle, messagère de justice et de charité ; elle salua en Mazzini l'idéal de l'homme nouveau, du réformateur social, du héros moderne. De tels hommes, pensait-elle, pourront seuls dégager la femme future des limbes de son rêve, commeelle pourra, à son tour, les susciter de son désir et les couronner de son amour.

(1) Traduction de la *Vie de Mazzini*, par Mme Emilie de Morsier, chez Charpentier à Paris.

IV

LE MOUVEMENT ÉSOTÉRIQUE ET LE CONGRÈS RELIGIEUX UNIVERSEL

Je n'aurais pas donné de l'attachante personnalité de Mme Emilie de Morsier une idée complète, si je ne disais un mot d'un autre ordre d'idées et d'études qui joua dans sa vie un rôle considérable. Je veux parler du mouvement occultiste et de la philosophie ésotérique (1)

Le merveilleux qui préside à la naissance de chaque homme, cette puissance inconnue qui élabore une conscience et l'enferme avec une parcelle de liberté dans la prison du corps comme au cercle d'airain d'une destinée inéluctable, se résuma jadis en une croyance naïve. Dans les contes populaires, les fées viennent apporter au berceau de l'enfant les qualités et les défauts qui feront le bonheur ou le malheur de sa vie. J'imagine donc qu'un bonne fée s'en vint au berceau de Mme de Morsier et lui dit : « Tu aimeras la douleur humaine pour la consoler. » Une autre, un peu sournoise, ajouta en s'approchant : « L'invisible et le mystère de l'Au delà tourmenteront ton âme et tu vivras déchirée entre deux mondes ennemis. » Une troisième, plus clémente, dit en souriant avec indulgence : « Mais toi aussi tu seras consolée, car tu travailleras à leur conciliation. »

L'Invisible ! l'Au delà ! le Surnaturel ! Il y a vingt ans, ces mots faisaient hausser les épaules de tous les savants et sourire

(1) Les sciences occultes signifiaient, au Moyen Age, celles cultivées par un petit nombre d'adeptes. L'Eglise les persécutait comme dangereuses et diaboliques ; elle les proscrit toujours. Aujourd'hui que ces études se sont vulgarisées, le mot *occultisme* se rapporte aux idées et aux pratiques que la science officielle méprise comme illusoires et futiles. Ce ne sont plus les *sciences maudites*, mais les *sciences moquées*. — Le mot *ésotérique* signifie intérieur, en opposition avec *exotérique* ou extérieur. Il vient de Pythagore qui l'appliquait à l'enseignement secret, réservé aux disciples choisis, formant le noyau de son école. Aujourd'hui que toutes les idées entrent dans le domaine public, le mot de *philosophie ésotérique* peut s'appliquer à toutes les doctrines issues de la vie intérieure et de l'entraînement mystique, mais accompagnées de vues générales et d'une interprétation rationnelle du monde.

de pitié les esprits forts. On en avait fini avec ces revenants du Moyen Age depuis Voltaire, Diderot, d'Alembert et tous les encyclopédistes. Taine et Renan n'avaient-ils pas porté le dernier coup à ces ombres d'un passé mort irrévocablement ? Si le sage et profond Louis Pasteur disait : « Il y a plus de merveilleux dans la seule notion de l'Infini que dans toutes les mythologies », le triomphant Berthelot, persuadé qu'il avait trouvé le fond des choses dans ses analyses chimiques, ne s'était-il pas écrié au nom de la science matérialiste : « Il n'y a plus de mystères ? » — Il n'en est plus tout à fait ainsi depuis que Wallace a publié sa volumineuse enquête sur le spiritualisme ; depuis que Crookes, membre de la Société Royale de Londres, esprit éminent, physicien et chimiste de premier ordre, fit paraître son livre sur la *force psychique*, où sont relatés les phénomènes les plus extraordinaires observés par lui en des conditions scientifiques ; depuis que Charles Richet, l'illustre professeur de physiologie, et le grand criminaliste Lombroso, un matérialiste convaincu, ont constaté, en compagnie de beaucoup d'autres savants, quelques-uns de ces mêmes phénomènes avec le médium Eusapia ; depuis que le colonel de Rochas, administrateur de l'Ecole polytechnique, a publié ses belles études sur l'hypnose et sur l'extériorisation de la sensibilité et prouvé expérimentalement l'existence de cette enveloppe fluidique de l'âme, appelée jadis *corps astral* par le tant décrié Paracelse ; depuis enfin que Victorien Sardou a osé porter crânement sur la scène la question du spiritisme, sans tomber sous le ridicule et sans être lapidé par ses confrères de l'Institut.

Il est donc permis d'affirmer que la fin du XIXe siècle a vu une des plus inattendues résurrections du merveilleux sous les formes les plus diverses. La connaissance plus ou moins nette et approfondie des phénomènes et des lois occultes, toujours réservée dans le cours des âges à un petit nombre d'adeptes qui les tenaient soigneusement cachés, est de plus en plus divulguée aujourd'hui et tend à tomber dans le domaine commun. Il y a là un bien et un mal. Ce mal est redouté des véritables occultistes plus que de tous les autres. Ils savent que, pour être pratiquées avec fruit, ces sciences et ces arts doivent être cultivés dans le recueillement profond, avec un désintéressement absolu et une élévation véritablement religieuse, que, jetées en pâture à la foule, elles deviennent infailliblement la proie du charlatanisme et des passions mauvaises. Néanmoins, je crois qu'en fin de compte le bien surpassera le mal, et qu'il y a dans cette diffusion un fait conforme à une loi providentielle. Au matérialisme étouffant de la science officielle et de la littérature courante, il fallait un contrepoids. Le mouvement occultiste grandissant aura puissamment contribué à le créer.

Dans ce mouvement, on peut distinguer quatre grands courants : 1° le spiritisme venu d'Amérique, il y a plus de quarante ans, et qui depuis, avec des flux et des reflux, a envahi le monde entier comme une onde subtile et trouble. 2° Les études d'hypnotisme et de magnétisme, qui remontent à Mesmer, continuées par les Puységur et les Dupotet en un sens spiritualiste dans la première moitié du siècle, reprises avec des méthodes et des idées préconçues, en un sens matérialiste, par les Charcot et les Bernheim, rétablies sur une base plus large par les Ochorowitz, les Rochas, les Gibert, et poursuivies impartialement par la Société psychique de Londres. 3° La renaissance d'un ésotérisme chrétien par l'interprétation symbolique de l'Ancien et du Nouveau Testament, comme par une étude comparative de la Gnose et de la Kabbale. 4° Le mouvement théosophique, venu de l'Inde par des voies diverses, et dont le plus clair résultat est de nous avoir montré, à l'origine des grandes religions, un même genre d'inspiration et une conception sinon identique de la destinée humaine, du moins analogue dans son principe et sa fin.

Quoique ces questions soient loin d'être éclaircies, elles ont du moins été posées par quelques esprits indépendants. Ils n'ont pas craint d'assumer sur eux la mésestime de la science officielle et la désapprobation de la foule qui la croit sur parole pour se dispenser de réfléchir. Ils l'ont fait pour avoir le droit de proclamer hautement ces vérités anciennes qu'à chaque âge l'homme a besoin d'élargir par une formule nouvelle : « L'âme immortelle n'est pas une chimère, une simple apparition à la surface du néant comme vous le dites, mais un organisme en mouvement et en croissance dans ce milieu immense qui est l'âme du monde. L'Invisible existe, visible à l'âme dégagée du corps. Message éternel du Dieu vivant, il nous enveloppe et nous étreint; il est l'essence de nous-mêmes. Le monde divin, au-dessus de nous, n'est pas une simple métaphore. L'inspiration le pressent, le génie le prouve, l'extase le voit. Ce n'est pas la matière aveugle qui enfante l'esprit au hasard d'une anarchie cruelle, c'est l'Esprit qui engendre la matière en évolution et toutes les forces de la vie par une hiérarchie de lois que l'homme, dans sa condition terrestre, pénètre de bas en haut, et que, dans sa condition spirituelle, il pénètre de haut en bas. Théologiens ritualistes, moralistes abstraits et timides, positivistes neutres, agnostiques de toute espèce, vous fermez également les portes de l'Esprit. Mais l'âme humaine vous crie : « Je ne veux plus de vos prisons; je veux la liberté et la lumière ! »

Mme de Morsier a connu et traversé tous ces courants d'idées. Le côté intuitif et mystique de sa nature l'y portait. D'autre part, un besoin natif de raison et de clarté faisait qu'elle soumettait toujours ses expériences au critérium de la réflexion. De là les doutes, les inquiétudes, les audaces changeantes de sa pensée, toujours occupée de cet au delà qui la hantait dans ses enthousiasmes épars et jusque dans sa plus fougueuse activité. De là aussi, à travers mainte déception, une foi grandissante dans les vérités centrales qu'elle avait conquises au prix de ses méditations et de ses épreuves. Les incompatibilités du dogme chrétien orthodoxe avec la science, ses réponses insuffisantes aux besoins de l'âme moderne, produisirent des crises de révolte et de doute dans l'esprit de Mme de Morsier. Elle se détourna pour un temps des idées chrétiennes et ce fut dans la doctrine hindoue sur l'évolution de l'âme dans les existences progressives, où l'on pourrait voir un prototype métaphysique de la doctrine contemporaine sur l'évolution des espèces, qu'elle trouva un apaisement à sa soif de vie spirituelle et de compréhension. Plus tard, elle devait revenir à la figure du Christ comme au plus sublime des prophètes, et à la plus haute manifestation du Divin sur la terre. Loin de diminuer, il ne peut que grandir à côté des autres « fils de Dieu », à la lumière de l'initiation intégrale. Mais l'auteur des discours sur *la mission de la femme* garda toujours une tendresse émue pour le Bouddha, qui lui semblait la plus touchante incarnation de l'universelle mansuétude, embrassant tout l'univers, jusqu'aux animaux et aux plantes, d'une pitié pensive et d'une étreinte fraternelle. Elle resta fidèle aussi à la doctrine des existences progressives, qui lui semblait la seule forme rationnelle de l'immortalité selon les lois analogiques de la vie universelle. Dans toutes ses crises d'âme, dans ses élans vers le Beau, dans ses exaltations pour la Justice, dans ses emportements vers la souffrance des autres, elle revenait sans cesse à sa plage favorite, à l'horizon illimité des vies antérieures et des vies futures. Cette idée est comme la mer, elle épouvante les uns et calme les autres. Le terrien recule devant ses vagues innombrables; le marin y retrouve la paix et l'espérance des terres inconnues qui surgissent des flots. Ces pensées assaillirent Mme de Morsier avec une intensité particulière en 1892, pendant qu'elle écoutait pour la première fois le *Parsifal* de Richard Wagner, à Bayreuth. Elles les a consignées dans son étude sur ce chef-d'œuvre, qui est peut-être son plus bel écrit littéraire (1). Le passage auquel je fais allusion est un commentaire poétique de la marche qui accompagne la montée de Parsifal, vers le temple de Saint-Graal. On y verra comment les idées métaphysiques se traduisaient dans cette âme en émotions vives et en images passionnées.

« Ainsi que les personnages du drame, l'auditeur se croit transporté dans l'infini insondable. Le monde de l'illusion disparaît, nous avons dépassé les limites du temps. Dans le gouffre de la vie universelle, la loi éternelle se déroule avec les mondes qui évoluent et les humanités qui se dégagent lentement des règnes inférieurs de la nature pour s'élever jusqu'à la sphère de l'esprit. L'orchestre seul parle, car les mots seraient impuissants à peindre le mystère qui se déroule.

« Elle est douloureuse la marche des mondes qui gravitent

(1) *Parsifal de Richard Wagner et l'idée de la rédemption*. — Fischbacher, 1893.

vers le soleil du système central; elles sont torturantes, les transformations de la matière qui cherche à mouler une forme digne d'être animée par l'étincelle divine; il est déchirant ce crucifiement de l'âme qui s'arrache de la chair et crie éperdue vers le ciel. Tout cela, le maître l'a dit en un langage musical qu'aucune parole ne saurait rendre. L'effet est si inouï que l'on est près de perdre conscience. Le *moi* anéanti, foudroyé par cette révélation qui lui fait vivre, en une seconde, le mystère de la vie éternelle, s'abîme devant l'Infini, l'Ineffable, la Splendeur — Dieu. Mais aussitôt que cet être personnel a renoncé à son existence propre pour se plonger dans la vie universelle, une béatitude immense l'envahit, et après avoir passé à travers l'océan du Grand Inconscient, il renaît purifié. Voici, le jour se lève, nous sommes dans le temple du Saint-Graal.

« Cette partie musicale de l'œuvre est celle qui m'apparaît comme le plus profondément ésotérique, parce que le génie du maître semble avoir exprimé, en ces surhumaines harmonies, le mystère de l'évolution de la vie sur tous les plans de l'existence : le plan cosmique, évolution des mondes; le plan matériel terrestre, évolution de l'homme; le plan spirituel, évolution de l'âme. »

Je n'insisterai pas sur cet ordre d'idées. Mme de Morsier pensait, avec le petit groupe des ésotériques, que la dégénérescence effrayante des caractères et des intelligences, en notre fin de siècle, provient, en grande partie, de l'affaiblissement graduel de l'idée de l'Ame et de Dieu dans les classes dirigeantes et par suite dans les masses. Elle croyait donc qu'à considérer le fond des choses une reconstitution organique de ces deux idées sur un vaste plan, par une alliance nouvelle de la science et de la religion, devenait un des besoins les plus impérieux de notre époque. Besoin urgent, suprême nécessité pour l'individu comme pour la société; car ce sont les idées centrales et vitales. Sans elles, ni grandeur spirituelle, ni action féconde pour l'individu, ni solidarité profonde, ni hiérarchie animatrice pour la société.

Or, de cette grande réforme de l'âme et de l'esprit, l'Université ne se soucie pas plus que l'Eglise. Ces deux puissances ennemies, qui détiennent les moules de l'humanité contemporaine, se ressemblent en un point. Elles disent l'une et l'autre : nous gouvernons et nous possédons, que nous faut-il de plus ? Dormons tranquilles sur nos rites et nos méthodes.

Pleine de ces pensées, Mme de Morsier salua le Congrès des religions de Chicago, en 1893, comme un signe des temps nouveaux. Par l'initative d'un ministre presbytérien d'Amérique, M. Barrows, et le concours hardi de Mgr Ireland et du cardinal Gibbons, les représentants des principales religions de la terre se réunirent pour la première fois en une sorte de parlement, non pour se disputer, mais pour se rapprocher dans le sentiment d'une entente sociale et pour affirmer solennellement l'unité divine et la fraternité humaine. Ravie de cet exemple donné par l'Amérique, Mme de Morsier désira vivement qu'il fût imité par la France, sa patrie d'adoption, à l'occasion de l'Exposition de 1900. Elle invita M. Bonet-Maury à faire, chez la duchesse de Pomar, une conférence sur le parlement des religions de Chicago, auquel il avait assisté. La conférence eut un brillant succès et parut, peu après, dans la *Revue des Deux-Mondes*, sous forme d'article (1). Je me trouvais, par hasard, dans le salon de Mme de Morsier, le jour où, poursuivant toujours son rêve, elle venait d'y réunir M. Bonet-Maury et l'abbé Charbonnel, pour leur exposer son idée avec son ardeur habituelle. Elle leur disait en substance : « Si un congrès des religions doit se réunir en France, ce ne peut être que par une alliance entre le protestantisme libéral et le catholicisme d'avant-garde. Vous représentez ici l'un et l'autre et vous croyez à la fécondité de l'idée. Donc osez, parlez et marchez. » A la parole enthousiaste de leur hôtesse, les deux interlocuteurs prirent feu. Séance tenante, ils arrêtèrent les premières démarches à faire et improvisèrent un plan de campagne. Le projet était beau, mais périlleux. Dans le pays à la fois le plus catholique et le plus sceptique du monde, dans l'atmosphère orageuse de Paris, il risquait de se heurter à la ligue de tous les fanatismes avec toutes les ironies.

(1) M. Bonet-Maury a publié depuis (chez Hachette) un livre très complet et très intéressant sur le Congrès des religions de Chicago.

On sait avec quelle ardeur il a été poursuivi depuis. On se rappelle l'éloquent article de l'abbé Charbonnel dans la *Revue de Paris*, qui lança l'idée dans le grand public et l'enquête qu'il poursuivit avec autant d'esprit que de courage dans la *Revue Bleue*. Le haut clergé catholique de France répondit à l'appel de l'apôtre indiscret avec une froideur pleine de défiance. « Il se mêlait de ce qui ne le regardait pas. L'Eglise catholique, étant en possession de la vérité unique et absolue, n'avait que faire des autres religions. Elle ne pouvait avoir d'autre mission que de commander, de convertir et de repousser. » C'était un échec évident. Les nombreux partisans de la religion inerte et les incrédules sceptiques qui s'intitulent libres penseurs triomphèrent. Selon eux, le projet mort-né venait d'être enterré. L'abbé Charbonnel et ses amis ne se découragèrent pas. L'idée se modifia et est en train de reparaître sous une forme nouvelle et plus heureuse. Ce ne sera plus le Congrès officiel des religions et de leurs représentants attitrés, mais celui des hommes de tout pays, de toute pensée et de toute confession qui croient à la nécessité de *l'idée religieuse* et de son développement progressif dans l'humanité. Constituée en dehors de toute autorité ecclésiastique, une telle assemblée appellerait à soi les éléments libres et vivaces de tous les milieux. Si donc, comme je le crois, le *Congrès religieux universel* (c'est le nom définitif qu'il a pris) siège à Paris ou à Versailles en 1900, il ne ressemblera pas à celui de Chicago tout en le continuant. Il serait vraiment l'éclosion de la grande pensée du xxe siècle, si l'on y voyait *les Etats généraux de la libre pensée religieuse* apportant leurs cahiers de charge et préparant les grandes réformes de l'avenir. Les religions et les cultes se transforment à mesure que les âmes se libèrent et que les idées s'élargissent, mais la Religion est éternelle. Qu'un fil électrique de fraternité et d'espérance réunisse tous les hommes vraiment religieux de la terre, et par cela seul un nouveau courant s'établira. Cette idée a obtenu l'adhésion d'esprits éminents comme M. Auguste Sabatier, l'auteur du beau livre sur *la Philosophie de la religion*, qui marque une date dans l'histoire de la pensée contemporaine, de M. Anatole Leroy-Beaulieu, l'auteur des fortes études sur la

Russie et sur l'histoire de la papauté, de MM. Zadoc Kahn, Théodore Reynach, Charles Wagner, Henry Bérenger, Léon Marillier, etc... Qu'adviendra-t-il de cette pensée généreuse et hardie? Je ne sais. Le germe a été lancé dans le monde. Peut-être dormira-t-il sous terre un temps encore. Mais un jour... il éclora.

Quel vif intérêt Mme de Morsier eût pris à la réussite de ce projet! Avec quelle ardeur elle y eût travaillé! On l'imagine aisément. Elle en avait eu l'idée première avec toute la conscience de sa portée. Mais, au moment même où l'abbé Charbonnel poursuivait sa première enquête, Mme de Morsier, saisie d'un mal implacable, agonisait silencieuse et résignée.

Elle expirait le 13 janvier 1896.

Depuis, en voyant son idée s'aventurer dans le monde comme une barque frêle, porteuse d'un précieux message et battue des flots, je me suis rappelé souvent le mot significatif qui lui échappa le jour même où elle venait de jeter cette pensée féconde à ceux qui devaient la propager : « Je ne verrai pas le Congrès des religions de 1900, me dit-elle, mais, s'il a lieu, comme j'en ai la certitude intime, souvenez-vous qu'aujourd'hui vous avez assisté à sa naissance. »

On peut donc affirmer que le Congrès religieux universel, auquel s'attache désormais le nom de Victor Charbonnel par la grande initiative de l'action et de la foi, a une origine vraiment ésotérique, et par celle qui en suggéra l'idée première, et par la pensée qui l'animait. Qu'on se rassure! *Esotérique* n'a ici rien de compromettant. Les mots tirent leur force de leur origine; or, celui-ci veut dire *intérieur*, et qu'y a-t-il de plus universel, de plus religieux que les intimes profondeurs de l'âme? *Quid interius deo?* S'ils s'organisent sous cette bannière et dans cet esprit, les hommes qui composeront ce Congrès, quels que soient leurs symboles divers et leurs différences de pensée, pourront dire : « Nous sommes catholiques, c'est-à-dire universels, mais catholiques jusqu'à l'Himalaya » (1).

(1) Ce mot terminait un article du marquis Saint-Yves d'Alveydre dans le *Journal des Débats*, où il défendait sa *Mission des Juifs* contre les objections des journaux catholiques.

V

LE MOUVEMENT FÉMINISTE ET LA FEMME NOUVELLE

Du tempérament actif et de l'idéalisme transcendant de Mme Emilie de Morsier vient aussi la position particulière qu'elle a prise dans le mouvement féministe.

Personne n'ignore l'importance de ce mouvement. D'abord confiné dans quelques groupes, il s'est étendu et fortifié. Toutes les grandes villes d'Europe comptent aujourd'hui des journaux, des revues et des assemblées féminines. Déjà, les conférenciers se sont emparés du sujet et, l'hiver dernier, il a défrayé un nombre prodigieux de colonnes dans la presse parisienne. La femme nouvelle veut l'égalité complète vis-à-vis de l'homme dans le mariage, ce qui n'est que la stricte justice, la reconnaissance de sa majorité intellectuelle et de sa liberté morale. Non seulement elle réclame ses droits civils et l'entrée dans toutes les fonctions, mais encore ses droits politiques, le droit de vote et le droit au pouvoir législatif. Telle Russe ou telle Américaine se dit : « La grande Catherine a été impératrice de Russie, une femme est reine d'Angleterre; pourquoi ne serais-je pas la présidente d'une république ? » Argumentations hâtives et revendications prématurées. La femme, jadis opprimée, aujourd'hui affranchie, s'est jetée à la conquête du monde comme l'esclave dont on vient de rompre les chaînes et qui voudrait tout briser pour prouver sa force. Malgré ses exagérations et ses paradoxes, le mouvement féministe est gros d'avenir. La révolte de la femme, qui menace l'ancienne souveraineté du principe mâle, est un des symptômes les plus graves de ce temps. Il appelle toute l'attention du penseur. Par un mouvement de bascule d'une précision mathématique dans l'énergie spirituelle de l'humanité, la révolte de la femme est en raison directe de la diminution de force intellectuelle et morale chez l'homme. L'équilibre ne pourra se rétablir que lorsque celui-ci s'élèvera à une nouvelle et plus haute conception de l'amour, du mariage, de la famille, de l'organisme social et de la destinée humaine, par laquelle il fera véritablement de la femme son associée libre et sa compagne intelligente, au lieu d'en faire un instrument de travail, de plaisir ou de luxe, ce dont elle se venge souvent en faisant du tyran son jouet (1).

Mme de Morsier fut entraînée dans le mouvement féministe par ses œuvres comme par sa pensée et par les instincts profonds de sa nature ; ses études ésotériques, son âme de sensitive et de combative, sa mysticité élevée et large déterminèrent le caractère spécial de ses idées sur ce sujet brûlant. Elle se ralliait au principe de l'égalité complète entre l'homme et la femme, mais elle la voulait radicalement différenciée. Elle trouvait que la diversité foncière des facultés entraîne la diversité des fonctions. La question des droits politiques de la femme lui semblait peu mûre et mal posée. Elle croyait qu'avant d'y réclamer une part conforme à ses aptitudes, la femme avait une œuvre immense à faire, qui est de déployer et de prouver sa conscience et sa force nouvelle par sa libre initiative dans la famille, dans les œuvres sociales comme dans le domaine du sentiment, de l'art et de la pensée.

La tradition ésotérique nous l'apprend et tout esprit intuitif peut s'en assurer, le principe féminin joue dans l'univers comme dans l'humanité le même rôle que joue dans l'homme le corps fluidique ou médiateur plastique et l'âme spirituelle ou intuitive. La femme est donc appelée à exercer, dans tous les cercles de son action, la puissance unifiante de l'Ame vis-à-vis du Corps et de l'Esprit. De là pour elle des fonctions admirables dans le mariage, dans la famille, dans la cité et dans l'humanité qu'elle n'a remplies jusqu'à ce jour que par excep-

(1) Pour juger de l'indépendance absolue, de la dignité fière et de l'idéalisme particulier avec lesquels une jeune fille, complètement émancipée, mais très sérieuse, se pose vis-à-vis de l'homme, on lira avec intérêt le curieux roman : *La Femme nouvelle*, de Mme Bézobrazoff, qui vient de fonder à Paris *la Revue des femmes russes et françaises*. — Nous attendons avec impatience le livre de Mme de Sorochtine sur l'*Histoire de la femme russe*, qui apportera à ce sujet des documents nouveaux. Mme de Sorochtine, qui écrit dans la *Nouvelle Revue* sous le nom de Véra Vend, est la nièce de l'amiral Névelskoï, et l'auteur d'un charmant livre sur les *fêtes russes*.

tion, par accident et pour ainsi dire par contrebande, et qu'elle pourrait remplir avec plus de force et de régularité sous la sanction de la conscience universelle et des pouvoirs sociaux. — Dans l'amour, elle serait non plus seulement le charme et la passion de l'homme, mais sa collaboratrice intellectuelle. Elle représenterait ici le principe médiateur, réceptif et développant, qui forme le corps, qui donne la chaleur, la vie et la beauté. — Dans la famille et dans la maternité, elle serait encore la médiatrice suprêmement intuitive et intelligente qui donne l'harmonie, la cohésion et la durée. C'est pour cela que d'antiques initiations en faisaient la prêtresse du foyer.

Mais ceux qui veulent borner le rôle de la femme au mariage, à la maternité et à la famille, n'ont pas compris les facultés supérieures qui l'assimilent à l'Ame spirituelle. En déployant toutes ses forces dans le domaine social, elle peut jouer un rôle sauveur par sa sympathie avec la souffrance et par sa passion pour la justice. Enfin, dans le domaine des sentiments éternels, de l'art, de la religion, de la pensée pure, qui constitue la région sublime et, en quelque sorte, le temple de l'humanité, la femme devient la muse inspirée ou inspiratrice, la prophétesse ou la sainte, la lyre qui frémit sous le souffle divin. Là, elle exerce sa fonction la plus haute et la plus rare; là, elle atteint la plénitude de son verbe. Elle est alors la divine Psyché, non pas celle qui fait fuir l'Amour avec sa lampe curieuse, mais celle qui le fait redescendre des cieux avec son flambeau ardent.

A tous ses degrés, le rôle bienfaisant de la femme sera donc toujours celui de la sensibilité intelligente, c'est-à-dire de l'Amour en son sens le plus élevé, non plus de l'amour instinctif et aveugle, mais de l'amour intuitif et conscient que Dante appelle si lumineusement *intelletto d'amore*. Ne voit-on pas que loin de diminuer ou d'humilier l'homme, ce rôle de la femme ne pourrait que le grandir et le féconder. Car son âme enveloppante et divinatrice serait le plus doux et le plus puissant excitateur pour l'Intellect, la Raison et la Volonté de l'homme dans son œuvre d'invention, d'ordonnance et de création. Le rôle supérieur de la Femme et du Principe Féminin dans l'Humanité organique reste donc à conquérir, si l'espèce humaine veut s'élever d'un échelon dans le règne ascendant des esprits.

Les penseurs chagrins et positifs, les rieurs malins me diront : — Vous êtes bien naïf d'attendre tout cela de la femme! Avec vos rêves vous livreriez de gaîté de cœur l'avenir au hasard des instincts, des fantaisies passionnelles ou mystiques. La femme n'a jamais été que ce que l'homme et la civilisation l'ont faite. Vous lui attribuez ce qui est uniquement et souverainement l'œuvre masculine. Ayez des hommes forts et complets, et la femme — trop heureuse — les suivra!

Je leur répondrai : — Plût à Dieu que nous les eussions; mais je les cherche en vain autour de moi. Dans notre pauvre société, où tout s'effrite, se rapetisse et s'effondre, où les mœurs, les cultes et les lois ne répondent plus aux besoins, aux aspirations et aux idées nouvelles, tout est à recréer, car tout est en décadence et en déroute : le jeune homme, la jeune fille, l'amour, le mariage, la religion, l'art, la philosophie, le peuple et l'aristocratie intellectuelle. Le jeune homme n'est plus qu'un arriviste haletant; la jeune fille une quémandeuse de richesse et de position sociale, le mariage un pacte d'argent, la religion une habitude sans foi ou un instrument de politique, l'art un cabotinage, la philosophie un exercice de rhétorique ou une vaine protestation au nom d'une morale abstraite contre le matérialisme qui triomphe sur toute la ligne.

Un féministe, M. Lucien Le Foyer a raison de s'écrier : « On faisait de l'amour un instinct, il en faut faire une conscience. » Ah! l'amour intelligent et l'intelligence de l'amour appliqués à toutes les sphères de la vie depuis celle des sexes jusqu'à celle de l'humanité..., certes, ce serait là un levier formidable, une fière puissance régénératrice! Mais, dans l'insignifiance puérile où nous nous traînons, les hommes sont en train de devenir presque tous des hypocrites. « La femme est ce que l'homme la fait » dites-vous? Cela est vrai pour le passé, mais il n'en sera peut-être pas toujours ainsi. Sous les effluves d'un courant qui parcourt toute la planète, la femme se lève aujourd'hui consciente d'elle-même. Qu'il nous vienne donc de vraies femmes libres, indépendantes, pénétrées de leur force et de leur mission.

Qu'elles osent et qu'elles agissent — et peut-être que les eunuques intellectuels de notre temps rougiront de leur honte et voudront redevenir ce qu'ils n'ont même plus l'ambition d'être aujourd'hui — des hommes !

Du nouvel idéal féminin qui monte à l'horizon, Mme de Morsier fut la vigilante annonciatrice. Elle ne se lassait pas de le proclamer et d'y convier toutes les femmes de cœur et de courage. Si fragmentaire qu'il soit, on jugera par ce livre de l'exemple qu'elle leur lègue. On l'y verra à l'œuvre, accomplissant avec autant de modestie que de persévérance le devoir social qu'elle définit ainsi : « La triple mission de la femme est de défendre la liberté, la justice et l'idéal ».

Il n'était pas dans la destinée de cette idéaliste de combat de réaliser ses rêves, mais de les communiquer aux autres par son enthousiasme. Heureux les moissonneurs ; ils ont la joie certaine. Mais heureux aussi les semeurs ; ils ont l'espoir sans bornes. Notre temps a besoin de semeurs, car nous vivons dans une grande disette de foi et d'amour.

Emilie de Morsier fut une noble semeuse d'espérance.

Edouard Schuré.

ÉMILIE DE MORSIER

NÉE NAVILLE

Emilie de Morsier est née à Vernier, près Genève, le 31 octobre 1843.

Sa mère, Anne Todd, était la fille du docteur écossais John Todd. Son père M. Louis Naville, député au Grand Conseil de Genève, maire de Vernier pendant 27 années, était fils de François-Marc-Louis Naville, pasteur et pédagogue, et frère d'Ernest Naville, professeur à Genève, membre correspondant de l'Institut de France.

Mme de Morsier fit son éducation à Genève et reçut l'instruction, simple et solide à la fois, habituelle à cette ville intelligente et possédant des maîtres de premier ordre. Dès sa jeunesse elle a manifesté une ardeur extrême de sentiments, produisant un déploiement énergique de volonté et donnant à sa parole une force remarquable.

Elle se maria à vingt ans, à Vernier, et vint habiter Paris, en 1868, avec ses deux fils, Auguste et Edouard. Depuis lors elle ne quitta plus la France et, comme elle l'a dit et écrit elle-même, elle aima du même amour ses deux patries.

L'année de la guerre, du siège de Paris et de la Commune, fut l'époque de ses premières batailles avec la vie, de son initiation aux grandes misères sociales et aux rudes combats.

Elle fit l'apprentissage du dévouement et de la charité dans les ambulances auxquelles elle se consacra, dès les premiers jours du siège. Elle a laissé pour sa famille et ses amis un *Journal du Siège de Paris et de la Commune* écrit au jour le jour et racontant, dans un style tout plein d'émotion et de poésie, l'histoire singulièrement attachante de ces tristes et sérieuses semaines.

Le nom de son frère Georges revient souvent dans ce *Journal du Siège et de la Commune de Paris*. Dans les *Souvenirs* (1) que Mme de Morsier a écrits sur lui, pour ses enfants, elle dit :

(1) A mon frère. *Nec ardua sistunt.* Octobre 1882.

Ce cher frère fut le meilleur des amis, il semblait avoir pris à tâche de nous faire oublier notre exil par son affection et ses attentions incessantes. Nous nous étions établis à Saint-Mandé, près du bois de Vincennes, et, presque chaque dimanche, le cher oncle venait nous voir et semblait tout heureux de se promener avec ses neveux. Les sinistres événements de 1870, le siège de Paris que nous passâmes ensemble resserrèrent encore plus les liens qui nous unissaient.

Cette affection fraternelle ne fit que grandir et se développer jusqu'au jour néfaste où ce tendre ami fut enlevé en pleine jeunesse, en 1880, à trente-neuf ans, au moment où le bonheur terrestre semblait s'épanouir pour lui.

Mme de Morsier était alors à Gênes, avec son père, pour un congrès de la Fédération. Elle en fut rappelée par la nouvelle de la maladie, et elle revenait par la Corniche quand, à Nice, elle reçut un télégramme de Royan qui lui disait de se hâter si elle voulait revoir son frère, mourant d'une rechute de fièvre typhoïde.

Après trente heures de voyage dans une angoisse mortelle, je me trouvai au chevet de ce bien-aimé frère. Il était trop tard pour recevoir de sa bouche un mot d'adieu, mais ceux qui ont traversé ces moments suprêmes auprès d'un être aimé savent qu'il y a des dialogues de l'âme qui n'ont pas besoin de la parole humaine. Ce que j'ai lu dans ses yeux, alors qu'il faisait d'impuissants efforts pour me parler, a lié mon âme à la sienne par un lien que rien ne pourra briser.

Une nuit, mon frère fit appeler auprès de lui la jeune compagne qui embellissait sa vie terrestre au point que la mort, semble-t-il, aurait dû être pour lui une horrible douleur, et il lui parla de son départ avec un calme parfait : « J'ai cru, lui dit-il, que c'était difficile de mourir, je vois que c'est bien simple. »

Est-ce qu'une âme qui n'aurait pas une claire vision du monde spirituel pourrait trouver la mort, ce déchirement, cette séparation d'avec ceux que nous aimons, une chose si simple? Il a accepté parce qu'il avait vu, parce qu'il avait aimé pendant sa vie ces choses qui demeurent après la mort du corps.

Pour retrouver nos morts, il faut les croire vivants et nous élever par l'esprit jusqu'à leur nouvelle patrie.

Ce n'est pas eux qui descendent des sphères radieuses du monde éthéré sur notre pauvre planète, c'est nous qui montons, attirés par leur amour, dans le rayonnement de leur vie spirituelle. Ils ne sont pas perdus pour ceux qui savent aller à eux.

Puis, vint la naissance de son troisième fils Louis, en 1872. Son activité a pris, dans le cours des années qui suivirent, une direction très déterminée en revêtant de plus en plus le caractère d'une activité charitable. Sa philanthropie ne demeurait pas théorique, comme celle de certaines personnes qui professent un grand amour de l'humanité, abondent en discours, participent à nombre de Congrès et de Conférences, mais ne se dérangent pas volontiers pour accomplir des œuvres obscures, pour secourir des misères individuelles. Le zèle d'Emilie de Morsier pour les œuvres générales s'alliait dans son cœur à une compassion active et féconde en bons fruits pour les pauvres, les petits, les affligés.

En 1874, elle fit la traduction d'un livre de Miss Elisabeth Phelps : *Les Portes entr'ouvertes* (1), qui l'avait vivement intéressée. Ce livre est la très touchante histoire d'une orpheline qui a perdu son frère, son seul ami dans ce monde, et qu'une jeune tante vient consoler dans sa solitude.

C'est le premier coup d'œil jeté par le célèbre écrivain américain sur le monde de l'au delà, et Emilie de Morsier avait beaucoup aimé cette manière nouvelle et simple de considérer les choses du ciel.

Ces pages ont aidé bien des cœurs brisés à retrouver un peu d'espérance et un peu de force pour continuer ici-bas leur route désolée.

Deux ans après, elle traduisit un nouveau livre de Miss Phelps : *Sans Issue* (2), qui est l'histoire extraordinairement attachante d'une pauvre fille tombée. Son entrée dans la société de Saint-Lazare et dans la Fédération l'avait singulièrement préparée à s'intéresser à la pauvre petite Nixy et à ses aventures, surtout à ses réflexions et à sa philosophie, et elle avait transcrit avec bonheur, sur la première page, la pensée qui était naturellement dans son esprit et dans son cœur :

« Ils seront les imitateurs du Seigneur, ceux qui seront patients et doux pour le pécheur. »

Ce fut en 1875 qu'Emilie de Morsier fit la connaissance de Mme Butler, puis de Mlle de Grandpré, et qu'elle entra dans la grande lutte sociale avec un égal enthousiasme pour les deux œuvres d'égale grandeur fondées par ces deux dames.

(1) Mignot, édit., Lausanne, 1874.
(2) Grassart, édit., Paris, 1876.

FÉDÉRATION INTERNATIONALE ABOLITIONISTE

La *Fédération* de Mme Butler s'attaque aux institutions qui acceptent et réglementent le vice.

Il suffit à Emilie de Morsier d'entendre Mme Butler pour être convertie à sa cause, pour partager ses opinions, sa foi et ses espérances, et elle a été pendant vingt années sa fidèle collaboratrice et son amie.

Ce fut un jour d'hiver, en janvier 1875, qu'elle assista pour la première fois, à une séance de la *Fédération*, et qu'elle entendit Mme Butler; elle fut conquise âme et cœur par cette parole entraînante, par le charme de la femme et par la pure atmosphère de bonté, d'amour et de vérité qui se dégageait de toute sa personne.

La sympathie fut du reste réciproque, car voici ce que Mme Butler écrivit sur cette rencontre : « Je me rappelle, comme si c'était hier, son attitude et son regard quand je parlais des injustices, et l'ardeur avec laquelle elle répondit alors à mon appel. »

L'histoire de la coopération d'Emilie de Morsier à l'œuvre de Mme Butler est presque tout entière dans le journal *The Shield*, organe officiel de la Fédération à Londres, ou dans le *Journal du Bien public* et dans le *Bulletin continental*. Elle assista à presque toutes les conférences et congrès importants, à Genève, Paris, Londres, Gênes, La Haye, Liège, etc. (1)

Elle y contracta des amitiés précieuses avec des hommes et des femmes de tous pays, des amitiés fidèles qui furent des rayons lumineux sur son chemin, quelquefois bien sombre et bien difficile.

Voici quelques extraits du récit de la première visite qu'elle fit à Monseigneur Dupanloup, évêque d'Orléans, en 1877 :

... La résidence de l'évêque est située sur les bords de la Loire, au milieu de la verdure. Sur un des côtés, se trouve le collège qu'il dirige, un large bâtiment tout près des bois qui descendent jusqu'au fleuve; de l'autre côté, son habitation, un ancien manoir tout couvert de lierre, de roses grimpantes et de chèvrefeuille.

Sur la terrasse, entourée des bois, la table était mise pour le repas du soir, Monseigneur arrivait de Reims expressément pour me recevoir.

(1) Mme de Morsier prononça dans toutes ces réunions des discours d'une éloquence entraînante et qui faisaient toujours grande impression. Nous en donnons plus loin quelques-uns, mais nous avons dû nous limiter et faire un choix pour éviter des répétitions et rester dans les limites que nous nous sommes tracées pour cet ouvrage. G. de M.

En dépit de sa fatigue et de la souffrance qu'un mal de doigt lui faisait endurer, il me fit les honneurs de sa maison avec une gracieuse courtoisie.

La table dressée sur la pelouse au milieu des fleurs; ce vénérable vieillard, vêtu de sa robe pourpre, sa tête blanche découverte, invoquant une bénédiction sur son repas; le rossignol égrenant dans l'air pur les notes claires et tendres de son chant du soir; le son des cloches d'un angelus lointain; tout cela formait une vision saisissante et douce de joie et de bonheur.

Ce fut au milieu de cette scène que, prenant courage, je lui parlai de ces horribles choses et de ce dur combat pour lequel j'étais venue réclamer l'appui de sa sympathie.

L'évêque écoutait sans faire de remarques, mais posait de temps en temps quelques questions.

... Comme je prenais congé, je lui tendis la main (je pensai seulement après que c'était peut-être contraire à l'étiquette) et je lui dis : « Monseigneur, puis-je maintenant être assurée de votre sympathie pour notre cause? » — « Oui, assurément. » — Puis il me tendit lui-même sa main et je lui dis encore : « Monseigneur, je recommande notre cause à vos prières. » — « Vous les avez, » dit-il...

La voiture partit, et je sentis mon cœur plein de gratitude pour Dieu, et je me disais : « Ah ! si tous les évêques étaient comme celui-ci, et tous les abbés comme ceux que j'ai vus à Orléans, les vrais amis du progrès social auraient peu d'excuses à faire la guerre à la religion catholique (1).

Dans les congrès et conférences de la *Fédération* — comme dans toutes les œuvres où elle mettait son cœur — Mme de Morsier avait un enthousiasme, une ardeur, une vaillance incomparables.

On trouvait dans ses discours, avec tous les élans d'une foi vivante et forte, l'expression toute vibrante d'un cœur débordant d'amour et de compassion pour la créature faible ou tombée, et elle revêtait sa phrase toujours chaude et lumineuse, d'une enveloppe poétique et tendre, qui rendait sa parole entraînante et son appel irrésistible.

En dehors des séances officielles, elle laissait aller son esprit gracieux et souple, à la fois malicieux et fin, dans des conversations intimes où elle gagnait les cœurs les plus endurcis.

Si l'on veut se rendre compte d'un de ces congrès qu'elle se faisait un devoir de ne pas manquer, sauf événement majeur, il faut lire le petit écrit qu'elle a laissé sur la Conférence de Liège, en 1879, alors qu'elle était encore dans tout l'éclat de sa force et de sa jeunesse (2).

En voici la dernière page, qui résume l'impression qu'elle emportait de ces réunions :

(1) *Personal reminiscences.* Lettre à Mme Butler, p. 322.
(2) *Souvenirs de la Conférence de Liège*, 1879.

... Et pourtant, petite ville de Belgique, assise au bord de la Meuse, entourée de tes verdoyantes collines, laisse-moi jeter un long regard sur toi.

Nous ne te connaissions pas il y a un jour et, maintenant, tu demeures un point lumineux dans le passé.

Plusieurs sont arrivés dans tes murs étrangers les uns aux autres, ils partent amis. Plusieurs sont venus tristes et découragés, se demandant si, après tout, la vie sert à quelque chose, ils s'en retournent paisibles et fortifiés, avec la certitude que le travail est un bonheur et que la lutte est un devoir.

Oui, dans ces quelques jours où nous avons vécu de la même vie par le cœur et l'intelligence, nous avons compris qu'il y a un lien qui peut unir les hommes entre eux. Nous avons entrevu un avenir que tous désirent, bien qu'ils cherchent à l'atteindre par des chemins divers. Nous avons senti le même enthousiasme s'emparer de nos âmes. Ce bien c'est l'amour, cet avenir c'est le bonheur, cet enthousiasme c'est la véritable vie.

Mme de Morsier était encore du Comité exécutif de la *Fédération* le jour de sa mort; elle y a siégé vingt et une années sans interruption.

ŒUVRE DES LIBÉRÉES DE SAINT-LAZARE

La seconde œuvre à laquelle elle donna les vingt plus belles années de sa vie, à côté de la *Fédération* et concurremment avec elle, fut l'*Œuvre des Libérées de Saint-Lazare*.

Cette œuvre fut fondée en 1870 par Mlle de Grandpré, nièce de l'aumônier de Saint-Lazare, à la suite de son roman : *Les condamnées de Saint-Lazare* (1), qui révélait au public l'odieux de cette prison.

Emilie de Morsier entra dans le Conseil d'administration en 1876, après plusieurs entrevues avec Mme Butler et avec Mlle de Grandpré, et en devint vite un des membres les plus zélés et les plus écoutés. Elle en a été la Vice-Présidente, depuis 1887 jusqu'à sa mort. L'histoire de son travail dans cette Société est écrite dans la série de discours qu'elle prononça aux assemblées générales annuelles et aux divers congrès auxquels l'Œuvre prit part.

L'éminente Directrice actuelle, Mme Bogelot, a dit d'elle « que l'Œuvre lui fut toujours fidèle et l'aima tendrement (2) » ; on peut retourner la phrase et dire que Mme de Morsier fut toujours fidèle à l'Œuvre et l'aima passionnément ; elle lui donna toute son intelligence et tout son cœur, avec tout son talent de conférencière dans de nombreux discours, dont les principaux ont été imprimés. — On les trouvera plus loin, — mais voici la première lettre qu'elle écrivit à Mme Bogelot, en décembre 1877 :

MADAME,

Selon votre lettre du 29 novembre, j'ai donné ordre à Neuchâtel de vous expédier le *Bulletin continental* pour l'année prochaine, en priant de vous envoyer le numéro du 15 décembre en sus.

Je vous remercie du concours moral que vous voulez bien nous donner, c'est aussi utile qu'un travail actif. Je suis persuadée qu'aussitôt la crise passée, le mouvement abolitionniste prendra une grande importance. C'est une question qui touche à tout, politique aussi bien qu'humanitaire, et son heure est certainement venue. Il faut bien se rappeler que le système actuel de la police des mœurs, qui date de loin, s'est cependant complété dans tous ses détails politiques et autres *sous l'Empire ;* il est donc impossible qu'une vraie

(1) Curot, éditeur, Paris 1869.
(2) *Journal des Femmes*, février 1896.

République ne le révise pas et c'est un système qui ne peut pas supporter *la lumière* dans un pays honnête.

Croyez, Madame, à mes meilleurs sentiments.

E. de Morsier.

UNE VISITE A SAINT-LAZARE

Voici le tableau saisissant que Mme de Morsier fit de la prison de Saint-Lazare, dans une lettre au journal *The Shield*, en décembre 1879 :

En montant la rue du faubourg Saint-Denis, on peut voir à la hauteur du boulevard Magenta, à gauche, un bâtiment carré d'un aspect lugubre, devant la porte duquel se tient une sentinelle. C'est la prison de Saint-Lazare.

Les fenêtres sont petites, quelques-unes sont grillées; il y en a devant lesquelles on a essayé de faire venir quelques plantes, mais les fleurs semblent refuser de s'épanouir comme si le simple contact avec cette triste maison suffisait à les flétrir.

Au dehors, c'est le bruit, le mouvement incessant de la vie féconde. Le faubourg Saint-Denis est un quartier commercial et très populeux. Les petites voitures des marchandes de quatre saisons passent et repassent, et le cri familier des vendeurs éclate de tous côtés; les passants se pressent à leurs occupations variées; et les omnibus, les voitures, les véhicules de toutes sortes retentissent sur les pavés.

Mais derrière ces murs le désespoir, le remords, la révolte et la mort règnent en maîtres.

Si vous entrez dans la prison, l'impression est encore plus pénible. De longs corridors où se glisse silencieusement une sœur de charité qui, vivement, ouvre et ferme une lourde porte. Un coup à la porte d'entrée ou le tintement de la sonnette sont les seules choses qui rompent le silence.

Avez-vous jamais ressenti l'influence des choses muettes? Des murs mêmes de cette prison semblent s'exhaler l'ennui et la tristesse qui vous glacent le cœur. J'ai visité plusieurs fois la prison de Saint-Lazare quoiqu'elle soit la plus inaccessible de toutes les prisons françaises. La première fois je ne pus pas pénétrer plus loin que le bureau du directeur. Les circonstances suivantes me donnèrent l'occasion de cette première visite :

Une pauvre fille avait écrit une lettre touchante à notre *Société des Libérées de Saint-Lazare*, et afin de pouvoir l'aider quand elle sortirait de prison, il était nécessaire que quelqu'une de nous la vît et s'entretînt avec elle ; mais, c'est étrange à dire, les dames de notre société ne sont pas autorisées à entrer dans la prison Vous me demanderez pourquoi ? Peut-être parce que la fondatrice de notre œuvre qui a habité la prison huit ans, a trop vu ce qui se passait là-dedans !

Bref, je me présentai au directeur de la prison pour obtenir la permission de voir cette fille. Il ne put me l'accorder. Pour pouvoir communiquer avec un prisonnier, il faut être muni d'une permission spéciale du Directeur général des prisons. Le directeur de Saint-Lazare me prévint aimablement qu'il me serait difficile d'en obtenir une, surtout si je n'étais pas en rapport avec la fille, et il me donna le conseil de renoncer à cette idée. Je le regardai en face, étonnée, et lui dis : « Au revoir ». Quelques jours après, je retournai avec ma permission. Le directeur n'eut pas l'air satisfait. Il eût préféré que sa prédiction fût juste et ratifiée.

Les directeurs de prisons et quelques fonctionnaires de la police ressemblent à certains cuisiniers qui refusent de laisser qui que ce soit pénétrer les secrets de leur art. J'avais espéré voir cette fille seule, mais comme c'était contre les règlements, le directeur la fit amener devant lui et ne perdit pas un mot de notre conversation, ce qui fait que, naturellement, la pauvre fille ne put me parler à cœur ouvert.

Ma troisième visite à Saint-Lazare eut lieu dans les conditions suivantes :

L'aumônier de la prison, un digne et excellent homme, vint à notre société nous dire qu'une fille qui allait justement quitter la prison avait un grand besoin d'assistance. Il était important que nous la prenions sous notre garde, immédiatement après sa sortie de prison, afin qu'elle ne courût pas le risque de se trouver de nouveau sous l'influence de l'homme qui avait été la cause de sa ruine. Son cas était des plus intéressants pour nous parce qu'elle avait un enfant. Je pris sur moi de m'acquitter de cette mission. Elle devait quitter la prison à huit heures du matin, c'était au mois de décembre. Je me souviens que je dus me lever avant l'aurore, car je demeure à une grande distance de Saint-Lazare. J'arrivai là à temps, par un épais brouillard qui donnait à chaque chose une apparence encore plus lugubre que d'habitude.

Je demandai immédiatement la supérieure et fus alors introduite dans un petit parloir au second étage, je crois, qui a vue sur la cour du bâtiment. Les fenêtres des chambres de travail et des cellules donnent toutes sur cette cour ; et l'on voit les petits soupiraux des cachots dans le toit. Je regardai cette vue mélancolique en attendant la supérieure. Elle arriva bientôt et m'entretint de la fille en question. Cette jeune femme avait eu deux enfants ; quand le premier fut né, le père ne l'abandonna pas, mais peu de temps avant la naissance du second il trouva que la charge devenait trop grande et il l'abandonna. Seule dans le monde et sans moyen d'existence, elle fut enfin forcée par la faim dont elle souffrait, elle et son enfant, de mettre au Mont de Piété une paire de pantalons qu'elle faisait pour un tailleur. Ce dernier, quand il sut cela, fut assez cruel pour la dénoncer à la police. La pauvre fille fut condamnée à six mois d'emprisonnement. Elle entra à temps à Saint-Lazare pour y mettre au monde son second enfant; mais cependant il ne vécut pas longtemps. Son premier, une petite fille au-dessous de trois ans, resta avec elle. La supérieure envoya chercher la fille pour la remettre entre mes mains.

Elle était de taille petite, brune de teint et très douce d'apparence, malgré la tristesse de ses yeux.

Dans ses bras, elle portait sa petite fille, un véritable bouton de rose qui s'épanouissait sous la honte des murs de cette prison.

Mais chaque trait de cette petite figure exprimait une profonde tristesse. Ce fut en vain que j'essayai d'attirer l'attention de l'enfant par un sourire ou la vue d'un jouet; il avait l'air plus triste encore et cachait sa tête derrière l'épaule de sa mère.

« Vous ne réussirez pas », me dit une sœur, « il n'a jamais souri « depuis son entrée à la prison, malgré qu'il ait été beaucoup gâté, « car il était le favori de tous. »

La mère répondait rarement à mes questions. Nous descendions le grand escalier. Il y avait aussi d'autres femmes qui quittaient la prison, elles sortaient bruyamment.

Une voiture nous attendait à la porte. La première chose à faire était de leur trouver un logement sûr, car je ne pouvais pas leur donner l'hospitalité chez moi. Un logement sûr! Voilà la grande difficulté à Paris pour les pauvres filles. La *Société philanthropique* vient justement de fonder un refuge de nuit, rue Saint-Jacques, qui est une petite solution du grand problème, mais ce n'est pas suffisant. Nous avons besoin d'un établissement semblable dans chaque quartier, où les filles devraient être autorisées à rester plus de trois ou quatre jours.

Mais je reprends mon récit.

La jeune mère gardait le silence. « Qu'auriez-vous fait en quittant la prison si je n'étais pas venue vous chercher? » demandai-je. « Je ne sais pas », me répondit-elle avec tristesse et indifférence, « j'aurais été probablement vers le commissaire de police; qui m'aurait envoyée au Dépôt ». Le fait est qu'elle serait bientôt retournée à Saint-Lazare.

Il y a des vies qui semblent n'avoir aucune direction dans ce monde. Elle continua après un temps : « Il y avait à Saint-Lazare des femmes condamnées à plusieurs années d'emprisonnement. Je les ai vues partir pour les maisons centrales et les ai enviées. Elles avaient de la chance, elles n'étaient pas en peine de savoir où elles iraient. »

Cette réponse ne vous fait-elle pas frissonner? Il y a un grand nombre de ces pauvres êtres dont la destinée est de tomber toujours plus bas dans la misère, jusqu'au fond de l'abîme, où leurs yeux épouvantés ne voient plus alors à l'horizon borné de l'avenir d'autre salut que le dernier refuge, — la mort. Je découvris, non sans difficultés, un logement convenable, après quoi, j'emmenai la mère et l'enfant chez moi pour passer la journée et lui donner des indications, quant au meilleur moyen de trouver du travail. En arrivant chez moi, je trouvai mon petit garçon, un enfant de cinq ans, jouant dans la *nursery*.

Je pris la petite fleur blanche de la prison et la laissai avec lui en leur disant de jouer ensemble.

Alors, je me retirai, et tout en me tenant hors de vue, je continuai à les regarder. Mon petit garçon se mit à pousser vigoureusement sur le plancher une chaise qui était pour lui un couple de chevaux fringants. La pâle enfant le regarda avec étonnement, puis tout à coup, un léger sourire se dessina au coin de sa petite bouche. « Oh ! dit la mère, avec émotion, elle a vraiment souri, c'est la première fois depuis six mois! » La gaîté d'un enfant avait dissipé la tristesse sombre de la prison.

La dernière fois que je visitai Saint-Lazare, ce fut sous les auspices de l'administration. Quelques dames étrangères, membres de la Fédération, se trouvant à Paris, avaient exprimé le désir de visiter la prison. Pour avoir le plus de chance d'obtenir une permission, j'allai moi-même voir M. Nardin, le successeur de M. Lecour, et lui dis franchement pourquoi je désirais un permis.

M. Nardin fut très aimable.

Le jour fixé pour notre visite, un docteur anglais, qui devait être des nôtres, fut empêché de venir au dernier moment, et un jeune homme, un de nos amis, demanda de venir à sa place. Nous fûmes reçus par le Directeur, qui ne manqua pas de reconnaître sa visiteuse habituelle. « J'ai été avisé de votre visite », me dit-il; puis, il se tourna vers les personnes présentes comme pour leur demander des preuves de leur identité. Je les présentai en ordre. Il regarda avec une certaine méfiance le jeune homme qui avait pris la place du docteur anglais, et je lui donnai l'explication nécessaire.

Il entama alors avec moi une conversation qui dura fort longtemps « en attendant de pouvoir procéder à notre visite », comme il disait. Et je me demandai : « Pourquoi ne pouvons-nous pas commencer tout de suite? »

Le Directeur me donna son opinion sur l'agitation soulevée par la question de la police des mœurs. D'après lui, cette agitation était inutile et même méprisable, elle troublait l'administration, et, par cela même, empêchait le calme nécessaire pour les réformes ouvrières. Comme pour Saint-Lazare, c'était une vieille question ;

sans aucun doute, il serait préférable de changer cette prison et d'en construire une autre mieux appropriée au but ; mais c'est une question d'argent. « Il y a longtemps qu'ils ont commencé à en parler, et ils en parleront encore pendant 30 ans avant de faire quelque chose », dit-il.

J'espère, pour ma part, que le Gouvernement de la République prouvera le contraire au Directeur de Saint-Lazare.

Enfin, le moment était venu de commencer notre visite. Un geôlier entra suivi par une sœur. Le Directeur leur dit quelques mots à voix basse et s'excusa de ne pas nous accompagner.

Néanmoins, nous le rencontrâmes comme nous traversions un couloir, ce qui me procura l'occasion de lui poser une ou deux questions qui ne parurent pas être de son goût.

Comment cela se fait-il que les directeurs de prisons et les fonctionnaires de la police n'aiment pas qu'on leur adresse des ques tions ?

Émilie DE MORSIER.

ŒUVRE LAÏQUE DES MINEURES

Mme de Morsier avait pris grand intérêt à une association qui, sous le nom de l'*Œuvre laïque des Mineures*, s'occupait de protéger les jeunes filles sans famille, et voici l'adresse qu'elle envoya le 5 mai 1877 au Cousoil municipal de Paris qui venait de s'occuper de cette question à propos du bureau des mœurs :

MESSIEURS,

C'est avec une vive satisfaction que nous avons vu le Conseil municipal nommer de nouveau une commission des mœurs.

Après les divers faits qui sont venus éclairer l'opinion publique, nous osons espérer que la question est résolue, et que la police des mœurs est condamnée par l'opinion.

Nous pensons que votre commission aura pu constater quels sont les résultats déplorables produits par le système de la réglementation de la prostitution au point de vue moral social et sanitaire.

Au point de vue moral, parce que la reconnaissance légale de la prostitution est une affirmation de la nécessité du vice et que la police des mœurs, s'exerçant contre la femme seulement, proclame l'inégalité de la loi morale pour les deux sexes.

Au point de vue social, parce que la police des mœurs est un pouvoir arbitraire qui est un danger permanent pour la liberté individuelle, un pouvoir qui ne peut s'exercer que par la force, au mépris du droit, et dont l'existence est la négation du principe de l'égalité de tous devant la loi, principe qui est la seule sauvegarde de la *liberté*, de l'*ordre* et de la *justice*.

Au point de vue sanitaire, parce que des statistiques sérieuses ont démontré que la réglementation ne garantit en aucune manière la santé publique et que la diminution de la maladie dans les lieux et aux époques où elle s'est produite, a été uniquement le résultat de soins plus libéralement donnés aux femmes et en dehors de toute coercition.

En face de ces conclusions, nous nous sommes demandé ce qu'il y aurait à faire pour opposer au système de la police des mœurs une organisation véritablement bienfaisante.

Par rapport à la maladie, nous pensons que ce qu'il y aurait de plus utile à faire, se serait d'établir des dispensaires gratuits, où les malades vénériens seraient traités sur le même pied que les autres.

Nous réclamerions aussi pour eux leur admission dans tous les hôpitaux sans distinction et leur participation aux sociétés de prévoyance et de secours mutuels.

Pour venir en aide aux femmes qui se trouvent dans la misère, abandonnées, sans asile, et par conséquent exposées à tomber dans les filets de la police tant que le système existera, et toujours dans la prostitution, on pourrait fonder des asiles de nuit comme il en existe à Paris pour les hommes. Un rapport spécial vous sera présenté sur cette question. Nous ne faisons, pour le moment, qu'indiquer cette idée, car il nous a semblé qu'à l'égard des femmes, la question des mineures doit la première attirer l'attention du Conseil municipal.

Les mineures, en effet, sont atteintes de la façon la plus directe et la plus injuste par le système de la police des mœurs, et c'est à leur égard que la responsabilité de la société et de l'Etat est la plus grave. Selon M. Lecour, plus de cent vingt mineures sont inscrites par année, et nous avons lieu de croire que, sur ce nombre, la presque totalité est mise en maison ; c'est la précaution tutélaire que l'administration prend à leur égard, craignant apparemment qu'elles ne mésusent de leur liberté. La situation qui leur est faite est monstrueuse. Il s'agit de jeunes filles, d'enfants même, placées dans des conditions malheureuses, entourées de mauvais exemples ou trop faibles de caractère pour supporter les privations. Elles cèdent à la tentation et, une fois engagées sur la pente fatale, la police, qui représente le pouvoir, les y pousse avec un acharnement impitoyable. Alors commence cette lutte épouvantable entre l'agent brutal qui poursuit sa proie et la pauvre femme folle de terreur à l'idée de perdre sa liberté, lutte qui se termine presque toujours par la mort physique ou morale de la victime.

Messieurs, la Société, l'Etat et surtout le Conseil municipal, ont un grand devoir à remplir à l'égard des mineures. Il faut qu'il y ait pour ces pauvres jeunes filles, déjà tombées dans la prostitution ou en danger d'y tomber, un autre abri que la maison de tolérance ou même que la maison de correction.

Nous sommes forcés de reconnaître, en effet, que les maisons de correction sont les pépinières des maisons de tolérance. Les petites filles de la correction Duval, à Saint-Lazare, en parlant entre elles de leurs projets d'avenir, disent généralement : « Moi je resterai ici jusqu'à ce que je sois en âge de prendre ma carte (1) ».

Il nous a donc paru, Messieurs, que l'idée d'une fondation pour les mineures s'impose à la conscience de tous, et c'est dans ce senti-

(1) Ce propos a été affirmé par un témoin.

ment que nous venons vous soumettre un plan pour l'accomplissement duquel nous espérons obtenir votre bienveillant concours.

Voici, en quelques mots, les principes qui seraient à la base de cette fondation :

L'œuvre serait laïque.

La directrice aurait à l'égard des élèves la même responsabilité qu'un chef d'institution.

On chercherait à réaliser autant que possible les avantages d'une vie de famille où les enfants seraient traités avec douceur, affection, mais avec fermeté. Les pensionnaires recevraient une instruction à la fois professionnelle et générale. Notre but serait d'en faire non pas des ouvrières seulement, mais des femmes complètes, préparées pour tous les devoirs de la vie; soit que leur destinée les appelle à devenir des mères de famille, soit qu'elles aient à vivre seules par leur travail. On se préoccupe beaucoup aujourd'hui, et avec raison, de l'instruction proprement dite ou professionnelle ; mais qu'on se garde bien de négliger cette éducation morale qui seule porte la personne humaine à sa valeur complète, en lui donnant des principes assez forts pour résister aux chocs et aux tentations de la vie. C'est dans ce sens que nous chercherions à agir sur les jeunes filles qui nous seraient confiées. Considérant que le goût du travail est une des meilleures sauvegardes contre le vice, nous chercherions à le leur donner en rendant l'étude et l'atelier aussi attrayants que possible. La variété des occupations est une des conditions nécessaires au développement physique et intelligent de la jeunesse. L'emploi du temps pour nos élèves devra être réglé sur ce principe. Chacune sera chargée, à tour de rôle, du travail domestique et apprendra, sous une direction intellectuelle, l'ordre, l'économie et les soins de l'intérieur, ce qui équivaut à un véritable capital dans un ménage. En même temps, les jeunes filles seront ainsi préparées au service d'une maison bourgeoise, dans le cas où elles choisiraient cette profession. Le premier travail que nous appliquerions serait la couture et la confection : 1° parce qu'il est plus facile à établir; 2° parce qu'il fait partie d'une éducation complète de la femme. Si l'on peut objecter que ce travail est de peu de rapport, on ne saurait nier cependant qu'il ne soit d'une utilité plus pratique encore que d'autres corps de métier, puisqu'il peut être pour la femme, soit une source de gain, soit un moyen d'économie dans sa maison. Du reste, dans le cas où une fondation de ce genre prospérerait et grandirait, d'autres branches de travaux pourraient être adjointes lorsque l'opportunité s'en ferait sentir.

Messieurs, le Conseil municipal étudie en ce moment l'idée de la fondation d'écoles pour préparer les infirmières laïques. Nous croyons qu'une direction de nos élèves dans ce sens serait un puissant moyen de développer leur caractère moral. Rien n'est plus propre à relever une femme que de faire appel à son dévouement. C'est la meilleure manière de réveiller et de développer les sentiments généreux chez des jeunes filles qui, bien qu'égarées, ont encore au fond de leur cœur cette puissance régénératrice, — la jeunesse, l'imagination et l'amour. C'est ce dernier sentiment, en effet, qui, profané et souillé par les mœurs reçues, doit devenir, en retrouvant sa véritable signification, le principe du relèvement de la femme et de la transformation sociale. En apprenant à nos jeunes filles à se dévouer à ceux qui souffrent, nous ferons plus pour elles qu'en leur tenant de beaux discours sur la morale. Nous serions donc disposés à mettre l'éducation d'infirmières laïques en première ligne sur notre programme.

L'instruction générale devra aussi avoir une large part. Nous pensons que deux ou trois heures de leçons régulières par jour sont indispensables. En outre, nous tâcherions d'obtenir de la bienveillance de certaines personnes quelques cours gratuits qui seraient une récréation pour les enfants, tels que la physique expérimentale, des notions primaires d'astronomie, d'histoire naturelle, etc. Nous ferions aussi à l'art une part aussi large que possible. Il est rare de ne pas trouver une disposition artistique quelconque chez les enfants. La cultiver, c'est donner à la jeune fille une puissante source d'intérêt, un aliment à son imagination, qui l'éloignera des tentations grossières. Le vide du cœur et de l'esprit est une porte ouverte au vice. Le goût de la musique est celui qui est le plus généralement répandu, et c'est une des meilleures ressources récréatives de la jeunesse. Dans les cercles ouvriers de Gand, cercles mixtes pour les deux sexes, on a introduit, avec beaucoup de succès, les exécutions musicales et dramatiques. Nous croyons même qu'il peut être utile pour les jeunes filles de permettre la danse, comme cela se fait dans quelques sociétés en Angleterre. Ce délassement est tout à fait naturel et sain ; il ne devient dangereux que par le fait du milieu dans lequel les jeunes ouvrières vont le chercher à Paris. Il est à croire que si l'on créait des cercles où la danse serait admise, on éloignerait ainsi les jeunes filles de ces lieux mal famés où la police des mœurs opère ses razzias. L'amour du plaisir est inné chez la jeunesse, mais non pas l'amour du plaisir de bas étage. C'est bien souvent parce que l'on ne fait pas la part des goûts légitimes de la jeune fille, parce que l'on comprime ou violente sa nature, qu'elle se jette dans des excès ou commet des imprudences fatales.

Messieurs, nous parlons au nom d'une expérience acquise, ce que vous prouvera le passage suivant d'une lettre que Mme Joséphine Butler nous a adressée :

« Je n'aime pas les Refuges catholiques, ni protestants, tels qu'ils sont jusqu'à présent. Je ne comprends pas pourquoi ces pauvres créatures, les jeunes filles orphelines, filles-mères, les femmes poussées par la misère aux dernières ressources, sont jugées comme plus coupables que le reste de la société. Les inviter d'une manière spéciale à se proclamer « pénitentes », « repenties », ce n'est ni juste ni raisonnable. S'il y a une classe au monde qui doit se repentir et entrer dans une institution pénitentiaire, c'est la police des mœurs elle-même, avec les souteneurs, les maîtresses de maisons tolérées et tout ce monde riche et égoïste qui fait la clientèle de ces maisons. Je crois que nous devons abandonner ces vieux plans qui ne réussissent pas de nos jours, quoiqu'ils puissent avoir été utiles dans le passé.

« Vous ferez bien d'établir des *ouvroirs,* des « maisons d'industrie », c'est la chose la plus importante. Les filles recueillies par les asiles passeraient ensuite dans ces ouvroirs. Vous tâcherez qu'elles y trouvent de bonnes femmes pour les instruire, leur donner de bons conseils, gagner leur affection et les fortifier. Je sens que j'ai un peu le droit de parler de ces choses, puisque j'ai moi-même établi une maison d'industrie à Liverpool, qui a réussi et a fait une œuvre extrêmement utile. Mon *home* industriel n'avait pas du tout le caractère d'une maison pour les « repenties ». Pas du tout. Nous avions le soir de la musique et elles dansaient, la surveillante en tête dansant elle-même. Je leur ai donné un piano. Elles étaient libres de quitter quand elles voulaient, mais *très rarement* elles le voulaient. Elles étaient si heureuses ! Les travaux qu'elles faisaient étaient le blanchissage, la couture; j'ai introduit aussi une petite fabrique d'enveloppes pour les lettres, qu'elles aimaient beaucoup. J'ai songé à établir aussi une petite imprimerie. Ces filles ont trouvé, sans beaucoup de difficultés, des placements après quelques mois ou plusieurs années, et un grand nombre ont continué de nous écrire. Plusieurs se mariaient, j'en ai envoyé d'autres au Canada, où elles ont presque toujours réussi, même mieux qu'en Angleterre. Dans le cas des prostituées qui ont été longtemps inscrites et habituées à la paresse et au luxe, la tâche est beaucoup plus difficile. Je ne parle ici que des jeunes filles et de celles de tout âge qui *cherchent* à échapper à cette vie infâme. »

Parlant de l'action du gouvernement, Mme Butler dit :

« Je crois que le gouvernement tend toujours à agir comme tyran envers les femmes, lorsqu'il se charge de la responsabilité de leur moralité. On peut accomplir beaucoup plus par la persuasion sous les conditions de la liberté...

« J'ai toujours songé à un ouvroir à la campagne comme chose à désirer: une colonie industrielle où l'on aurait des jardins, des fermes cultivées par ces femmes. On a essayé cela sur une petite échelle avec beaucoup de succès. L'éloignement de la ville, le travail en plein air, les champs, les animaux, la liberté qu'on peut accorder, tout cela est charmant pour ces pauvres filles. »

Nous avons également reçu des notes très intéressantes de M. Daniel Cooper, secrétaire général de la Société de sauvetage de Londres (*Rescue Society*). M. Cooper dit :

« La Société dont je suis le secrétaire a commencé, il y a vingt-six ans, ses travaux en plaçant une jeune femme dans une chambre meublée et en prenant soin d'elle jusqu'à ce qu'on fût parvenu à lui trouver un emploi. En second lieu, on chercha des personnes honorables, disposées à garder, à instruire et à surveiller les filles jusqu'à ce qu'on leur eût trouvé de l'emploi. On plaça ainsi deux ou trois filles ensemble. Depuis, nous n'avons cessé d'exécuter ce plan que nous recommandons pour des motifs spéciaux. Bientôt, on loua une petite maison à raison de 40 livres par an (1.000 fr.) On y plaça quinze jeunes filles et on leur donna du travail. On les entoura de soins, on leur enseigna tout le bien possible pendant une période de trois mois à une année. Maintenant, nous avons une douzaine de ces homes (foyers), quelques-uns pour des jeunes femmes qui ont été livrées au vice et d'autres pour des filles qui sont en danger, mais qui n'ont point encore succombé. Tous ces petits établissements sont dirigés d'après le même principe, et je crois être en mesure de prouver que les plus petits homes sont ceux qui coûtent le moins par tête. Le plus petit de nos homes abrite douze à quatorze personnes. Le plus grand en contient vingt-cinq, mais est assez spacieux pour quarante...

« Nous avons trouvé que nos meilleures surveillantes sont celles qui sont prises dans les mêmes rangs de la société que les pauvres filles qu'il s'agit de secourir. Je ne saurais vous dire, après tout, si nous avons trouvé de meilleures maîtresses parmi les veuves que parmi les vieilles filles. L'âge le plus approprié à ces fonctions est de 30 à 50 ans... J'estime que plus de dix mille femmes ont passé sous nos soins. Sur ce nombre, 70 pour 100 environ ont été sauvées. »

Les rapports de la *Rescue Society* contiennent des statistiques très intéressantes sur la situation matérielle et morale des filles au moment où elles arrivent à l'asile. On a cherché aussi à savoir à quel âge elles ont été entraînées au mal. Parmi les filles reçues dans l'année 1876-1877, une avait été perdue dès l'âge de 7 ans, une à 9 ans, trois à 10 ans, deux à 11 ans et six à 12 ans. Le chiffre le plus fort correspond à l'âge de 16 ans. Il donne 53 dans ladite année. La Société de sauvetage a créé un hôpital spécial pour ses malades, qui a donné d'excellents résultats.

Le Dr Drysdale, dans son rapport sur cet hôpital, dit :

« Au début de mes travaux dans cette maison, je craignais que les filles ne fussent impatientes et ne voulussent pas y rester, mais une organisation soigneuse, une nourriture simple et saine, l'excellente direction de la maîtresse, toutes choses qui sont dues à la Société de sauvetage, ont rendu les jeunes filles, à peu d'exceptions près, respectueuses et prêtes à accepter tout ce qui était jugé nécessaire pour leur santé. Il n'y a eu que 6 cas sur 84 qui ont quitté volontairement pour retourner à la prostitution, et trois d'entre eux provenaient des districts où les règlements sur les maladies contagieuses sont en vigueur depuis plusieurs années. Mon expérience m'a prouvé que ces règlements ont un effet déplorable : ils endurcissent les jeunes femmes, leur font considérer le travail honnête avec mépris et le métier de la prostitution comme un moyen facile de gagner leur vie. »

Messieurs, le budget que nous vous présentons a été fait d'après les chiffres relevés sur les différents rapports que nous avons consultés. Nous étions arrivés à une somme inférieure en nous basant sur les homes en Angleterre. Mais l'étude des rapports d'une maison de refuge à Paris, qui contient de douze à quatorze personnes, nous a prouvé que nos estimations étaient trop basses. Le prix de 1 fr. 25 que nous portons pour la nourriture par personne et par jour peut sembler exagéré lorsque l'on sait que les dames de la Visitation et celles de Marie-Joseph reçoivent des pensionnaires au prix de 60 centimes par jour; mais il faut remarquer que ces maisons, qui sont affranchies de la surveillance de l'Etat, spéculent sur le travail des filles, au grand détriment de leur instruction générale et parfois de leur santé. M. d'Haussonville dit à ce sujet, à propos de la maison de la rue de Vaugirard, tenue par les sœurs de Marie-Joseph :

« L'organisation très active du travail vient en aide au maintien de la discipline. Cette activité est nécessaire pour faire vivre la maison, car ce n'est pas avec la subvention de 60 centimes par jour et par tête d'enfant qu'elle pourrait couvrir ses frais, lorsque cette subvention suffit à peine à de smaisons situées en province. »

Nous ne pensons pas, Messieurs, devoir suivre l'exemple des maisons religieuses, car, outre que notre but est avant tout d'élever les jeunes filles dans des conditions normales au lieu de viser à un travail productif mais exagéré, nous estimons aussi que le travail fait dans les couvents est une concurrence fâcheuse pour l'ouvrière libre, Le prix de 1 fr. 25 que nous portons sur notre budget suppose aussi une nourriture suffisante, de la viande tous les jours ; or, nous croyons pouvoir affirmer qu'il n'en est pas ainsi dans les maisons en question où les pommes de terre, les lentilles et tous les farineux font les principaux frais des repas.

Pour commencer l'œuvre, une somme de 20.000 fr. est indispensable ; 4.000 fr. environ pour frais d'installation et 1.300 fr. par tête et par an (loyer compris). Il faut admettre que le budget ci-joint pourrait être un peu dépassé. Si cette somme est assurée pour cette fondation, nous avons l'espoir d'obtenir le patronage d'un homme dont la démocratie vénère le nom et de pouvoir développer cette institution sous votre bienveillant contrôle et avec le concours de l'initiative privée. Il ne faut pas que des difficultés d'argent risquent au début de compromettre cette œuvre et d'amener un échec dont se prévaudraient les partisans de la police des mœurs. Nous croyons, Messieurs, que nous ne sommes pas téméraires de penser que vous pourriez, sur les 300.000 fr. que vous coûte la police des mœurs, et les 13.700.000 fr. de l'assistance publique, distraire cette modeste somme de 20,000 fr. pour accomplir cette œuvre de justice à l'égard des mineures.

Émilie DE MORSIER.

DISCOURS DE MADAME DE MORSIER

AU CONGRÈS INTERNATIONAL DU DROIT DES FEMMES PARIS, JUILLET-AOUT 1878

MESDAMES ET MESSIEURS,

Le titre de la IVe section porte ces mots : *Section de morale, morale générale, morale individuelle*. Je me suis demandé pourquoi la morale générale avait été nommée avant la morale individuelle. La chose peut vous sembler de peu d'importance, mais si je me permets de la relever, c'est que j'y vois un indice d'une tendance assez générale à notre époque. Dans nos aspirations vers le bien et la justice, nous sommes portés à diriger trop exclusivement nos efforts sur l'organisation extérieure de la société en négligeant de considérer l'influence que l'état des individus exerce nécessairement sur cette organisation.

On l'a dit des gouvernements, et on aurait pu le dire des institutions, puisque ce sont les gouvernements qui les créent : une nation n'a jamais que les institutions qu'elle mérite.

Il y a quelque exagération dans cette pensée, mais cependant elle contient beaucoup de vérité.

Je crois que les aspirations d'une nation sont bien supérieures à la forme imparfaite par laquelle elle cherche à les exprimer, mais cependant on peut dire que les conditions générales de l'organisation sociale sont le produit de l'état latent des consciences individuelles. Ne se pourrait-il pas que la raison de cette opposition entre les idées d'un peuple et la manière dont il les met en pratique, fût en grande partie le fait de la confiance trop grande que nous mettons dans la perfection des formes extérieures, en oubliant de créer et de développer ce qui doit en être l'âme, c'est-à-dire l'*individu*.

Cette remarque pourrait entraîner à de longs développements dans la section de l'éducation, mais je n'ai ici à la considérer qu'au point de vue de la morale. Je dis : L'état de la morale générale découle presque absolument de l'état de la morale individuelle ; cette affirmation paraît très simple et cependant je ne crois pas que l'on en tire toujours les conséquences voulues.

Puisque la morale générale résulte de la somme des moralités individuelles, toute mesure qui porterait atteinte à la morale individuelle compromettrait nécessairement la morale générale ; or, ceci m'amène à répondre à la deuxième partie du programme de la IVme section.

Je dis : La réglementation officielle de la prostitution est une violation de la morale générale, parce qu'elle porte atteinte à la morale individuelle.

Qu'est-ce qui constitue la moralité de l'individu sur cette terre ? A mes yeux, ce n'est pas tant la plus grande somme d'actes vertueux accomplis, que la plus grande quantité de tentations vaincues.

Le bien et le mal sont des principes absolus, si nous les considérons comme idées typiques, mais ils sont relatifs dans leurs applications pratiques. C'est une bonne action que de donner une partie de ses biens aux malheureux ; mais entre un riche qui donne, même beaucoup, et un pauvre qui s'abstient de voler lorsqu'il y est poussé par la faim, je dirai que le second, dans son abstention du mal, est plus vertueux que le premier dans son action du bien. Il y a positivement des gens pour qui la pratique du bien est une jouissance plutôt qu'un effort, il y en a d'autres pour qui la résistance devant la moindre tentation suppose une lutte violente.

La manière la plus juste d'apprécier le niveau moral d'un individu, serait de se rendre compte de la somme d'énergie qu'il dépense pour lutter contre le mal et pour accomplir le bien.

Nous sommes tous des êtres imparfaits, sujets à mille défaillances, et cependant nous avons le sentiment d'une certaine valeur, d'une dignité de notre moi, qui peut être atteinte, mais jamais entièrement détruite par nos fautes ou nos erreurs ; tant que l'être humain conserve le droit à la lutte, la liberté de faire le bien ou le mal, il est dans des conditions de moralité possible.

Eh bien, je dis que la réglementation de la prostitution place les femmes en dehors de ces conditions essentielles à la morale individuelle, et qui sont le droit inviolable de toute créature humaine. Je n'entre pas ici dans le détail des faits nombreux qui prouvent que la femme inscrite est dans l'impossibilité de lutter, ces faits ont souvent été cités et peuvent se retrouver dans les documents recueillis par les soins de la Fédération Britannique et Continentale que je représente ici. Je reste sur le terrain des principes et je répète que la morale individuelle est atteinte par la réglementation du vice, parce que cette réglementation met la femme dans l'impossibilité de lutter contre le mal

En second lieu la réglementation porte atteinte à la morale individuelle, parce qu'elle se rend complice de la femme dans l'accomplissement d'un attentat contre la meilleure partie de son être, contre la nature spirituelle.

Je n'ai pas l'intention d'entrer ici dans une discussion philosophique sur la nature de l'homme, mais comme il n'est pas possible de poser une question de détail sans la faire découler d'un principe général,[1] considérant donc que l'homme se compose d'une double nature spirituelle et matérielle, je dis que, par la prostitution, la femme attaque, détériore, pour ainsi dire, le principe spirituel qui est en elle, et que la réglementation, en enchaînant la femme dans la prostitution, se rend complice de cet acte.

J'ai dit que la femme doit toujours se trouver dans des conditions de liberté à l'égard du bien et du mal. D'où procédera le mobile qui peut la diriger dans le choix entre ces deux principes? Evidemment de la partie la plus noble de son être, de ce quelque chose qui ne se définit pas, qui ne se raisonne pas, mais qui vit d'une façon si puissante chez l'individu, que nous le retrouvons toujours et partout depuis les âges les plus reculés jusqu'à nos jours. Ce quelque chose qui a résisté à tous les ébranlements des sociétés, à toutes les corruptions des individus, à tous les égarements des hommes en délire, alors qu'ils cherchent à éteindre leur soif de bonheur dans les jouissances de la chair, ce quelque chose, c'est la *conscience* et c'est ce que j'appelle le *principe spirituel.*

Le principe spirituel est à nos yeux le régulateur de la morale individuelle. L'homme est libre d'y porter atteinte, mais l'Etat ne doit pas sanctionner la violation individuelle de ce principe. Cette distinction que nous faisons entre l'individu et l'Etat, quant à la liberté du mal, est une des preuves admirables et consolantes de la tendance de l'humanité à progresser. Le bien est véritablement son but, la liberté le moyen par lequel elle peut et veut y arriver. Lorsqu'il s'agit des individus, il vaut mieux laisser le mal se produire que d'aliéner la liberté; lorsqu'il s'agit des institutions, l'Etat a le devoir d'affirmer le bien et de condamner le mal. L'Etat manque à sa mission chaque fois qu'il accepte et sanctionne la violation de la morale chez les individus.

Mais ici, je sais que quelques-uns m'arrêteront par cette objection :

En France, ce n'est pas l'Etat qui autorise la prostitution. Aucune législation française ne l'a jamais acceptée officiellement; elle en a simplement déféré sur ce point à la police. L'ordonnance la plus ancienne sur ce chef date de 1684, elle remit au lieutenant de police la juridiction précédemment exercée par le prévôt, ordonnant que sur ce point ses sentences soient exécutées comme jugements en dernier ressort (Lecour, *La prost.*, p. 27).

Il appartient à la Section de législation de nous dire dans quelle mesure l'Etat est légalement responsable des actes d'une autorité qu'il a lui-même revêtue d'un pouvoir absolu. Au point de vue de la morale, l'échelle des responsabilités remonte de la police à l'Etat et de l'État au peuple; voilà pourquoi, dans toute réforme, c'est à l'opinion publique qu'il faut en appeler; à elle d'agir sur le gouvernement et au gouvernement de s'enquérir des actes d'une autorité qu'il laisse subsister sans réviser ses pouvoirs.— Si nous demandons que l'Etat dans ses institutions respecte la morale individuelle, à plus forte raison devons-nous tous la respecter dans notre vie, dans nos travaux, dans nos désirs. Je sais bien qu'il faut faire la part des faiblesses et des erreurs de la nature humaine, mais il n'y en a pas moins un principe invariable qui fixera la nature de notre responsabilité, c'est celui-ci : « Ne jamais rendre les armes au mal. »

La lutte, voilà la seule dignité possible pour l'homme imparfait et incessamment aux prises avec les tentations. Ne renonçons pas à la lutte pour nous-mêmes, ne permettons pas que l'Etat y renonce à l'égard des vices de la société.

Ce que nous reprochons à la réglementation, c'est d'avoir mis en pratique cette triste parole d'un homme qui avait pourtant une haute responsabilité dans la question. « Nous sommes vaincus par le vice.»

Non, certes, nous ne voulons pas être vaincus par le vice ; aux défaillances des autorités, opposons la persévérance de la nation. Le mal est grand, mais à toutes les époques de l'histoire on a entendu retentir ces cris d'indignation contre l'iniquité et l'injustice, qui prouvent que la conscience publique vit malgré les lâchetés individuelles, et ce n'est pas aujourd'hui, je pense, qu'elle songe à abdiquer.

Je me résume par les conclusions suivantes :

Considérant que la morale générale est la résultante des morales individuelles.

Considérant que la morale individuelle ne peut pas exister sans la possibilité de la lutte contre le mal.

Considérant que la réglementation de la prostitution, en rendant la femme esclave du vice, lui ôte cette liberté de la lutte qui est le droit légitime de toute conscience humaine.

Le Congrès émet le vœu que la réglementation officielle soit abolie. (*Vifs applaudissements.*)

JOSEPH MAZZINI

En 1878, Emilie de Morsier fut enthousiasmée par une vie de Mazzini, le patriote italien, écrite en anglais par son amie, Mme Ashurst Venturi ; elle découvrait chez cet homme, auquel elle n'avait entendu appliquer jusque-là que les épithètes de « célèbre conspirateur » et de « fameux révolutionnaire », des pensées profondes sur les grands problèmes sociaux et religieux qui agitent l'humanité ; et ces pensées répondaient si bien sur ces sujets, à ses propres idées qu'elle n'hésita pas, malgré toutes ses occupations, malgré la grandeur de l'ouvrage, à demander à Mme Venturi le droit de traduire son livre en français.

Elle fit ce travail considérable dans les deux années de 1879 à 1881, sans délaisser ses autres occupations ni ses œuvres préférées.

Voici la lettre qu'elle écrivait alors, en guise de préface, à son ami Aurelio Saffi, l'ancien triumvir de la très belle mais éphémère République romaine de 1849 ; elle avait fait sa connaissance quelques années auparavant, à l'occasion de la Fédération, et elle le revit à Gênes au Congrès de 1880, d'où la nouvelle de la maladie de son frère Georges la fit partir précipitamment. — Ce volume parut en mars 1881 (1) :

A Monsieur Aurelio Saffi, à Bologne

CHER MONSIEUR,

Lorsque j'eus l'honneur de vous rencontrer à Gênes et que je vous exprimai mon désir de faire connaître en France la grande figure historique de votre illustre compatriote, vous me fîtes observer l'avantage qu'il y aurait à ce que ce livre fût présenté au public avec l'autorité que lui donnerait un nom connu et estimé en France.

Cette opinion était aussi la mienne. Je ne puis donner ici les raisons pour lesquelles j'ai dû renoncer à cet espoir.

Cependant, Monsieur, bien que privée de cet appui, c'est avec confiance que j'offre cette traduction au peuple français.

Ces pages se recommandent d'elles-mêmes.

Il est vrai qu'aujourd'hui on fait bon marché de l'enthousiasme, de l'idéal, des aspirations généreuses, de la fidélité aux principes, lorsque ces sentiments ont pris leur source dans une foi qui ne limite pas l'existence individuelle à la brièveté de nos jours terrestres. Sur les ruines du cléricalisme religieux, nous voyons germer et grandir

(1) *Mazzini*, Charpentier, éditeur, Paris, 1881.

un *cléricalisme scientifique*, plus dangereux peut-être, qui, sous prétexte de nous affranchir des préjugés, des illusions et de l'ignorance, nous offre aussi son catéchisme infaillible.

Ce nouveau clergé, il est vrai, ne brûle pas les hérétiques, il se contente de déclarer que toute personne qui croit à un avenir extra terrestre, qui admet l'existence de lois divines, d'après lesquelles l'homme doit chercher à diriger sa vie, est atteinte d'aliénation mentale ; c'est un cas pathologique dans lequel le *médecin-prêtre*, qui devient aussi quelquefois *inquisiteur*, est seul compétent.

Et, cependant, l'humanité ne se laisse pas égarer par des autorités mensongères, elle a un criterium qui ne la trompe pas : *Vous les connattrez à leurs fruits.*

Aussi, lorsque la foi, au lieu de n'être qu'une spéculation stérile dans le domaine de l'inconnu, devient la vie elle-même, se traduit en nobles actions et se prouve par le sacrifice, les plus sceptiques sont forcés de l'admirer.

On peut discuter les idées, mais on ne peut nier la grandeur du caractère.

Peu de vies ont mérité, à l'égal de celle de Mazzini, ce tribut d'admiration et de respect.

A une époque où, de l'avis de tous, un certain trouble règne dans les esprits, il ne sera peut-être pas inutile de méditer sur le caractère d'un homme qui a su mettre sa vie en harmonie avec ses croyances, et qui a trouvé dans sa foi religieuse la justification de sa foi démocratique.

Vous aussi, Monsieur, vous êtes dévoué à cette cause de la démocratie telle qu'elle a été définie et comprise par Mazzini.

Vous croyez à la fraternité entre les peuples et vous serez heureux, m'avez-vous dit, que les Français apprennent à connattre celui qui, en combattant pour la liberté de son pays, a, de fait, travaillé à l'affranchissement de tous les peuples.

Si j'ai pu, dans une faible mesure, concourir à ce but, je m'en réjouirai, et votre approbation sera ma meilleure récompense.

Emilie DE MORSIER.

Paris, le 1er Décembre 1880.

Voici la réponse que Mme de Morsier reçut de M. Aurelio Saffi :

Bologna, 5 décembre 1880.

CHÈRE MADAME DE MORSIER,

Vous n'avez pas besoin de mon approbation pour l'œuvre que vous venez d'accomplir ; elle s'approuve d'elle-même.

Tous ceux qui ont foi dans les grands principes qui guident la marche du genre humain vers un but supérieur à la satisfaction des intérêts matériels de l'existence; tous ceux qui croient que la vie de l'individu n'a de valeur qu'autant qu'elle s'élève à la dignité d'une mission pour le progrès de l'espèce, que la notion du *Droit* (foi individuelle) doit être intégrée par celle du *Devoir* (foi sociale), que toutes les questions qui agitent l'Europe attendent leur solution d'une formule religieuse qui harmonise la Liberté avec l'Association, l'Homme avec l'Humanité, vous sauront gré de votre travail, car ces principes, ces idées étaient les principes, les idées de Mazzini.

C'est lui qui, le premier peut-être de nos jours, a porté sur le terrain de l'action les plus nobles aspirations des temps nouveaux : Emancipation des nationalités — alliance des peuples — substitution de la Justice internationale par la Liberté au droit de la force par la Conquête — abolition de l'esclavage sous toutes ses formes — réhabilitation de la personne humaine dans la femme — guerre à l'égoïsme par l'amour et le dévouement — au matérialisme par cet esprit religieux qui est le flambeau éternel de nos destinées, car, comme il a dit quelque part lui-même, « les religions s'éteignent, l'esprit humain les abandonne, comme le voyageur le foyer auquel il s'est réchauffé pendant la nuit; mais la Religion reste; la pensée est immortelle, elle survit aux formes, elle renaît de ses cendres. »

Je souhaite à votre traduction bien des lecteurs. La foi de Mazzini est la foi dans l'idéal du Vrai, du Bon, du Juste, pris pour guide à l'œuvre de la vie tout entière, la foi dans le Devoir, la foi dans l'action pour le Bien. Sa parole retrempera bien des âmes flétries par le doute. Ce n'est pas à l'Italie seulement que cette parole appartient : elle est du domaine de la conscience morale de l'humanité, et elle répond aux plus nobles, aux plus puissantes voix de cette France, des grandes et saintes aspirations vers la Liberté et le Progrès, que Mazzini aimait et à laquelle vous allez révéler sa pensée.

Veuillez accepter, Madame, l'expression bien sincère de mon estime et de ma considération.

A. Saffi.

Mazzini, comme l'on sait, est né à Gênes le 22 juin 1808, et mort à Pise le 10 mars 1872.

Son biographe nous dit que « son corps fut porté à Gênes, à travers les Apennins, dans une sorte de procession triomphale. Quatre-vingt mille de ses concitoyens suivirent les restes de celui qu'ils avaient laissé mettre en prison quelques mois auparavant (1), lorsque son noble cœur était encore plein de vie et d'amour pour eux. »

Mme de Morsier alla voir son tombeau à Gênes, lors d'un court séjour

(1) A la forteresse de Gaëte, à l'occasion des troubles de Sicile, en 1870.

dans cette ville avec son père, dans l'été de 1880; elle aimait profondément Mazzini, et admirait l'homme de cœur « dont la vie entière fut consacrée à l'accomplissement du devoir contenu dans sa devise : *Dieu et le Peuple,* qu'il inscrivit sur le drapeau romain pendant la courte République de 1849, et qui était le résumé de sa foi politique et religieuse, la manifestation extérieure et visible de son âme. »

« Prophète du peuple, Mazzini se dévoua à lui, il s'imposa le devoir de l'élever, de le sanctifier, de le préparer à la haute mission que, selon lui, la Providence lui avait confiée ; c'est dans ce dévouement à la cause de ceux qui souffrent, fondé sur sa croyance en l'unité de l'humanité, qu'il faut chercher la raison de son horreur pour tout privilège qui ne serait pas fondé sur une supériorité de vertu et d'intelligence. C'est là qu'il faut chercher le secret de sa foi inébranlable dans ces deux choses saintes : la Patrie et le Travail ». Et Mme de Morsier ajoute dans son introduction : « Voilà pourquoi c'est aux travailleurs qu'il a tant aimés et servis que je dédie ces pages, dans lesquelles je cherche à peindre son caractère et à montrer quel a été le but de sa vie. »

Emilie de Morsier aimait ce caractère noble et grand, et dévoué jusqu'au sacrifice; elle partageait ses idées et son amour pour le peuple, elle pensait avec lui « que la source de tous nos devoirs est en Dieu, que Dieu vit dans la conscience de l'humanité; que la vie terrestre est le prélude de la vie céleste et un pas fait vers elle; que, la terre étant notre lieu de travail, nous ne devons pas la maudire mais la sanctifier; que les forces qui nous entourent sont nos instruments de travail dont nous devons nous servir pour le bien; qu'en dehors de Dieu il n'y a pas de devoir, et que tous les devoirs terrestres sont une partie essentielle de la vie immortelle; que, sans Dieu, nous pouvons devenir des tyrans, mais pas des apôtres; en conséquence, la base de toute moralité, la règle de toutes les actions et de tous les devoirs, la mesure de la responsabilité, doivent se trouver dans la reconnaissance de la loi de la vie et de la loi de Dieu. » (1)

Comme son héros, aimé et admiré, elle a donné sa vie pour ce qu'elle pensait être son devoir et la loi de sa vie et de son Dieu, et on peut lui adresser, à elle-même, les dernières lignes que Mme Ashurst-Venturi consacre au patriote italien : « Dur et exigeant comme un stoïque à l'égard de lui-même, doux et compatissant à l'égard des autres ; beau, non pas seulement par la régularité des traits, mais par l'expression mobile de ses yeux profonds et par la douceur ineffable de son sourire, il possédait un charme personnel inexprimable dont la magie enchantait les jeunes et les vieux... et, pour ceux qui l'ont connu, mon plus grand désir est que ces pages atteignent leur cœur comme si leur ami bien-aimé, en terminant l'étape terrestre de son voyage, se fût arrêté un instant au dernier sommet où leurs yeux en pleurs peuvent encore l'apercevoir, et, tournant son visage vers eux, leur eût fait de la main un signe d'encouragement... »

M. Aurelio Saffi écrivit la lettre suivante à Mme de Morsier à la réception de son livre :

(1) *Des droits de l'homme,* Mazzini.

Bologna, 8 mars 1881.

Chère Madame de Morsier,

Merci de l'envoi de votre belle traduction de Mazzini.

Je n'ai pas besoin de vous dire que je l'ai reçue avec la plus grande satisfaction. Vous avez accompli une œuvre bonne et féconde. Les *Pensées sur la démocratie en Europe* et les *Devoirs de l'homme* résument toute sa doctrine politique, sociale et religieuse. Elle a bien des contacts, cette doctrine, avec tout ce que l'âme de la France a conçu de plus noble et de plus élevé, dans notre siècle, sur les destinées humaines. Mazzini a été un des plus grands apôtres de l'humanité. Ainsi il a — et le nombre s'en élargira toujours plus — des disciples dévoués qui développeront la bonne semence qu'il a jetée à pleines mains sur la voie du Progrès. Si je ne me trompe, les pages que vous venez de donner au public français par votre traduction sont destinées à relever aussi l'esprit des classes ouvrières en France. Ce sera le meilleur fruit de votre travail.

Agréez, chère Madame, les attestations les plus sincères de ma reconnaissance, avec les salutations cordiales de tous les miens, et croyez-moi toujours

Votre dévoué

A. Saffi.

ÉMILIE ASHURST VENTURI

Nombreux furent les articles (1) sympathiques qui accueillirent l'apparition de la traduction du livre de Mme Venturi. — M. le sénateur Ed. de Pressensé en parla longuement dans la *Revue Bleue*. — Voici un passage de son jugement sur la conception fondamentale de la vie de Mazzini, en empruntant à cet important ouvrage quelques citations particulièrement intéressantes :

Ce qu'il y a de plus remarquable dans sa conception politique, c'est sa profonde conviction que le plus grand malheur pour la démocratie contemporaine serait, sous prétexte d'affranchissement, de couper le câble qui rattache l'humanité à un monde supérieur et de substituer à la morale obligatoire fondée sur la loi divine la morale de l'intérêt bien entendu. L'utilitarisme n'a pas d'adversaire plus déclaré que lui : il l'accuse non seulement d'être faux en soi, mais encore de se retourner contre lui-même, car la recherche pure et simple de l'utile ne favorisera dans l'humanité que l'élite, qui est la mieux armée et outillée dans la lutte pour la vie ; elle substituera l'aristocratie de la richesse et du bien-être, celle des puissants parvenus, à l'aristocratie de la naissance et du privilège, ce qui renversera l'idée essentielle de la démocratie.

La démocratie nous crie :

« Cherchez à vous unir ; renversez les barrières qui vous séparent. Soyez égaux dans la mesure où cela est possible, et cela, non seulement parce que la nature humaine a partout les mêmes droits, mais parce que vous ne pouvez élever les hommes qu'en élevant notre conception de la vie, qui tend à se rabaisser sous l'influence de l'inégalité. »

Il pensait que tout système qui rabaisse l'homme au rang de l'animal aura pour conséquence totale la suppression du droit humain.

« Nous ne pouvons pas accepter, dit encore le grand révolutionnaire, que notre esprit immortel renonce à ce don de la liberté qui

(1) Entre autres, citons :
Un remarquable article sur cette traduction fut publié par Marc Monnier, dans le *Journal des Débats* du 31 mars 1881, et le *Journal de Genève* du 18 du même mois, lui consacra toute sa première colonne.

est la source du bien et du mal. Nous ne pouvons pas désirer que le front qui se lève vers le ciel se prosterne dans la poussière devant n'importe quelle créature humaine, que l'âme qui doit aspirer au ciel se corrompe sur la terre dans l'ignorance de ses droits, de sa puissance, de sa noble origine (1). »

Il ne s'agit pas seulement d'atteindre et de consacrer le principe du droit, il faut encore apprendre à en faire usage, car la liberté n'est pas un but, mais un moyen.

« On peut le tourner à mal comme à bien. Voilà pourquoi *la démocratie est avant tout un problème d'éducation*, et, comme la valeur de toute éducation dépend de la vérité du principe sur lequel elle se fonde, tout son avenir est engagé sur cette question. Ce n'est pas en parlant d'intérêt et de plaisir qu'elle remuera le globe (2). »

Compris de la sorte, le mouvement démocratique a un caractère éminemment religieux.

« C'est une page de l'histoire du monde écrite par le doigt de Dieu. Le progrès religieux est inséparable du progrès démocratique. A chaque progrès de la question religieuse correspond un progrès social dans l'histoire de l'humanité. Le monde est gouverné par les religions. Délivrons-nous de l'idée fausse et absurde du Dieu inventé par une caste. L'imposture et la corruption passent, la tyrannie passe, mais Dieu demeure (3). En dehors de Dieu, d'où ferez-vous découler le devoir ? Sans lui, vous n'aurez que la force aveugle. Au nom de quoi protesterons-nous contre l'oppression ? Sans Dieu, il n'y aura pas d'autre loi que celle du *fait*, du fait accompli devant lequel il n'y aura qu'à courber la tête, qui a fait soit Bonaparte ou la Révolution (4). »

Ces conseils d'un des amis les plus ardents et les plus dévoués de la cause démocratique ne sont pas sans opportunité au moment où celle-ci vient d'obtenir en France l'un de ses triomphes les plus éclatants. Certes la démocratie n'a rien à apprendre du vieux conspirateur pour sa pratique quotidienne : le temps des complots et des insurrections est à jamais passé depuis qu'elle possède l'instrument de sa souveraineté. Ce qui lui importe maintenant, c'est l'usage qu'elle fera de cette souveraineté, de cette puissance. C'est elle-même qu'elle doit dominer en réglant sa force, et il n'y a d'autre moyen connu que d'avoir un principe supérieur à cette force, à ses passions, à ses entraînements. Ce principe, où le trouver, si ce n'est en Dieu — non pas dans le Dieu imposé d'une caste, mais dans celui de la libre

(1) *Biographie*, p. 187.
(2) *Biographie*, p. 195-214.
(3) *Id.*, p. 284.
(4) *Id.*, p. 202.

conscience. On a eu cent fois raison d'enlever à la caste l'école publique, de la renfermer dans ses sanctuaires ; on fera bien de poursuivre cette œuvre d'émancipation jusqu'à ce qu'elle soit achevée — à condition qu'on maintienne toutes les libertés, qui sont des droits, et que l'Etat démocratique ne reprenne pas à l'Église ultramontaine son propre principe en le tournant contre elle et en voulant imposer aux jeunes générations une doctrine officielle.

Mme Ashurst-Venturi, le biographe de Mazzini, mourut à Londres en 1893. Voici la lettre que Mme de Morsier écrivit à la directrice du *Journal des Femmes* à l'occasion de la mort de son amie :

Permettez-moi, par l'entremise de votre journal, de faire part aux femmes françaises de la perte cruelle que notre cause vient de faire en la personne de Mme Émilie Ashurst-Venturi, décédée à Londres le 17 mars. Sous le coup de cette nouvelle qui me frappe douloureusement comme amie, je ne puis trouver des paroles suffisamment éloquentes pour dire tout ce que Mme Venturi a fait pour la cause de la vérité, de la justice et de l'émancipation féminine.

Toute jeune encore, son âme avait respiré le souffle puissant de la liberté. Elle fut initiée à la vie sociale, à ses espoirs et à ses devoirs, par Mazzini, le grand émancipateur de l'Italie, qui ne sépara jamais dans sa pensée l'idée sociale de l'idée religieuse indépendante ; qui, toujours, combattit pour le peuple au nom de Dieu, arrachant, pour ainsi dire à l'Eglise, les vérités divines dont elle avait trafiqué et les invoquant en faveur de l'émancipation des peuples. Cet exemple et ce point de vue seraient utiles à méditer pour les femmes qui travaillent à l'affranchissement de leur sexe, car elles se doutent bien peu combien puissante est l'arme qu'elles laissent aux mains de l'Eglise, en lui accordant le monopole de l'idée religieuse.

Mazzini leva l'étendard de l'émancipation, lorsque, comme dit Mme Venturi : « A l'époque où les despotes victorieux, de l'Europe, se réunirent dans une *Sainte Alliance* et rivèrent à nouveau les chaînes des nations, alors que l'horizon était sombre, le ciel vide et les peuples immobiles de stupeur, au milieu de cette nuit sans étoile de la tyrannie, une voix italienne rompit le honteux silence de la peur et s'écria : « *Les peuples n'ont pas d'autre maître que Dieu, pas* « *d'autre législateur que sa loi.* »

Cette profession de foi fut celle d'Émilie Ashurst et elle l'affirma à nouveau par son mariage avec M. Venturi, un des plus fidèles disciples de Mazzini, mort prématurément pour la cause de l'unité italienne. Ecoutez-la encore : (Biographie de Mazzini, par E. Ashurst Venturi, Charpentier, éditeur) « Prophète du peuple, Mazzini se dévoua à lui ; il s'imposa le devoir de l'élever, de le sanctifier, de le préparer pour la haute mission que, selon lui, la Providence lui avait confiée. C'est dans ce dévouement à la cause de ceux qui souffrent, fondé sur sa croyance en l'unité de l'humanité, qu'il faut chercher la raison de son horreur pour tout privilège qui ne serait pas fondé sur une supériorité de vertu et d'intelligence. »

Appliquez ces paroles à la cause féminine que, du reste, Mazzini n'a jamais séparée de la cause du peuple, et voyez l'enseignement qu'elles contiennent. Aussi, lorsque vint le moment où la question féminine se posa plus nettement dans le monde, Mme Venturi fut préparée pour en être une des propagatrices les plus convaincues et les plus ardentes. C'est sur ce terrain que j'ai eu le privilège de la rencontrer. Notre amitié date de l'époque où je m'engageai dans la *Fédération pour l'abolition de la prostitution réglementée*, fondée par Joséphine Butler. Là, Emilie Venturi combattait aussi, entourée de beaucoup de ceux qui partageaient sa foi mazzinienne : James Stansfeld, son beau-frère ; Willam Ashurst, son propre frère; William Shaen, les Nathan d'Italie, puis tant d'autres : James Stuart, l'infatigable secrétaire de la Fédération; M. Humbert, de Neuchâtel; Yves Guyot, qu'elle appelait son frère de France. Les souvenirs se pressent en foule dans ma pensée.

Je me reporte à ces belles années de lutte ardente, où tous, d'un seul cœur, d'une même âme, nous serrions les rangs autour de Joséphine Butler. La première, elle avait poussé un cri d'indignation et de révolte contre cet esclavage suprême et typique de la femme, formulé dans les lois ou les règlements qui l'asservissent au vice et font d'elle l'instrument — je ne dirai pas de l'homme, — mais de la *bête humaine*. Elles passent tristement devant mes yeux les figures des combattants de la première heure, dispersés aujourd'hui au gré des destinées personnelles qui ont jeté les uns dans la retraite, les autres dans la politique, un trop grand nombre, hélas, dans la tombe! Mais de jeunes recrues sont venues, et nous savons que la vérité fait toujours son chemin. Les individus passent, mais les idées qu'ils ont semées demeurent et germent à travers les humanités qui évoluent. Une chose m'afflige cependant, et je crois utile de l'indiquer ici. Pourquoi le mouvement féminin, qui s'est accentué en France dans ces dernières années, n'a-t-il pas mis en tête de son programme cette affirmation fondamentale du droit de la femme à la libre disposition de sa propre personne? Je sais la réponse que font les groupes féminins en France : « Nous réclamons nos droits politiques parce que, lorsque nous aurons part aux délibérations législatives, nous abolirons bien vite cette iniquité ». Mais, mesdames, je vous prie, combien de temps vous faudra-t-il pour arriver à obtenir vos droits d'électeurs et d'éligibilité? Et lorsque vous les posséderez, combien de temps encore ne s'écoulera-t-il pas avant que vous arriviez à obtenir une majorité dans la Chambre ? Et d'ici là, que ce soit dix, vingt, cinquante ans ou plus, vous accepterez tranquillement cet esclavage horrible de la femme du peuple ? Car vous savez bien que c'est elle qui est la principale victime. Comment pouvez-vous revendiquer vos droits politiques pendant que vous acceptez encore un système légal ou administratif qui consacre la déchéance de votre sexe ? Car si vous voulez la justice et l'égalité entre les sexes, je suppose que vous revendiquez ces droits pour *toutes* les femmes. Et, voyez-vous les esclaves de la police des mœurs siégeant dans les assemblées législatives? Ah! je vous en conjure, commencez par forcer les hommes à reconnaître que la femme est un être humain, avant de réclamer son droit à devenir une femme politique ! Comme elle avait raison, Mme Emilie Venturi, lorsque, sur le conseil que lui donnait un ami de faire l'apologie des femmes anglaises qui avaient osé traiter publiquement un sujet aussi pénible et aussi repoussant que celui de la prostitution, elle s'écriait devant une grande assemblée publique de Paris :

« S'il y a des femmes qui ont besoin d'excuse, ce sont celles qui ne se sont pas levées avec nous, qui se taisent encore, qui ne protestent pas contre la législation de l'esclavage. Ne sont-elles pas leurs sœurs, ces filles infortunées que des hommes traînent dans la boue, foulent aux pieds, outragent au nom d'une nécessité aussi imaginaire que brutale ? Ces hommes assez égoïstes, assez lâches pour chercher leur plaisir dans l'abrutissement de leur semblable. »

Emilie Venturi fut une de ces femmes courageuses qui osent regarder les problèmes en face et n'affirment pas un principe pour reculer devant ses conséquences. A l'exemple de son maître, Mazzini, elle avait foi en une loi divine dont nous ne pouvons pas encore préciser tous les détails, mais qui se révèle à nous par le sentiment de la fraternité, le besoin de justice, l'aspiration de l'harmonie sociale.

J'ai commencé cette lettre le cœur ému, poussée par le désir de vous dépeindre cette personnalité si forte, si noble et si féminine à la fois, et je me suis laissé entraîner à parler de questions générales. Mais n'est-ce pas le meilleur hommage que je puisse lui rendre. Car, de celui ou celle qui s'est donné à l'humanité, il n'y a pas autre chose à dire que de rappeler sa part de travail dans l'œuvre collective.

Mme Venturi terminait sa biographie de Mazzini par ces mots : « Pour ceux qui l'ont connu, mon plus grand espoir est que ces pages atteignent leur cœur comme si leur ami bien aimé, en terminant l'étape terrestre du voyage, se fût arrêté un instant sur le dernier sommet où leurs yeux en pleurs peuvent encore l'apercevoir et, tournant son visage vers eux, leur eût fait de la main un signe d'encouragement. »

C'est ainsi que je la vois aujourd'hui, elle et tous ses fidèles compagnons de travail qui sont partis les premiers. Ils ne sont pas perdus, ils nous ont devancés et leur exemple nous reste. Chaque grande âme laisse sur la terre un rayon lumineux qui, semblable à un phare, nous indique le port. Ne le perdons pas de vue, c'est le secret des heureuses traversées et des nobles vies.

Emilie DE MORSIER.

Dans une séance du Comité français de la *Fédération*, en février 1882, un débat intéressant donna lieu à un discours de Mme de Morsier, assez important pour que le journal *le Droit des Femmes* lui fit l'honneur de l'impression.

Dans une précédente séance, M. Fauvety et Mme Rosen avaient fait appel à l'intervention de l'Etat, et ils demandaient qu'une loi proscrivant la prostitution et la rendant passible des tribunaux correctionnels fût votée par les Chambres.

La *Fédération internationale contre le vice réglementé*, fondée par Mme Butler, n'admet pas qu'on édicte de lois sur un tel sujet. Les membres de la Section française, siégeant à Paris, partagent la même opinion, et ils entendaient réfuter le système préconisé par M. Fauvety et Mme Rosen.

C'est Mme de Morsier qui a bien voulu se charger de répondre.

Voici le texte du discours, fréquemment interrompu par les bravos de l'auditoire, qu'elle a prononcé à cette occasion :

MESDAMES ET MESSIEURS,

En suivant l'autre jour l'intéressante discussion qui a eu lieu sur la question de la prostitution, et en entendant citer plus d'une fois le nom et les paroles de la femme vénérée qui est l'âme de notre association, je me suis dit qu'il devait y avoir confusion d'idées et malentendu entre nous, car certes les nobles paroles de M. Fauvety sur la morale, l'idéal et le relèvement des mœurs ne peuvent que trouver un écho dans la Fédération fondée par Mme Butler. D'où vient donc que j'ai dû demander la parole dans l'intention de réfuter la plus grande partie de l'argumentation de M. Fauvety et de Mme Rosen? Evidemment, la raison en est que nous ne sommes pas d'accord sur l'acception à donner au mot *Prostitution*, ni sur ce que nous considérons être le rôle de l'Etat dans la société moderne.

Littré définit ainsi la prostitution : « Abandonnement à l'impudicité ».

Prostituée : « Femme de mauvaises mœurs ».

Prostituer : « Livrer à l'impudicité ».

Ces définitions indiquent nettement ce que je voudrais dire, c'est que la prostitution est une chose vague, indéfinissable, à laquelle on ne peut assigner de limites et qui, par conséquent, est insaisissable pour la loi.

Et si même vous définissiez la prostitution ainsi : « le fait de vendre l'usage de son corps pour de l'argent », en seriez-vous plus avancés? La vente de cette espèce n'existe-t-elle pas depuis le commerce de la rue jusqu'au grand commerce du monde élégant et riche, je dirai même jusqu'au mariage conclu dans certaines conditions d'intérêts matériels et au mépris des sentiments et de l'honnêteté ? Voila pourquoi les législateurs ont évité avec soin de frapper la prostitution et s'en sont tenus au viol et à la séduction des mineures.

D'ailleurs, dans le développement actuel des idées démocratiques, ils n'oseraient certainement pas considérer la prostitution comme un *délit* pour l'homme : sachons leur gré de ne pas l'avoir fait pour la femme seulement.

Il est à remarquer que cette inégalité de l'homme et de la femme, sous le rapport des mœurs, n'a été consacrée par aucune législation française ; il a fallu le développement clandestin d'un système de réglementation policière pour arriver à la solution monstrueuse qui peut se résumer ainsi : « Bien que la prostitution ne soit point un délit devant la loi, la femmme prostituée ou seulement suspecte de prostitution sera traitée comme une coupable et mise hors le droit commun, tandis que l'homme demeurera innocent. »

Je rends pleine justice à mes honorables adversaires, ils n'ont pas songé un seul instant à sanctionner cette inique injustice. M. Fauvety et Mme Rosen demandent que la prostitution soit considérée comme un délit pour les deux sexes ; ils réclament une loi qui frappe également l'homme et la femme. Eh bien, Mesdames et Messieurs, même dans ces conditions, nous repousserions une pareille loi, parce qu'elle serait injuste, par conséquent *immorale*. Nous n'admettons pas que l'Etat ait le droit de légiférer sur la prostitution, parce qu'il ne le pourrait faire sans empiéter sur les drois de l'individu. Lorsque nous parlons de la prostitution, nous la prenons dans son ensemble et non pas seulement dans les maisons de tolérance qui, elles-mêmes, ne sont qu'une partie de l'organisation de la prostitution réglementée dont nous nous occuperons tout à l'heure.

Je dis donc que, pour frapper la prostitution, il faudrait que l'Etat commençât par la définir, c'est-à-dire par déterminer les conditions dans lesquelles les relations sexuelles sont permises; en un mot, il faudrait édicter une *morale d'Etat*. Or, il est aussi impossible aujourd'hui d'avoir une morale d'Etat qu'une religion d'Etat. La morale, comme la religion, est affaire de conscience individuelle, et l'Etat n'a pas plus le droit de punir la prostitution (toute réserve faite de la séduction des mineures et de l'attentat aux mœurs), qu'il n'a le droit de punir l'irréligion. Si vous faites une loi sur la prostitution, vous arriverez au plus abominable système d'oppression et d'espionnage que l'on puisse imaginer, à la négation des droits de l'individu, à la violation des libertés légitimes que la démocratie réclame.

M. Fauvety l'a dit excellemment : nous devons tenir compte du milieu où nous vivons, du développement actuel des idées dans la moyenne du peuple. L'idéal d'une minorité, quelque juste qu'il lui paraisse, ne peut pas s'imposer du jour au lendemain et les gouvernements ne sauraient, sous peine d'être renversés, gouverner contre le courant de l'opinion. Et croyez-vous qu'à notre époque on puisse, à coups de lois, imposer une morale ? Est-ce que la morale n'est pas en connexion intime avec les convictions philosophiques ou religieuses des individus, et ne sommes-nous pas sur ce chef dans une époque de transition et de trouble ? Non, certes, il n'y a pas aujourd'hui dans les aspirations de l'humanité un accord suffisant sur la question de la morale, pour que cet accord puisse se traduire par des lois qui déterminent les rapports des sexes entre eux. Les uns, au nom de la science physiologique, prétendent que la chasteté est impossible ; ils disent : « suivez la nature », oubliant que, dans la nature, les animaux donnent des leçons de continence aux hommes. Les autres font du retour de la chasteté absolue la condition *sine qua non* du progrès moral, oubliant la parole de Pascal : « Celui qui veut faire l'ange fait la bête ». Les idées les plus contradictoires sont mises en avant au nom de la morale.

Par contre, en matière politique et sociale, il y a des points incontestablement acquis en dépit de certains courants rétrogrades dans l'esprit humain : la liberté de conscience, le droit de l'individu, fût-il le dernier des malheureux, etc. Voilà le milieu dont nous devons tenir compte et qui ne nous permet pas d'accepter l'intervention de l'Etat dans les mœurs. On l'a dit avec raison : la grande question de la fin de notre siècle, c'est de définir les droits de l'Etat et les droits de l'individu ; question grave, difficile et qui, pour être résolue, exigera une révision complète, non seulement des constitutions et des codes, mais encore des idées philosophiques et religieuses qui ont cours.

Il importe, pour tous ceux qui ont souci du progrès national et général, de ne point laisser mettre en péril, dans l'emportement de leurs convictions individuelles, des droits et des libertés acquis et que le socialisme d'Etat menacerait aussi bien que les monarchies absolues. J'avoue que j'ai été fort étonnée d'entendre M. Fauvety nous dire pour défendre sa thèse : « Mais le peuple ne sait pas, il faut le conduire, il faut lui montrer où est le bien, où est le mal. »

Oui, certes, chacun devrait, avec conscience et courage, exposer ses idées et ses convictions ; l'inertie, l'indifférence, la lâcheté morales, voilà le mal; mais Dieu nous préserve des gouvernements qui s'érigent en directeurs des consciences et en grands prêtres de la morale !

Je partage entièrement la méfiance de M. Chaigneau à l'égard des remèdes législatifs. Un profond penseur que devraient connaître tous ceux qui s'occupent de réformes sociales, l'historien anglais Buckle, a dit : « Le législateur et le magistrat pourraient pour un instant pallier le mal; effectuer une guérison, jamais. Les maux généraux dépendent de causes générales qui sont au-dessus de leur art. »

Et ailleurs :

« Ils peuvent dire ce qu'ils voudront au sujet des réformes introduites par le gouvernement et des améliorations à attendre de la législation. Mais quiconque examine les choses à un point de vue plus élevé reconnaît bientôt que ce sont là des espérances chimériques. Il apprend que les législateurs font presque toujours obstacle au progrès de la société, au lieu de le servir et que, dans les cas très peu nombreux où leurs mesures ont été utiles, on doit attribuer leur succès à ce que, contrairement à leur habitude, ils se sont implicitement conformés « à l'esprit de leur temps, et ont été ce qu'ils devraient toujours être, les serviteurs du peuple aux désirs duquel leur devoir est de donner une sanction légale. »

Mesdames et Messieurs, nous affirmons que traiter la prostitution par des remèdes légaux, même s'appliquant aux deux sexes, est incompatible avec l'esprit de notre temps ; nous disons que cette loi que vous rêvez serait une loi attentatoire à la liberté individuelle.

Mme Rosen objecte que la liberté est chose relative ; elle doit être limitée par le droit d'autrui. Sans doute, et c'est ce qui a motivé certaines dispositions du code en matière de mœurs et que je n'ai pas le temps de vous citer ici, mais je répondrai à Mme Rosen que j'ai encore plus peur de la moralité légale que des excès de la liberté. Vous dites : la prostitution nous déborde, elle va perdre notre nation, il faut l'arrêter à tout prix.

Non, pas à tout prix, non, pas au prix du sacrifice de principes supérieurs aux opinions que les uns et les autres se font de la moralité ; et d'ailleurs vouloir agir par la loi, c'est agir par la force, et le régime de la force est le plus démoralisant de tous pour un peuple. Tous les jours, il est vrai, il se fait, se dit, s'imprime ou se joue dans nos théâtres des choses absolument immorales. Les esprits timides ou sceptiques s'effrayent, et ils tendent les bras vers l'Etat. Oh ! gens de peu de foi, serais-je tentée de leur dire, avez-vous oublié que la censure a un jour interdit Ruy-Blas et que l'on allait à Cayenne pour avoir défendu la cause de la justice et de la liberté dans la presse ?

On va loin avec ce système protecteur et le peuple fera bien de ne pas plus se fier à l'Etat pour relever les mœurs, qu'à l'Eglise pour diriger les consciences. Le règne de l'intolérance est passé, dites-vous ; j'en doute beaucoup ; l'intolérance a seulement changé de couleur, elle sera laïque ou scientifique, et n'en vaudra pas mieux pour cela ; ne lui faites pas trop de place au pouvoir, c'est plus prudent. M. Chaigneau l'a dit, fort bien dit : il n'y a pas de progrès vaiment acquis en dehors de la liberté.

Si vous voulez bien maintenant quitter le terrain des principes pour entrer sur celui de la pratique, je vous prierai de considérer que, comme l'a fait observer Mlle de Lasserre, votre loi, dans son application, frappera toujours le pauvre et le faible, tandis qu'elle ne pourra matériellement pas atteindre le riche et le puissant. La prostitution des couches inférieures de la société sera seule atteinte, mais le vice qui s'étale à deux chevaux au Bois de Boulogne, le commerce qui se fait dans les luxueux appartements du demi-monde échapperont toujours.

On verra plus d'une fois sans doute, messieurs les magistrats appliquer l'article de la loi à de pauvres misérables qui se livrent à la prostitution dans des hôtels de bas étage et se rendre eux-mêmes le soir chez quelque Mme Leroy jouissant de la faveur de la police. Vous me direz : « Il faudra forcer l'application de la loi à tous. » Et comment, je vous en prie? Comment voulez-vous punir par la loi tous les individus des deux sexes qui se prostituent, alors que vous êtes incapables de définir devant la loi ce que c'est que la prostitution ? Allez-vous déclarer que toutes les relations sexuelles en dehors du mariage sont de la prostitution?

Alors vous devez frapper le concubinage et instituer une brigade spéciale des mœurs pour surveiller les ménages réguliers. On a invoqué l'autre jour la loi sur l'adultère ; mais la justice de cette loi est absolument contestable, en premier lieu par le fait de l'inégalité qu'elle établit entre les deux conjoints. Et d'ailleurs c'est un procédé bien imprudent que d'inférer d'une loi pour en justifier une autre. Les lois ne sont pas infaillibles, elles doivent se transformer à mesure que l'opinion se transforme. La notion du respect de la loi est excellente, à condition que le peuple exerce une stricte vigilance sur les lois afin qu'elles soient toujours d'accord avec l'idée qu'il se fait de la justice. Je pense que si aujourd'hui tous les citoyens et les citoyennes s'enquéraient des lois qui les gouvernent, il y en a beaucoup qui seraient modifiées, à commencer par celles qui régissent le mariage.

En outre, il n'y a pas de parallèle à établir entre les deux cas. Ceux qui se sont mariés devant la loi doivent subir les conséquences de la loi en attendant qu'elle soit modifiée. Mais lorsque la prostitution est le fait de deux êtres libres et majeurs, en dehors des conditions qui constituent l'attentat public aux mœurs, comment voulez-vous établir qu'il a y délit devant la loi ? Il faudrait commencer par violer le domicile pour constater le fait. Cette thèse est insoutenable. La prostitution ne peut pas être un délit devant la loi civile ; elle est une faute devant la loi morale, c'est sur ce terrain-là que vous devez vous placer pour la combattre. Faites appel à la conscience publique et, croyez-le, ce jugement sera plus efficace que celui de la loi. Jusqu'à présent l'opinion n'a flétri que la femme dans la prostitution, qu'elle flagelle enfin l'homme, aussi coupable, plus coupable même, parce qu'il joint trop souvent au vice l'hypocrisie ; après s'être fait le complice de la femme, il prétend en être le juge. La plupart des hommes cherchent à se justifier en invoquant la loi physiologique ; je leur demanderai alors pourquoi ils n'ont que mépris pour la femme qui leur rend des services aussi indispensables ?

Je n'ai pas encore parlé de la question sanitaire, parce que M. Fauvety ne s'est point étendu là-dessus. Je voudrais pourtant répondre à une chose qu'il a dite en passant et qui m'a causé un douloureux étonnement. Parlant des individus atteints de la syphilis, il a réclamé contre eux toutes les rigueurs de la loi et émis le vœu qu'ils fussent impitoyablement incarcérés jusqu'à complète guérison. Je demanderai d'abord à M. Fauvety comment il fera pour découvrir tous les syphilitiques hommes, à moins qu'il ne compte établir un système de visite qui s'appliquera à tous les hommes, depuis les hauts dignitaires de l'Etat jusqu'aux simples soldats. Je lui ferai aussi remarquer que la syphilis peut exister sans être la preuve de la prostitution. Dans les accidents secondaires, la syphilis est contagieuse indépendamment des relations, elle peut se transmettre par le contact de la bouche ou d'objets ayant été en contact avec la bouche du malade, si les accidents se produisent dans cette partie. La syphilis se transmet aussi par la vaccine et peut se déclarer plus tard ; enfin des médecins anglais ont cité des cas où elle s'était développée dans le mariage, sans aucun acte étranger à cette relation, mais par le seul fait de l'abus des relations. Encore une fois, vous n'atteindrez qu'une faible portion des syphilitiques et qu'aurez-vous gagné ?

Secondement, une telle manière de considérer le malade, alors même qu'il serait victime de ses propres fautes, est-elle juste, est-elle humaine ? N'est-ce pas un reste de cet esprit religieux barbare qui se réjouit de la punition du méchant, lorsque le méchant est autrui ? Lequel de nous se sentirait le droit de se montrer impitoyable envers ceux qui sont victimes de leurs erreurs ? Le malade est souvent un coupable, cela est vrai ; mais le coupable est toujours un malade, et chaque fois que vous traitez un être humain avec dureté, avec mépris, vous contribuez à le dégrader davantage. Il n'y a que l'amour qui relève et qui sauve.

Je ne puis vous citer ici les nombreuses statistiques de nos amis sur les différents systèmes employés pour le traitement des syphilitiques en Angleterre, mais je puis vous affirmer que la conclusion a été en faveur du traitement non forcé dans les hôpitaux ordinaires, et en évitant tout ce qui contribuerait à créer une classe de malades à part.

J'ai cru nécessaire, Mesdames et Messieurs, d'entrer dans ces longues considérations pour chercher à éclairer une question trop mal comprise du public, bien que (c'est ma conviction), mes honorables opposants n'aient pas eu l'intention de demander une loi qui produisît les conséquences que je viens d'indiquer. Evidemment, il y a eu confusion dans leur esprit ; ils ont vu le scandale de la rue, les maisons de débauche honteusement provocatrices, et ils se sont dit : « Il faut faire quelque chose ». Mais ici nous sommes sur un tout autre terrain et nous allons nous entendre. La prostitution la plus éhontée, celle qui se déchaîne dans nos rues depuis le crépuscule jusqu'à minuit ou deux heures du matin ; ces infâmes maisons où sont parfois séquestrées des malheureuses contre leur volonté, le souteneur, espèce ignoble produite par l'inscription des femmes, lesquelles cherchent un défenseur contre les agents des mœurs; la traite des blanches qui se cache à l'ombre d'un système protecteur, qu'est-ce que tout cela, si ce n'est la *prostitution officielle*, comme l'a si bien dit M. Yves Guyot?

Nous nous sommes élevés contre la théorie de l'Etat chargé d'imposer la moralité, nous avons dit que ce n'est pas là la conception de l'Etat démocratique ; mais que dirons-nous alors de l'Etat organisant l'immoralité ? Or, la réglementation de la prostitution, que l'on vous représente comme nécessaire, n'est pas autre chose que l'organisation de la prostitution sous la protection de l'Etat. Voilà la première chose que vous devez combattre, si vous voulez lutter contre la prostitution en général. Et ne croyez pas que, pour cela, il soit besoin d'une loi nouvelle. Le code actuel, il est vrai, est loin d'être un idéal de justice, mais le simple retour au code, c'est-à-dire au droit commun en matière de mœurs, sera déjà un progrès immense. C'est au nom du code que nous frapperons la police des mœurs elle-même, par l'article qui vise l'excitation à la débauche, que nous abolirons l'inscription de la femme, ce honteux esclavage moderne, que nous poursuivrons les misérables qui font le commerce des pauvres filles et les vendent dans ces maisons protégées par la police.

Une nouvelle loi, nous n'en voulons pas, car nous savons que, loin d'amener un progrès, cette loi ne ferait que donner une sanction nationale aux injustices qui se commettent contre les femmes. Je sais qu'à la préfecture de police, ne pouvant plus défendre le principe de la police des mœurs, on serait prêt à l'abandonner en demandant en échange une loi ; mais ne vous y trompez pas, il s'agit d'une loi contre les femmes, une loi sur le racolage peut-être. Au congrès de Gênes, Mme Butler s'est élevée fortement contre toute loi de cette espèce, parce qu'elle conduit forcément à l'oppression des pauvres femmes du peuple. Il n'y a pas de danger que les femmes de la prostitution dorée soient comprises dans cette loi ; et quel est l'homme qui avouera que, lorsque dans le monde — n'importe lequel — il tend habilement ses filets pour séduire une femme, il ne fait pas autre chose que du racolage. Le don Juanisme est encore de bon ton dans notre société démocratique.

On a fait des lois sur la prostitution en Angleterre et c'est ainsi que, dans une nation qui s'accommode mal de l'arbitraire, on a introduit l'infâme système continental. Nos amis Anglais demandent le rappel de ces lois ; en France nous demandons l'abolition d'une institution arbitraire.

Mesdames et Messieurs, il est impossible que nous ne soyons pas d'accord, car nous désirons tous la même chose : le progrès dans le bien et dans le juste. Mais cette question est difficile et demande une sérieuse étude. Nous mêmes aujourd'hui, ardents partisans des principes de la Fédération, nous avons connu au début le doute, l'hésitation ; mais, comme le dit Mme Butler, la cause elle-même a fait notre éducation et nous avons appris à ne pas avoir peur de la lumière.

De longs applaudissements ont couvert les paroles de Mme de Morsier.

La publication de ce discours donna lieu à une discussion intéressante dans le journal, et Mme de Morsier eut l'occasion de répondre par l'article suivant à certaines objections faites par l'aimable penseur et philosophe qu'était M. Ch. Fauvety :

Monsieur le Directeur du Droit des Femmes.

Monsieur,

Je vous remercie de bien vouloir me permettre de répondre en quelques mots à l'article de M. Fauvety, sur la prostitution, contenu dans votre numéro de mai 1882.

En considérant l'œuvre de *la Fédération*, M. Fauvety est frappé de deux choses :

« L'importance des travaux accomplis au sein de l'Association » et « la faiblesse, pour ne pas dire la nullité des résultats obtenus. »

Alors même que la seconde partie de cette proposition serait exacte, nous répondrions qu'il n'y a pas lieu de s'en étonner. La Fédération a suivi la même marche que toutes les grandes questions qui se posent dans l'humanité.

Elle a débuté par des travaux importants, elle a donné naissance à une bibliothèque complète sur ce sujet, bibliothèque qui contient des documents d'une valeur si incontestable, que la cause défendue par la Fédération ne peut plus être considérée comme une utopie ou un rêve, sauf par ses adversaires de parti pris ou par les ignorants.

La Fédération n'a point borné son activité à des travaux de cabinet. Elle a organisé des Congrès dans tous les pays, elle a semé et fait germer son idée dans les milieux les plus réfractaires, réveillé l'opinion publique et forcé l'attention des gouvernements. Si vous voulez comprendre l'œuvre de la Fédération, il ne faut pas regarder seulement autour de vous, dans votre pays, votre ville ou votre entourage, c'est le monde entier que vous devez considérer.

Voyez l'Angleterre, la terre mère de notre cause. Depuis douze ans, les Abolitionnistes défendent avec une persévérance infatigable et un succès complet la population civile, menacée d'être soumise à des lois qui, jusqu'à présent, n'ont été appliquées qu'aux stations maritimes et militaires de la Grande-Bretagne. C'est en vain que les prudes M. P. (députés), ont essayé d'éloigner cette discussion publique, sous prétexte d'immoralité, chaque année la Fédération gagne de nouveaux adhérents. Des commissions d'enquête ont été nommées dans les deux chambres, un mouvement populaire de plus en plus fort fait échec à la police des mœurs anglaises, et le premier ministre lui-même a donné une audience à Mme Butler pour entendre sa déposition (1).

En Belgique, c'est l'activité déployée par la Fédération qui a forcé les autorités à intenter à quelques tenanciers de maisons ces fameux procès d'où est ressorti de la façon la plus évidente ce fait que la police, cette administration déléguée de l'Etat, est complice des crimes qui se commettent dans les maisons, de la séquestration des femmes, du viol des mineures, etc.

En Hollande, notre cause est soutenue ouvertement jusque dans les cathédrales par M. Pierson, et pour qui connaît les préjugés des milieux religieux, ce fait ressemble fort à un miracle ! A la conférence de Londres, en juin 1881, un commissaire de police de la Haye parlait avec enthousiasme de nos principes.

En Danemark, sous l'impulsion que lui donne la baronne Stampe, la cause fait des progrès immenses.

M. Testuz a fondé la Section suédoise.

En Allemagne, sous le régime *Bismarkien*, Mme Guillaume Schaech parcourt le pays, provoquant des conférences dans toutes les villes. Un meeting organisé par elle à Darmstadt a été dissous par la police qui a parlé de la poursuivre sous le chef d'immoralité publique, mais les autorités se sont ravisées, sachant bien que la Fédération est une puissance avec laquelle il faut compter.

(1) L'abolition définitive des actes a été votée en 1885.

En Italie, la Section fondée par Joseph Nathan a gagné en peu de temps toutes les associations ouvrières. Les Résolutions du Congrès de Gênes sont proclamées sur la place publique, sans que le gouvernement qui avait consigné des troupes autour de la salle des conférences, ose intervenir.

En Suisse, le Bureau continental de la Fédération, sous la direction de M. Aimé Humbert, déploie une activité incessante.

L'Espagne, ce pays si retardé dans la voie du progrès social, a pourtant une branche de la Fédération.

En Amérique, les partisans du système ont échoué plusieurs fois dans leurs tentatives pour l'établir.

La France enfin, que M. Fauvety semble considérer comme le pays où la question est plus arriérée, où en est-elle ?

En 1873, Mme Butler s'arrêtait à Paris dans son premier voyage de mission sur le continent. Elle passa ignorée de ce que l'on appelle le grand public parisien, mais sa parole était tombée dans quelques esprits et ne devait pas demeurer stérile.

En 1876, M. Yves Guyot posait la question dans la presse, ce qui lui valut six mois de prison. Mme Butler revenait à Paris avec M. Stansfeld, le Président de la Fédération.

Ils se mirent en rapport avec le Conseil municipal et parlèrent dans un vaste meeting, à la salle d'Arras, organisé par M. Yves Guyot.

Ce dernier, après avoir subi sa prison, reprit dans le Conseil municipal et dans la presse cette lutte acharnée au cours de laquelle Préfets de police, fonctionnaires et même un ministre succombèrent. La question pénétra si bien dans le grand public, et même dans le public superficiel, qu'en avril 1880, à la suite d'un nouveau meeting, salle Levis, un reporter du *Figaro* rendit visite à Mme Butler, à son hôtel, et que le journal lui consacra le lendemain un premier Paris.

M. Fauvety parle du silence de la presse ; mais il n'y a pas un seul journal parisien, jusqu'au *Temps*, qui n'ait parlé longuement de la question.

Depuis la campagne de M. Yves Guyot dans la *Lanterne*, de l'aveu même du chef de la police des mœurs, on inscrit rarement des mineures et les arrestations ont beaucoup diminué.

Il me semble qu'en face de pareils faits on est peu fondé à parler de la « *nullité des résultats obtenus par la Fédération.* »

Mais venons-en à l'objection principale de M. Fauvety.

Ce qu'il ne peut admettre, c'est que la Fédération ait limité la question, qu'elle demande l'abolition de la réglementation et non pas l'abolition de la prostitution.

Je désire ne point me répéter, car vous avez eu la bonté, M. le Directeur, de publier dans un de vos précédents numéros ma première réponse à M. Fauvety.

Je soutenais alors cette proposition que, demander l'abolition de la prostitution, c'est ne pas savoir ce que l'on demande. J'admets avec M. Fauvety que la prostitution est *une honte sociale, une plaie qui dévore la société*... J'ajoute que cette plaie est la conséquence de beaucoup d'autres *pourritures*, de la bestialité et de l'égoïsme des hommes, de l'exploitation de la femme dans la société, de l'hypocrisie qui absout toujours le vice élégant et fait de la pauvreté le plus grave de tous les crimes. Je ne demande pas mieux que de voir laver toutes ces *hontes sociales* dont la prostitution n'est qu'une partie ; mais puisque, comme le dit si bien M. Fauvety, un mal *ne peut être puni que là où il peut être saisi légalement et juridiquement*, je dis que la Fédération ne pouvait faire autre chose que d'attaquer *spécialement* la prostitution réglementée.

J'ajoute que si la Fédération se défie de l'intervention de l'Etat en matière de prostitution, elle agit sagement ; car lorsque l'Etat s'est mêlé de cette question, qu'a-t-il fait? Il a organisé la prostitution, c'est-à-dire qu'il a substitué au désordre *individuel* le désordre *officiel*. J'estime donc que la question a été admirablement posée, aussi bien au point de vue des principes que de la pratique.

En principe, la Fédération condamne la prostitution puisqu'elle reproche à l'Etat d'avoir organisé ce vice.

En pratique, elle attaque tout ce qu'il lui est permis d'attaquer, *l'organisation de la prostitution qui est une violation du droit commun* (1)

Supposez un instant que l'on eût suivi la méthode indiquée par M. Fauvety. La première chose à faire aurait été de définir ce qu'est la prostitution et, dans ce cas, je doute fort que la Fédération eût jamais existé, du moins dans ce vaste ensemble qui fait sa grandeur et est une preuve de la vérité de son point de vue. Croyez-vous que des délégués de toutes les nations, des représentants de religions différentes, d'opinions politiques ou de systèmes scientifiques opposés, eussent jamais pu tomber d'accord sur une définition de la prostitution?

Si la Fédération vit, si elle grandit de jour en jour et convertit à sa cause peuple après peuple, c'est qu'elle est fondée sur une base assez large pour gagner à elle l'humanité entière, c'est qu'elle présente ce caractère qui a été celui de toutes les grandes réformes

(1) Il va sans dire que je ne traite pas ici la question de la propagande philanthropique et morale, qui s'est largement développée sous l'influence de la Fédération. C'est à elle qu'il appartient, selon moi, de lutter contre la prostitution par tous les moyens possibles de persuasion et de secours mutuels. Je reste dans les limites de la question : Devons-nous, ou non, demander une loi sur la prostitution? E. DE M..

sociales : — la révolte de la conscience publique contre une iniquité gouvernementale.

Vous pensez que la Fédération a compris l'œuvre d'une façon étroite, je pense qu'elle l'a comprise de la manière la plus large, et que poser la question comme vous l'indiquez, ce serait la rapetisser. Si, dans le degré de développement où est le monde, tous ont le droit de dire : « Nous ne voulons pas que l'Etat protège, organise et encourage la prostitution », nul n'a le droit d'exiger que sa morale privée soit imposée aux autres.

Je demande pardon à M. Fauvety de citer encore une fois Buckle, lorsqu'il dit :

« Toutes les grandes réformes qui ont été accomplies ont consisté, non pas à faire quelque chose de nouveau, mais à défaire quelque chose de vieux. »

Mais revenons à la question qui nous sépare et nous force à combattre ceux que nous n'appellerons pas des *adversaires*, mais des *amis dangereux*.

M. Fauvety pense que nous ne sommes point fondés à repousser, au nom de la liberté individuelle, l'établissement d'une législation qui permette au pouvoir d'agir contre la prostitution. Il me semble que notre défiance n'est que trop justifiée, puisque, selon lui, le premier devoir de cette législation serait de nier le droit que possède toute femme sur sa propre personne.

Que l'on plaisante ou que l'on s'indigne tant que l'on voudra sur ce thème favori de nos adversaires, « le droit à la prostitution, » il n'en demeure pas moins élémentaire que l'autonomie de la *personne* humaine, que M. Fauvety prétend défendre, suppose le droit que possède toute femme sur sa propre personne. Or, la prostitution ne devient délit que lorsqu'il y a préjudice porté à autrui, et ces cas sont prévus par le code actuel.

Certes, on ne soupçonnera pas la Fédération d'être indulgente pour les *souteneurs*, cette espèce engendrée par la police des mœurs ; et cependant, comment ne pas bondir d'étonnement en voyant le projet de loi contre les souteneurs, proposé par un de nos amis qui, de ce fait, devient un *ami dangereux* ?

Ici, même remarque que sur le mot prostitution. Quelles sont les conditions dans lesquelles un homme pourra être frappé par cette loi ? Car il y a beaucoup de variétés dans les souteneurs, depuis celui des barrières jusqu'aux Alphonses du grand monde et aux chasseurs de *sacs* (dots). Chaque fois qu'un homme et une femme vivront ensemble, il faudra savoir qui paie la dépense. Avec le projet Delattre, nous arriverons au travail forcé pour les hommes et à l'abolition de la dot pour les filles à marier, ce qui serait parfois très moral mais empiéterait quelque peu sur les droits de l'individu.

Les droits de l'individu, voilà certainement le point qui a servi de centre à cet immense réseau de la Fédération, et c'est là ce qui nous sépare, parce que vous voudriez refuser ces droits à ceux qui « *ne se gouvernent pas conformément aux lois de la raison et de la conscience.* » Mais, dites-moi, je vous prie, où est le code de la raison et de la conscience?

Vous repoussez une morale basée sur la religion, mais la morale d'Etat que vous prétendez faire sera probablement repoussée par ceux dont la conscience ne relève que de l'Eglise.

Est-ce que la loi sur le divorce, qui réjouit si fort les uns, n'est pas considérée par d'autres comme une grande immoralité?

Il y a des gens qui vivent en union libre, et fort honnêtement, parce que, en leur âme et conscience, ils trouvent la loi sur le mariage trop immorale et injuste pour s'y soumettre.

Certaines personnes font de la chasteté un crime contre nature, tandis que pour d'autres c'est le plus haut degré de vertu. Comment votre code de morale d'Etat pourrait-il satisfaire des aspirations si opposées? Vous dites : « Aujourd'hui l'Etat représente tout le monde, ce sera la morale de tout le monde dont les formes varieront suivant le degré de développement de la conscience sociale. »

Non, la morale d'Etat ne peut pas être la morale de tout le monde, dans une société violemment divisée sur tous les points.

Il n'y a jamais eu de morale d'Etat que celle imposée par la force, sous des régimes tyranniques, et au nom de la religion qui avait fait alliance avec le pouvoir; elle est incompatible avec la liberté de conscience sous un régime républicain et démocratique. Non, l'Etat ne représente pas tout le monde, et il a généralement pris à tâche de persécuter les *minorités;* tout au plus cède-t-il à la majorité quand il ne peut pas faire autrement.

Vous dites : « L'homme ne pouvait s'émanciper *politiquement* sans s'émanciper aussi *moralement* et *religieusement.* « Eh bien, nous prétendons défendre cette liberté morale lorsque nous ne voulons pas étendre autant que vous les attributions de l'Etat. C'est cette absorption des individus par l'Etat qui « *prépare à notre République naissante de cruelles épreuves et de terribles réactions.* »

Les gens de *table rase* ne sont point si fort à craindre lorsqu'ils veulent faire table rase des corruptions officielles qui, ne l'oubliez pas, ont été instituées par l'Etat, au nom de la moralité!

Et qui donc parle de se passer de lois positives, puisque nous demandons justement le retour à la loi positive par l'application du droit commun à tous!

Certes, la Société d'aujourd'hui est loin d'être sainte comme vous le dites, mais n'admettez-vous pas qu'elle a fait quelques progrès depuis le temps où, en 1254, le bon roi Saint-Louis ordonnait que

« les filles de joie fussent boutées tant des champs, comme des villes, et dépouillées de leurs biens, voire de leurs habits jusqu'à la cotte et au pélisson, » et, où, comme à Strasbourg, en 1684, il était prescrit de fouetter les filles qui viendraient, ou de leur couper le nez, à leur choix? (1).

Vous pensez que le peuple est incapable de relever lui-même les mœurs et qu'il a besoin de l'Etat pour y arriver. Vous supposez donc toutes les vertus aux gouvernants et tous les vices au peuple.

Si je cherche ce que l'Etat a fait en faveur des mœurs, je ne trouve pas grand'chose à son actif; par contre, il a organisé la prostitution, protégé les proxénètes qui font la traite des blanches, laissé la fille-mère sans défense et sans recours contre son séducteur, institué des lois qui font du mariage un esclavage honteux pour la femme. Il subventionne des théâtres qui sont des foyers à prostitution, et place dans les jardins publics des statues que l'on ne saurait donner pour modèles de chasteté.

Dans ces conditions-là, une *défiance systématique* contre le gouvernement me parait être le premier principe de la sagesse pour un peuple qui aspire à être libre et responsable.

Vous nous proposez l'*Etat Providence*, mais qu'est-ce qui justifie une pareille confiance en lui, puisqu'il n'est que l'émanation de la nation et que la nation est, selon vous, si corrompue? Si vous voulez l'Etat Providence, il faut le considérer comme une émanation d'un pouvoir supérieur, comme le dépositaire d'une sagesse extra-humaine, ce qui est la continuation de la théorie du droit divin; mais en renversant celle-ci, vous rendez impossible le rôle que vous prétendez donner à l'Etat.

Je ne puis m'étendre davantage sur ce sujet; revenons à la Fédération. C'est à la suite de longs et de sérieux travaux qu'elle en est arrivée, du moins sa majorité, à dégager ce principe de la non intervention de l'Etat en matière de mœurs, hormis les cas qui visent la protection des mineures. Je pretends que, par là, loin de rabaisser le débat, elle l'a élevé. Aussi, pouvons-nous repousser le charitable pardon que nous offrent nos adversaires, en leur disant que nous savons parfaitement bien ce que nous faisons.

J'ajouterai que nous avons sur vous l'avantage d'être clairs et précis.

Les Résolutions de nos Congrès pourraient être mises en pratique immédiatement sur la base de principes qui sont aujourd'hui sanctionnés par toutes les nations civilisées; vous, vous demandez une loi sur une chose que les législateurs, aussi bien que les moralistes, n'ont pas encore pu définir nettement.

(1) Voyez à ce sujet : *La prostitution*, par Yves Guyot, Charpentier, éditeur.

Le jour où, après avoir défini la prostitution et formulé votre loi, vous aurez gagné à votre idée des représentants de tous les peuples, de toutes les nuances religieuses, de toutes les opinions philosophiques ou politiques comme l'a fait la Fédération, nous pourrons discuter la valeur de notre méthode; pas avant.

Un dernier mot, non point à nos adversaires ni à aucun de ceux qui se sont occupés théoriquement de la question, c'est aux femmes que je m'adresse.

Il y a aujourd'hui, dans tous les pays du vieux monde, une institution fondée ou tolérée par les gouvernements qui n'est pas autre chose que l'esclavage des femmes. D'après ce système, la femme ne s'appartient pas, elle n'a pas le droit de vivre dans cette liberté que les hommes ont acquise pour eux au milieu de luttes sanglantes, où la femme n'a cependant pas déployé moins d'héroïsme qu'eux. Cela est juste, dit-on, la femme ne doit pas avoir la liberté de mal faire; elle doit être plus vertueuse, plus chaste que l'homme.

Or, après avoir posé ce principe de morale inégale pour les deux sexes, en réservant la bonne part pour la femme, que fait-on ?

On décide que chaque femme qui aura manqué à cet idéal de chasteté sera punie, et voici comment : La police la prend, lui impose une visite corporelle, l'inscrit comme prostituée sur un registre officiel et lui donne une carte qui l'autorise à continuer à se prostituer, pourvu qu'elle observe certains règlements de l'Administration. N'ayant pas été un ange, il faut qu'elle devienne un démon.

Voilà toute la logique des moralistes d'Etat; c'est un chef-d'œuvre à la Tartuffe!

A l'abri de ce système, il se passe des choses épouvantables qui n'en sont que la conséquence forcée. Les exploiteurs du vice qui, d'un côté violent la loi sous la protection de la police, s'arrangent, d'autre part, à la violer sur des points où elle ne le leur a pas permis, et la police ne peut que fermer les yeux, sous peine de mettre au jour des faits qui seraient sa propre condamnation. Les femmes sont sequestrées dans les maisons, maltraitées et soumises de force à toutes les infâmes fantaisies de débauchés ivres. La traite des blanches s'organise de pays à pays. On vend des mineures en falsifiant leurs actes de naissance; on viole des petites filles dans des maisons protégées par l'Etat.

A Bruxelles, des membres de la Fédération qui faisaient une enquête, trouvèrent une petite fille enfermée dans une chambre obscure; elle ne voyait jamais le soleil, dit-elle. Une autre enfant s'est jetée en pleurant dans les bras d'un client, en le suppliant de l'emmener. Je n'invente pas, ces faits sont contenus dans le Rapport de la Société anglaise pour l'abolition de la traite des blanches. J'ai connu une pauvre fille qui s'est suicidée parce qu'elle avait été inscrite à Paris, contre sa volonté. Consultez les documents de notre Société, c'est le réquisitoire le plus effrayant que l'on puisse faire contre les gouvernements gardiens des mœurs.

Et pendant que tout cela se passe, pendant que les cris, les larmes, le sang de ces malheureuses, de ces enfants déchirent nos cœurs et nous étouffent d'indignation et de colère, on nous dit d'attendre, de ne pas demander en premier lieu l'abolition du système, de donner aux philosophes et aux législateurs le temps de s'entendre sur ce que c'est que la prostitution et sur la manière de l'atteindre par une loi ! Non, nous ne voulons pas attendre ; cette méthode de soi-disant prudence n'est pas de celles que peuvent employer ceux qui ont vu jusqu'au fond de ces horreurs et qui, par la sympathie, ressentent les tortures de ces êtres infortunés.

On n'attend pas lorsqu'il s'agit d'abolir une infamie, de savoir ce que l'on pourrait mettre à la place. Il n'y a rien à mettre à la place du système de la police des mœurs ; c'est une pourriture qu'il faut simplement balayer.

L'abolition, l'abolition immédiate ! Voilà le cri de toutes les femmes qui ont compris et souffert en face de ces horreurs.

Que l'on discute si l'on veut, mais après avoir protesté, après s'être joint à la croisade.

Ne pas s'engager dans la Fédération sous prétexte que la question a été mal posée, c'est ce que je ne puis comprendre. Elle est suffisamment posée sous cette forme :

« La police des mœurs est une infamie, une injustice, une monstrueuse immoralité, nous demandons son abolition immédiatement.»

Si ce n'est pas l'avis des philosophes, ce sera celui des femmes.

Agréez, Monsieur le Directeur, l'expression de mes meilleurs sentiments.

Emilie DE MORSIER.

Paris, 25 mai 1882.

DISCOURS DE MADAME DE MORSIER

A L'ASSEMBLÉE GÉNÉRALE DE LA LIGUE DU DROIT DES FEMMES
LE 7 DÉCEMBRE 1883

MESDAMES ET MESSIEURS,

C'est à Mme Chapman, présidente de la branche française de notre *Fédération*, qu'aurait dû revenir l'honneur d'exposer nos principes devant cette Assemblée, et c'est sur son désir que je la remplace à cette tribune.

Si j'ai accepté de parler dans cette réunion, c'est parce que je viens le faire au nom d'une association qui représente le droit de la femme dans ce qu'il a de plus élémentaire.

La Fédération internationale pour l'abolition de la prostitution réglementée revendique pour toute femme le droit de la possession de sa propre personne, le droit d'être considérée comme un être libre et responsable.

Il est curieux qu'en face d'une affirmation de principes aussi claire et aussi nette, on ait pu se méprendre sur la portée de la réforme que nous prétendons accomplir.

D'une part on nous a dit :

« Vous diminuez la question, les règlements sur la prostitution n'atteignent qu'une minorité infime et méprisable de femmes, laissez de côté ce détail et attaquez la prostitution en général, dans ses deux causes principales : la misère et l'ignorance. » D'autre part, on nous a reproché de favoriser la débauche, parce que nous demandons l'abolition des règlements auxquels elle est soumise.

M. le Dr Fiaux vous exposera tout à l'heure, avec une autorité que je ne puis avoir, les points de vue législatifs et scientifiques de cette question ; mais, comme membre de la Fédération, je désire répondre aux deux objections que je viens de signaler.

Relativement à la première, je puis bien vous assurer que nul, mieux que nous, ne sait combien est vaste et terrible ce problème social de la prostitution, et je vous citerai les paroles que Mme Butler, la noble fondatrice de notre œuvre, prononçait, il y a peu de temps, au congrès de La Haye :

« Oui, nous appelons de nos vœux une transformation sociale qui assure à toute femme la possibilité de vivre honnêtement de son travail. »

Mais croyez-vous vraiment que nous ayons rapetissé le débat en le plaçant spécialement sur la question de la réglementation ? Je ne saurais mieux vous faire comprendre le point de vue auquel nous nous sommes placés qu'en vous citant les paroles d'un grand homme d'Etat anglais. Défendant les libertés du peuple contre un acte d'arbitraire gouvernemental, lord Chatham s'exprime ainsi :

« C'est à tort qu'on a fait intervenir ici le caractère de la personne « dont je parle. Je n'ai pas à m'en occuper.

« En lui, fût-il le pire de tous les hommes, je défends le droit « et la sécurité des meilleurs. Prenons garde de quelle manière nous « empiétons sur les libertés de nos concitoyens, quelque faibles, « quelque misérables qu'ils soient, car soyez certains que si vous « permettez à l'esclavage de s'établir dans n'importe quelle partie de « votre pays, vous vous apercevrez que c'est une maladie contagieuse « qui gagnera bientôt des extrémités jusqu'au cœur. »

Mesdames et Messieurs, dans les plus misérables, dans les plus faibles, dans les plus méprisées des femmes, nous aussi nous défendons le droit et la sécurité des meilleures !

Ai-je besoin de vous dire que lorsqu'un pouvoir arbitraire est accordé à une administration quelconque, on ne sait ni quand, ni comment, ni jusqu'où il s'exercera ?

Ai-je besoin de répéter ce qui a été dit et redit si souvent au sujet de la police des mœurs : c'est que, dans de pareilles conditions, la richesse ou la situation sociale d'un côté, et de l'autre la complaisance ou la complicité, peuvent seules garantir la femme contre ces violations de sa liberté individuelle. C'est une chose bien prouvée aujourd'hui et par de tristes exemples, que la réglementation de la prostitution est une menace constante pour la femme pauvre et isolée.

Direz-vous que nous avons pris le petit côté de la question, lorsque nous défendons la femme du peuple ?

Mais il y a plus.

Vous avez laissé l'esclavage s'implanter dans un département de votre pays et vous savez que la liberté individuelle de chaque citoyen est mal garantie contre l'arbitraire de la police actuelle. En outre, vous avez démoralisé la femme en mettant dans les cerveaux souvent faibles et ignorants cette idée que la prostitution pouvait être un métier ; vous avez rabaissé le niveau moral de vos jeunes gens en leur inculquant cette maxime que la débauche systématique est nécessaire à leur santé ; et ainsi, sans y prendre garde, et parce qu'il s'agissait seulement de fouler aux pieds le droit de quelques pauvres malheureuses, vous avez laissé le mal gagner des extrémités au cœur, car les femmes et les jeunes gens sont bien le cœur d'une nation, les forces impulsives sans lesquelles rien ne peut s'accomplir.

J'en viens à la seconde objection. Nous encouragerions, paraît-il, la débauche en demandant l'abolition de la police des mœurs.

Ah! ceci est une grave question, car il s'agirait de définir quelles sont les conditions les plus favorables au développement moral de l'individu : si c'est la liberté qui fait appel au sentiment de sa responsabilité, ou si c'est l'autorité qui prend pour moyen d'action la force brutale. Mais laissant de côté la thèse générale et restant dans la limite de la question, permettez-moi de vous répondre encore une fois par la voix de Mme Butler :

« Gardez-vous, dit-elle, de cette manie de faire des lois sur les « questions qui touchent à la moralité entre les sexes.

« Je suis convaincue que la loi a peu de pouvoir sur la vertu des « hommes et des femmes.

« La loi n'a que deux choses à faire : empêcher un citoyen de « nuire à un autre et défendre les droits et les libertés de tous. Dans « tous les domaines, nous sommes trop disposés à nous en remettre « au gouvernement et à la loi, à ses agents, à sa police ; c'est une « façon de nous débarrasser de toute responsabilité et de tout tra- « vail individuel. Nous sommes si occupés de nos affaires et de nos « plaisirs, qu'avons-nous besoin de nous soucier de ce qui se passe « à la rue et dans les maisons de débauche, ni des outrages qui s'y « commettent sur des femmes et des enfants?

« C'est bien plus simple de s'en remettre aux agents de police que « cela regarde. Et ainsi, nous sommes arrivés à perdre le sentiment « de notre responsabilité comme citoyens. et, ce qui est pire, il s'est « développé parmi nous une tendance à un culte dangereux, fatal, « le culte du pouvoir de la police, et si nous ne le brisons pas, c'est « lui qui nous écrasera....

« Le pouvoir de l'Etat doit être fort limité lorsqu'il touche à la mo- « ralité entre les sexes. »

Après de telles paroles, nous n'avons pas à tenir compte des railleries de nos adversaires ; on voit sur quel terrain nous sommes placés. Oui, nous osons le dire hardiment, et bien qu'il s'agisse ici de la prostitution, nous réclamons pour la liberté de la femme, car si elle use de cette liberté pour entrer dans le vice, vous m'accorderez bien au moins qu'elle pourrait en user aussi pour en sortir, et c'est ce qu'elle ne peut pas faire lorsqu'elle tombe sous le régime de la police des mœurs.

Voilà l'argument capital que nous invoquons contre ce système inique, c'est que si, au mépris de la loi, qui est celle de l'individu, comme celle des nations, la loi de développement, de progrès, d'expansion, il s'autorise des faits réels ou supposés pour violenter physiquement et moralement la femme, il ferme devant elle toutes les issues qui pourraient la conduire à une vie normale au triple point de vue du bonheur, du travail et du développement intellectuel ; c'est purement et simplement l'assassinat de l'être humain dans toutes ses puissances physiques et morales.

Je sais qu'en parlant ainsi nous faisons sourire les sceptiques et les indifférents. Il a été si bien admis jusqu'à ce jour que la prostituée est un être à part, créé pour remplir une fonction toute spéciale, que nul ne songe à s'enquérir du sort de ces malheureuses ; ceux qui en savent quelque chose, les clients des maisons, ont toujours de bonnes raisons pour se taire. Aussi, lorsque la Fédération porta la lumière jusque dans les bas fonds de cette organisation infernale, ce ne fut qu'un cri : nous étions des fous, tout au moins des rêveurs dangereux. Cependant, les procès que le procureur de la Belgique dut intenter à douze proxénètes, par suite des révélations de la Fédération, montrèrent bien que nous n'avions rien exagéré et prouvèrent jusqu'à l'évidence la complicité des commissaires de police, et même d'un Bourgmestre, avec les maîtres de maison.

Ces choses se passent en Belgique, direz-vous ; elles se passent partout, dans toutes les villes de l'Europe. Paris en a vu de tristes exemples.

Oui, on ne le dira jamais assez haut, la traite des blanches, qui est le produit de la réglementation, continue à se pratiquer dans le monde entier, sous les regards complaisants des gouvernements ; et puisque ce commerce infâme de jeunes filles, de petites filles, est la conséquence forcée de ce système, les autorités qui contribuent à le maintenir sont responsables de ces crimes.

La police qui, sous son bon plaisir, arrête les filles, les met en carte et protège les maisons de tolérance, est responsable.

La magistrature, le parquet qui sait que des mineures, des enfants sont souvent enfermées dans ces maisons, est responsable.

La Faculté de médecine, qui appuie ce système inique de l'autorité d'une science qu'elle déshonore par là, est responsable.

Voilà les trois dieux au nom desquels on corrompt les jeunes gens, on persécute et on torture de pauvres filles, on viole impudemment les principes qui sont la base de nos constitutions libérales modernes.

Et ne croyez pas que nous fassions du roman lorsque nous parlons de la traite des blanches. Les faits que nous dénonçons sont prouvés par la travaux du « Comité de Londres pour l'abolition du trafic des filles anglaises, dans le but de la prostitution continentale. »

Ce comité, qui est présidé par l'honorable Benjamin Scott, Chamberlain de la Cité de Londres, et l'un des défenseurs les plus ardents des libertés municipales de cette ville, fonctionne depuis 3 ans. Les faits qu'il a mis au jour ont ému l'opinion au point de forcer la Chambre des lords à nommer une commission d'enquête qui a dû constater l'exactitude de ces révélations.

Les moyens les plus généralement employés par ces courtiers en chair humaine sont les fausses promesses de places à l'étranger. Souvent ils organisent eux-mêmes des agences, véritables souricières où viennent se prendre ces malheureuses jeunes filles qui cherchent des emplois. D'autres fois, ils se contentent de rôder autour des bureaux, saisissant la première occasion qui se présente pour entrer en relation avec les filles qui sortent quelquefois tristes et découragées, parce qu'elles n'ont pas trouvé de place.

Je trouve dans les documents officiels des enquêtes faites à Bruxelles les détails suivants :

Il s'agit de l'une des jeunes filles que Mme Butler a recueillies dans sa propre maison.

Permettez-moi de vous citer les faits dans leur horrible exactitude. Je sais qu'en parlant ainsi je causerai à quelques-uns de mes auditeurs un douloureux étonnement et que je m'expose au blâme de plusieurs. Mais il m'a semblé qu'à une époque où les livres de M. Zola comptent 150 éditions et plus, et où les théâtres font salle comble avec des pièces qui n'ont pas précisément pour but de relever le niveau moral de la société, il était permis de dénoncer hautement les abominations qui se commettent contre de pauvres filles sans défense, sous prétexte de moralité et d'hygiène publique. A ceux qui me blâment, je répondrai que ce n'est pas de dire ces choses qui fait le scandale, mais qu'elles puissent exister sans soulever l'indignation publique.

Adeline est la fille de parents respectables. Elle a été en service à Londres et possède de bons certificats. Se trouvant un jour sans place, elle tomba dans le piège que lui tendit un de ces misérables. Elle était mineure.

Conduite à Bruxelles, sous prétexte d'y trouver une place, elle fut internée dans une maison de tolérance. En la terrorisant de toutes façons, et en lui faisant prendre des boissons alcooliques et presqu'aucune nourriture solide, on la mit dans un état où elle n'avait presque plus l'usage de sa raison. D'ailleurs, elle ne parlait pas le français et n'avait que son bourreau pour interprète. C'est dans ces conditions qu'il la conduisit au Bureau des mœurs, lui disant que c'était la Douane.

Il la fit inscrire sous un faux nom, après avoir produit des certificats falsifiés pour cacher son âge. Le médecin du Bureau des mœurs ne put faire subir à la jeune fille la visite avec l'instrument ordinaire propre à ces sortes d'opérations, car il avait reconnu qu'elle était vierge et...

Malgré cela, il la laissa dans la maison dont il était le médecin visiteur. Les clients voulurent se rendre maîtres d'elle par la force, de riches libertins la grisaient avec du champagne.

De tous ces attentats, la malheureuse n'éprouvait que d'horribles douleurs et elle se sentit souvent près de sa fin.

Conduite à l'hôpital, elle fut interrogée par la police sous l'inculpation d'avoir donné un faux nom.

Elle était hors d'état de se défendre et la police se contenta des réponses du maître de la maison. On lui fit subir une nouvelle visite et on la réintégra à l'hôpital.

Elle y passa six mois.

Les trois premiers mois furent employés à la guérir des maux et des lésions provoqués par les examens cruels et les autres attentats dont elle avait été l'objet, et on utilisa les trois autres mois à... — la plume refuse de l'écrire.

La main de l'opérateur allait la rendre apte au vice contre lequel la nature l'avait protégée.

Il se trouva des étudiants en médecine assez dénués de tout sentiment d'honneur et d'humanité pour tenir cette malheureuse pendant que le professeur opérait.

Il fallut non pas *une* séance, mais *sept* séances, et la plupart du temps le misérable négligeait l'emploi du chloroforme. Tous les malades de l'hôpital entendaient les cris de cette victime et bien des filles pleuraient de pitié dans leurs chambres.

Pendant ce temps, le premier médecin de l'hôpital pratiquait cette vivisection humaine, l'accompagnant de savants commentaires à ses étudiants. On aurait pu croire qu'il haïssait cette malheureuse, car il n'avait ni yeux ni oreilles pour ses douleurs; il gardait le silence lorsque celle-ci le suppliait de l'abandonner comme il l'avait fait pour d'autres filles qu'il n'avait pas réussi à former pour le métier.

Plus tard, lorsque cette pauvre enfant fut de retour à Londres, elle se soumit volontairement à l'examen d'une des sommités médicales de l'Angleterre, le Dr Duncan, qui confirma tout ce qu'elle avait déclaré des horribles traitements dont elle avait été victime. Il ne découvrit sur elle aucune trace d'infection syphilitique. Ces faits sont cités dans les enquêtes du Comité de Londres et ont été confirmés par les témoins dans les procès de Bruxelles.

On vous dira, et c'est aux femmes que je m'adresse, on vous dira que toucher à cette question, c'est toucher de la boue et qu'il ne sied pas aux honnêtes femmes, aux mères de famille de le faire.

Oui, c'est de la boue... de la boue faite des vices des hommes, des injustices de la police, des cruautés de la science, mais il s'y mêle aussi le sang et les larmes des victimes, et voilà pourquoi cette question vous regarde, vous, femmes de toutes les classes et de tous les pays. Si ce n'est pas pour le droit, si ce n'est pas pour la justice, si ce n'est pas par le sentiment de votre responsabilité, comme citoyennes et comme membres de la famille humaine, que ce soit au moins au nom de la pitié, mais consentez à vous occuper de cette question.

Prenez garde, je vous prie, de ne pas accepter sans contrôle les lieux communs qui se débitent dans le monde sur le sujet de la moralité et qui souvent ne recouvrent que de barbares préjugés. Il y a toute une phraséologie qui devra disparaître lorsqu'on aura accepté ce principe fondamental de la *Fédération* : « La morale est une pour les deux sexes. » Il faudra que l'on renonce à nous parler de *femmes tombées*, *de femmes perdues*, à moins que les hommes n'acceptent d'être stigmatisés du même terme lorsqu'ils manquent à la chasteté. Cette monstrueuse inégalité, acceptée jusqu'à ce jour par l'opinion publique, a été elle-même un des facteurs de l'immoralité. Bien des femmes, à tous les degrés de l'échelle sociale, ont succombé et se sont abandonnées parce qu'elles ont été cruellement méprisées à la suite d'un égarement passager. Ah! ce n'est pas seulement la police qui fait les prostituées, c'est aussi *ce tout le monde* sans cœur et sans pitié, qui tue d'un mot, d'une raillerie et pose pour la vertu outragée chaque fois qu'il s'agit de jeter la pierre à une femme, tandis qu'il n'a que complaisance pour les lâchetés et les vices des hommes. Et, chose triste à dire, les femmes privilégiées, celles que leur situation garantit, se joignent à la foule et contribuent à écraser leurs sœurs malheureuses. Mais, relativement à la prostitution réglementée, le manque de logique des hommes est véritablement étonnant.

C'est pour eux qu'a été organisé ce savant système, c'est à leur intention que la police favorise la fondation des maisons de tolérance et qu'elle ferme les yeux sur la traite des blanches. Alors pourquoi méprisent-ils les femmes enrégimentées pour leur service? Je me souviens d'un médecin du dispensaire qui me disait :

« Si vous assistiez à la visite, vous n'auriez pas tant de pitié pour ces filles; leurs propos vous feraient horreur. »

Permettez-moi de vous citer encore deux faits de mon expérience personnelle, comme réponse à cette parole.

Je me suis occupée de quelques filles inscrites.

L'une d'elles me disait :

« Madame, suis-je donc pire que les autres? Pourquoi m'a-t-on inscrite? »

Son seul crime, en effet, était d'avoir été abandonnée par un officier et d'être tombée dans la misère (1).

(1) On connaît ce mot de l'un des fonctionnaires de la police des mœurs : « Est-ce qu'une femme honnête loge en garni!... »

« J'ai tant supplié pour que l'on ne mît pas en carte! Ah! je maudis la société où de telles choses peuvent se passer! » me disait-elle.

Je voulus la sauver, mais pour cela il était nécessaire que je la fisse entrer provisoirement dans un refuge. Lorsqu'elle vit la maison et entendit lire le règlement dont chaque article commençait par ces mots : « Les repenties feront ceci ou cela », elle se révolta de nouveau. « Non, dit-elle, je ne puis pas entrer dans cette maison; j'y mourrais, j'aime mieux me tuer de suite. »

C'est que, voyez-vous, ces pauvres filles ont horreur de tout ce qui ressemble à une prison. Elles ne veulent pas échanger un esclavage contre un autre, substituer à l'étiquette de la police une autre étiquette. Elles ont été méprisées sous le titre de « filles publiques », et vous les marquez une seconde fois du fer rouge avec votre titre de « filles repenties. »

N'ayant que le choix entre la maison de tolérance et le refuge, la pauvre enfant se tua, en effet; hélas! sans me laisser le temps de la sauver autrement.

Dans notre siècle de liberté de conscience, il est bien difficile à la femme de se retirer du mal sans passer par le laminoir de la repentance religieuse, et sous prétexte de relèvement, on encourage bien des hypocrisies (1).

Voici le second fait, et je vous prie encore une fois de comprendre que si je raconte ces choses, au risque de froisser des délicatesses que je respecte, sans les trouver justifiées, c'est dans l'idée que cela vous aidera à former votre opinion sur le sujet qui nous occupe.

Dans un but charitable, et sous une protection sûre, j'entrai un jour dans une de ces prisons (2) où sont détenues de malheureuses victimes.

Pendant cette visite, j'étais censée ne pas comprendre le français. C'était la première heure de la soirée. Les filles, en costume que l'on sait, causaient entre elles. Elles me regardèrent avec curiosité, mais la gouvernante leur ayant dit que je ne comprenais pas le français, elles furent bientôt à l'aise et parlèrent sans gêne. Dans un salon, à côté de celui où j'étais, un client buvait du champagne.

Lorsqu'une bouteille était vide, la gouvernante lançait un coup d'œil aux filles et les malheureuses commençaient mille manœuvres pour pousser à la consommation. Je remarquai une jeune fille qui ne paraissait pas avoir plus de 16 à 17 ans. L'expression de son

(1) Il ne faut pas conclure de mes paroles que nous blâmons absolument les refuges, ni que nous approuvions les filles de ne pas vouloir y entrer; mais il est à désirer que ces établissements se fondent dans un esprit plus large et que l'on n'y exerce aucune pression religieuse.

(2) Entendre : « Maisons de débauche ».

visage avait encore quelque chose d'enfantin qui formait un contraste douloureux avec ses tristes propos; elle riait et plaisantait avec ses compagnes.

« Et combien coûte ça? « dit le client en s'approchant d'elle. La pauvre enfant cessa de rire tout à coup. « Oh! je ne sais pas, dit-elle, il faut demander à Madame. » Et elle regardait la gouvernante d'un air soumis et craintif. Celle-ci avait toujours l'œil sur les filles; il eût été impossible de leur parler en secret.

Oui, j'avais entendu des choses affreuses; mais lorsque, en partant, je m'approchai de ces pauvres malheureuses, et que, saisie d'une immense pitié, je leur serrai la main en leur disant quelques paroles affectueuses qui furent traduites, elles me regardèrent avec une expression d'étonnement, de reconnaissance et de tristesse que je n'oublierai jamais. C'était comme si l'âme de la femme, attirée par la sympathie, cherchait à se dégager un instant de ce milieu infect, et me criait : » Je vis encore! » Et depuis lors ce regard me poursuit comme un reproche et semble me dire : « Pourquoi nous avoir laissées là? »

Mais croyez-vous qu'elles regarderont ainsi le client cynique qui les aborde avec mépris et les excite lui-même, par des propos grossiers, ou ces médecins qui, au nom de la science, violent les vierges pour en faire des prostituées!

Il y a une loi qui a échappé jusqu'ici aux recherches des savants et que des femmes de cœur ont découverte, c'est que les instincts bons ou mauvais de l'individu, se manifestent en raison directe du sentiment avec lequel on s'approche de lui. Voilà pourquoi Florence Nightingale, Elisabeth Fry et Joséphine Butler ont trouvé chez les criminels, chez les assassins et chez les prostituées, des possibilités morales dont la police, les débauchés et certains médecins ne se sont jamais doutés.

Une pauvre jeune fille qu'elle avait sauvée, dit un jour à Mme Butler: « Savez-vous quelle est la première chose qui a touché mon cœur après que j'avais résisté à toutes les prédications et à tous les discours sur la morale? C'est ce jour où vous vous êtes approchée de mon lit à l'hôpital, et où vous avez passé la main dans mes cheveux en m'embrassant plusieurs fois sur le front. Je ne vous ai rien dit, mais cette nuit-là j'ai bien pleuré et je pensais! Oh si je pouvais être une fois aimée d'un amour pur avant de mourir. »

Etre aimée d'un amour pur, aspirer à cet amour, ajoute Mme Butler, c'est ce qui peut sauver ces pauvres filles.

Oh! qui dira, en effet, combien de malheureuses ont succombé dans la terrible lutte pour la vie physique et morale, parce qu'elles n'ont pas rencontré sur leur chemin une véritable affection, ni une main amie qui ait su les relever sans les mépriser.

On a raison de construire des écoles et des asiles; on fait bien d'étudier scientifiquement les problèmes économiques et sociaux; il n'est pas inutile non plus d'écrire des livres et de faire des discours; mais tant que l'*altruisme*, pour me servir du mot à la mode, c'est-à-dire la véritable fraternité, ne sera pas dans les cœurs, les plus belles institutions seront insuffisantes pour soulager les maux dont souffre l'humanité.

L'égoïsme, voilà la grande immoralité, celle qui s'étale sans honte partout, mais que l'on rencontre plus souvent, je l'avoue, dans les salons dorés que sous les pauvres mansardes; l'égoïsme qui est trop souvent le vice des honnêtes gens.

Et n'est-ce pas à nous, femmes, à nous liguer contre cet infâme? Car, si jusqu'à ce jour, on nous a tenues pour incapables, intellectuellement et socialement parlant, les hommes n'ont pas osé cependant parler de notre infériorité sous le rapport du cœur et du dévouement, et il n'est pas besoin d'attendre que nos droits civils ou politiques soient proclamés pour mettre cette puissance au service de l'humanité.

Si je voulais résumer d'un mot l'idée de la Fédération, telle que je la comprends et la vois incarnée dans sa noble fondatrice, je dirais que c'est la force de l'amour mise au service de la Justice.

Cet éloquent discours a été fréquemment interrompu par les applaudissements de l'Assemblée, et quand Mme de Morsier, quittant le bureau, s'est levée pour regagner sa place, une longue salve de bravos l'a saluée. L'auditoire était enthousiasmé.

ALLOCUTION DE MADAME DE MORSIER

A L'ASSEMBLÉE GÉNÉRALE DE L'ŒUVRE DES LIBÉRÉES DE SAINT-LAZARE LE 27 JANVIER 1884.

Mesdames et Messieurs.

La cérémonie qui nous réunit aujourd'hui est véritablement solennelle ; elle est de nature à éveiller en nous les sentiments les plus profonds du cœur humain.

D'un côté, elle nous rappelle les souffrances aiguës, les mornes tristesses, les révoltes et les désespoirs, les ignorances et les faiblesses de cette grande déshéritée, — l'Humanité — dont la voix fait entendre à travers les siècles sa plainte éternelle.

De l'autre, elle nous révèle l'enthousiasme, le courage intrépide, la puissance de sympathie et l'espoir presque insensé de cette créature d'un jour, — l'homme, — qui prétend opposer à ce torrent de misères une volonté passionnée du bien, un désir insatiable de justice.

Le rapport que vous venez d'entendre vous a montré avec quelle activité dévouée les Directrices de cette Œuvre ont su grouper des forces et créer des ressources pour venir en aider à ces femmes malheureuses entre toutes, les prisonnières de Saint-Lazaze.

Je connais trop l'âme généreuses de celles à qui je m'adresse pour leur offrir ici des éloges vulgaires, et le seul témoignage qui soit digne d'elles, c'est de leur parler des larmes qu'elles ont séchées, des blessures qu'elles ont guéries, des rayons d'espoir qu'elles ont fait briller dans ces tristes vies qui n'osaient plus croire au bonheur et qui doutaient de la pitié.

Elle est bien douloureuse, en effet, la situation de la femme que la justice humaine a frappée, et celle qui a franchi la porte de cette sombre prison de Saint-Lazare se sent marquée pour toujours du sceau indélébile de la honte.

La condition de la femme par rapport à la répression légale présente dans cette ville une inégalité choquante avec celle de l'homme.

Saint-Lazare, on vous l'a dit, est la seule prison de femmes à Paris. Toute personne arrêtée sous une inculpation quelconque se trouve contrainte d'entrer dans cette lugubre maison.

C'est là qu'on enferme aussi les filles dites *insoumises*, c'est-à-dire qui se sont rendues coupables de violer les règlements de la police des mœurs, qui n'ont pas voulu devenir les esclaves patentées du vice.

La condamnée de droit commun dont l'arrêt ne dépasse pas un an y subit sa peine. Les jeunes filles de la correction paternelle y sont également internées.

Enfin, les condamnées pour plusieurs années y attendent leur transfert dans des maisons centrales.

Eh bien, malgré ces distinctions, le public s'imagine que toute femme qui a passé par Saint-Lazare est une malheureuse corrompue jusqu'à la moelle des os, perdue sans espoir de retour.

J'admets que cela puisse être le cas quelquefois, mais il ne faut pas oublier que lorsqu'un être humain tombe jusqu'au dernier degré de l'échelle morale, c'est souvent parce qu'il n'a pas rencontré la main qui aurait pu l'arrêter dans sa chute à l'heure décisive de sa vie, et les conditions mêmes de la répression ne sont généralement pas de nature à favoriser son relèvement.

Oh! ne dites jamais, Messieurs et Mesdames, ne dites jamais d'un homme ni d'une femme qu'ils sont perdus sans espoir de retour, et ne renoncez pas, je vous en supplie, à prononcer sur le dernier des misérables, fût-il à son dernier jour, une de ces paroles de consolation et d'amour, semence féconde, jetée au hasard d'un avenir qui vous est inconnu, mais qui germera d'une manière ou de l'autre sans doute dans cet univers dont la loi est que rien ne se perd.

Faire le plus de bien possible à l'heure présente est une maxime que le sceptique lui-même ne saurait repousser, car si notre acte est impuissant pour celui qui en est l'objet, n'est-ce pas se grandir soi-même que de ressentir la pitié?

Vous avez compris cela, Messieurs et Mesdames, et votre Œuvre est une protestation vivante contre cette justice fragmentaire qui peut difficilement tenir compte des mille nuances dont est faite la responsabilité humaine, contre ce cruel préjugé qui regarde bien plus à l'étiquette de l'individu qu'à sa valeur réelle, contre cet égoïsme enfin qui trouve plus commode de passer condamnation sur son prochain que de s'efforcer de le sauver envers et contre tout.

Mais les principes qui sont la base de votre Œuvre ne sont pas la seule chose qui constitue sa tendance véritablement progressive.

Vous avez apporté dans le fonctionnement de la Société des innovations heureuses et posé la première pierre d'une fondation dont la portée est immense.

Je désire, en effet, attirer tout spécialement l'attention de mes auditeurs sur l'asile dont Mme Vattier vous a parlé dans son intéressant rapport.

Le projet de Mme Bogelot mûri et exécuté, en quelques semaines, ne pouvait manquer de rencontrer l'approbation du Conseil et tout spécialement de la Directrice de l'Œuvre, Mme Caroline de Barrau.

En relisant l'autre jour son volume intitulé : *La Femme et l'Education*, il me semblait que Mme Bogelot avait dû puiser dans ces pages remarquables l'inspiration de son activité pratique. Et pourtant, si je ne me trompe, lorsque ces deux femmes se rencontrèrent pour travailler ensemble à une œuvre commune, elles ne savaient rien, ou presque rien, l'une de l'autre. Mais, Mesdames et Messieurs, il y a des hasards de la vie qui ne sont peut-être que l'accomplissement de lois encore inconnues, et les bonnes volontés sincères sont aussi certaines de rencontrer les éléments dont elles ont besoin pour accomplir le bien, que nos prairies et nos champs de recevoir les ondées et les rayons du soleil qui doivent les fertiliser. — En fondant l'asile, Mme Bogelot a mis en pratique cette pensée de Mme de Barrau :

« Faire épanouir dans l'être la puissance de comprendre, de comparer et enfin de choisir; — le mettre ensuite en face de ses devoirs, ou plutôt les lui laisser discerner lui-même, toute la théorie du développement normal de l'*être humain* intellectuel et moral est dans l'application de ces principes. — Celui qui conduira ainsi les âmes aura trouvé le secret de la meilleure et de la plus noble des éducations. »

C'est vous dire qu'il n'a pas été question de créer à Billancourt une de ces casernes bien distribuées dans lesquelles on enferme une catégorie d'êtres humains classés, étiquetés et numérotés comme des insectes dans une collection, et où les cœurs et les consciences doivent tous passer par le même moule, dussent-ils y étouffer et en mourir.

La fondatrice de l'asile s'est dit que, puisque toute chose dans la nature croît et s'épanouit chacune selon sa loi, pourvu que le grand soleil l'éclaire et la réchauffe, de même les âmes se développeront et se fortifieront chacune en suivant sa voie, pourvu que la bonté les enveloppe et les illumine de ses rayons. — Elle s'est dit cela tout bas, car il paraît que M. Bogelot n'aime pas la philosophie et il n'est jamais prudent à une femme de contredire son mari.

Néanmoins, ce sympathique avocat de toutes les bonnes causes seconde sa femme de toutes ses forces.

Il fait de la philosophie sans le savoir, mais n'allez pas le lui dire !

Le but de la maison de Billancourt est bien de recevoir les enfants des prisonnières; mais quand on a le cœur bon et l'esprit large, comment voulez-vous que l'on s'enferme dans la lettre d'un règlement ?

Voici de quoi se compose la petite famille de Billancourt.

Il y a d'abord une bonne grand'maman qui fait le ménage, c'est la mère de l'excellente directrice; celle-ci a un petit garçon qui est le compagnon des enfants recueillis. Il y a bien des mères qui frémiraient à cette idée.

Ah! Mesdames, ne croyez pas que ce soit en enfermant vos enfants dans des cages dorées et en leur épargnant soigneusement la vue des malheureux, de crainte de quelque contagion physique ou morale, que vous les garderez du mal; car, en agissant ainsi, vous développeriez chez eux la pire des maladies, celle dont on guérit difficilement, l'égoïsme, cette peste morale de l'humanité.

Il y a encore à l'asile une pauvre jeune fille dans la plus triste des situations. Elle ne rentre pas dans l'Œuvre, mais je vous l'ai dit, Mme Bogelot ne tombe pas dans un des quatorze péchés capitaux définis par notre ami M. Delattre, et sa prévoyance ne va pas jusqu'à laisser sur le pavé une malheureuse plutôt que de lui donner un lit qui, dans l'avenir, est destiné à une autre catégorie de personnes.

L'exemple est bon à suivre. Regardez bien au fond de vos armoires, Mesdames, vous y trouverez peut-être des objets qu'une trop sage économie réserve pour des temps futurs et qui auraient un emploi immédiat et utile à Billancourt.

C'est par un beau dimanche que je visitai l'asile et je vis encore, dans le jardinet, deux fraiches jeunes filles dont le bon sourire est bien fait pour réjouir les cœurs ulcérés et je me disais : Ces dames ont beau être quelque peu magiciennes lorsqu'il s'agit de faire le bien, je me demande comment elles logent tout ce monde dans une si petite maison. Le mystère me fut expliqué.

Ces deux jeunesses sont les filles aînées de la Directrice. Elles travaillent et demeurent dans Paris, mais on vient passer le dimanche à la campagne chez bonne maman et vous voyez d'ici la fête!

En cherchant bien, je crois que vous trouveriez encore un nourrisson quelque part dans une petite caisse chaudement ouatée et qui lui sert de berceau. — Enfin, c'est la famille, la famille avec tous les éléments qui font ses joies et ses devoirs, et ne croyez-vous pas que c'est le meilleur des milieux possible pour élever l'enfance et ramener au bien la jeunesse égarée?

Le soir, les enfants jasent dans leurs couchettes et la petite fille de la prisonnière explique à ses plus heureux compagnons comment il ne faut pas prendre des pommes chez la fruitière, ni la bourse d'un monsieur dans sa poche, parce que « *ça*, dit-elle, *ça s'appelle voler* » et qu'alors on va à Saint-Lazare.

Le soleil descendait derrière la colline de Meudon tandis que j'écoutais ces récits; les teintes empourprées coloraient l'horizon, coupées par la ligne noire de la forêt et je songeais à ces grandes harmonies si mélodieuses et si divines, mais troublées par les notes discordantes qui montent de la terre, et je me disais que l'humanité elle aussi, ferait sa partie dans ce concert universel et en deviendrait le chant sublime et dominant, le jour où tous sauraient aimer et s'entr'aider comme on le fait dans la petite maison de Billancourt.

Je lisais, il y a peu de temps, dans une feuille quotidienne qui effleure tous les sujets sans en étudier aucun sérieusement, un article intitulé : « Rêves de femmes », où l'on disait, à propos de l'une nos conférences : « Généreuses, ardentes à paraître, impatientes de ce qu'elles croient le bien, les femmes prétendent aujourd'hui faire irruption dans la vie publique et donner démission de leur sexe. »

Voilà, certes, une critique dont nous pouvons être fières, car si notre ardeur à paraître est moins grande que ne semble le croire l'auteur de ces lignes, notre impatience du bien nous force, en effet, à prendre notre part du travail social, puisque les hommes nous ont encore laissé tant de choses à faire et nous sommes prêtes, il est vrai, à donner démission de notre sexe, s'il faut qu'il nous condamne à demeurer inactives et silencieuses en face des souffrances et des injustices qui pèsent sur les femmes.

Nous n'avons pas la prétention de résoudre toutes les questions troublantes de notre époque, mais nous aurons cependant fait quelque chose si nous prouvons à ceux qui appellent cela des « déclamations surannées » et « de vieilles romances » que les saintes affections sont plus puissantes pour lutter contre le vice que les descriptions hideuses de leurs romans naturalistes.

Et d'ailleurs, il faut bien le dire, et les faits divers de nos journaux sont là pour le prouver, au fond de toutes ces existences brisées et souillées nous trouvons presque toujours une trahison d'homme. Et si, passant du désespoir à ces révoltes où s'annihile la conscience, la femme en arrive à cet état qu'il vous plait d'appeler « *la nostalgie de la boue* », êtes-vous bien sûrs que toute la responsabilité en soit à elle?

Ce n'est pas à vous, mes amies, mes sœurs de l'Œuvre des Libérées de Saint-Lazare, que j'ai besoin de dire : « Ne craignez ni la raillerie, ni l'opposition. » Ce sont les deux conditions nécessaires au succès ; et d'ailleurs, aujourd'hui, votre cause est gagnée; je n'en veux pour preuve que l'auditoire sympathique qui nous entoure. — Mais, néanmoins, tous ceux qui travaillent dans le champ des douleurs humaines sont destinés à traverser des heures sombres.

N'avez-vous pas éprouvé parfois une grande tristesse parce que ceux que vous aimez le mieux ne comprennent pas les vérités que vous avez apprises à cette rude école de la philanthropie pratique et blâment vos convictions, sinon votre activité? — Il y a des problèmes douloureux qu'il faut savoir résoudre dans les luttes solitaires de la pensée et les découragements de notre cœur. D'autres fois, le désespoir nous saisit en face de l'immensité de la misère et de notre impuissance à la soulager.

Mesdames. je ne voudrais pas répandre sur ce beau jour une ombre de tristesse et si j'ai fait allusion à ces choses, c'est pour vous communiquer une dernière pensée qui sera peut-être votre force, comme elle est la mienne aux jours de défaillance.

Voici une femme, jeune encore, qui sort de Saint-Lazare à l'heure matinale où Paris s'éveille, mais la grande ville ne sera pour elle que le plus affreux des déserts. En cet instant toute sa destinée est en jeu.

Va-t-elle devenir la proie du monstre de la misère et de l'abandon et grossir le nombre de celles qui n'ont pas d'autre domicile que la prison ou des maisons que je ne veux pas nommer.

Son père et sa mère l'ont peut-être abandonnée, mais une famille est prête à la recevoir. Elle va rentrer dans la société, soutenue et encouragée par vous, au lieu d'être livrée aux suggestions du désespoir. Dans les relations multiples de son existence, elle communiquera autour d'elle quelque chose de ce qu'elle aura reçu de vous. Peut-être deviendra-t-elle une bonne mère de famille qui élèvera ses enfants dans l'amour du bien et la compassion de ceux qui souffrent? — Ils seront des femmes et des hommes honnêtes qui créeront à leur tour une famille.

Et ainsi de génération en génération, à travers les âges, germera, grandira et reproduira cette petite graine que vous avez semée le jour où vous aurez tendu la main à la pauvre prisonnière de Saint-Lazare. Et je vous le dis, alors même que nous n'en aurions pas d'autres, ceci est une preuve de l'immortalité du bien.

Je ne puis quitter cette tribune sans remercier toutes les personnes qui s'intéressent à cette Œuvre et particulièrement celles qui nous prêtent leur fraternel concours en ce jour. Si j'ai eu quelques vivacités de langage à l'adresse de votre sexe, Messieurs, pardonnez-les moi.

Je fais la guerre aux idées et non pas aux personnes.

Mais laissez-moi saluer tout spécialement et le cœur plein de joie cette sainte alliance de femmes que nous voyons se former aujourd'hui et où toutes, mères de famille, jeunes filles, artistes, femmes de lettres, travailleuses dans tous les domaines, se donnent la main pour lutter contre le mal et faire triompher la véritable justice ; cette justice qui, selon l'expression de l'un de nos penseurs modernes, doit être amour, de même que tout amour devrait être justice.

Emilie DE MORSIER.

LETTRE DE MADAME DE MORSIER

A LA DIRECTRICE DU JOURNAL « LA CITOYENNE » AU SUJET D'UN APPEL QUI AVAIT ÉTÉ ADRESSÉ AUX FEMMES POUR ALLER SOIGNER LES MALADES AU MOMENT DE L'ÉPIDÉMIE DE CHOLÉRA DE TOULON ET MARSEILLE LE 14 JUILLET 1884

MADEMOISELLE,

Voulez-vous me permettre quelques réflexions qui me sont suggérées par vos paroles.

Certes, je déplore, comme vous, l'égoïsme masculin et nulle, plus que moi, n'a été émue de pitié et d'indignation en face des victimes de cette oppression d'une partie de l'humanité sur l'autre.

Mais il faut bien l'avouer, à regarder la chose de près on est forcé de constater que le sexe opprimé a sa part de responsabilité dans le mal. Il est de fait que les qualités innées de la femme ont trop souvent contribué, par un manque de direction et d'équilibre, à causer son malheur et à endurcir l'homme dans ses défauts.

Je ne parle point ici, bien entendu, de l'action de la femme dans les grandes crises publiques. Là, ses défauts eux-mêmes, l'excès de son exaltation et de sa passion deviennent sublimes, parce qu'ils s'exercent non point dans une sphère limitée et personnelle, mais dans celle du grand tout humain. Les proportions des choses changent suivant le plan sur lequel on se place. Une même somme de passion qui causera les plus grands désastres et pourra conduire au crime dans une vie privée déployée dans le champ d'une activité patriotique ou humanitaire deviendra de l'héroïsme et pourra sauver une nation ou influer sur la marche du monde. Mais si les grandes destinées ne sont celles que du petit nombre, les petits courants des vies individuelles contribuent lentement et sûrement à entraîner l'ensemble.

Je voudrais que chaque femme comprît que ses sentiments, ses pensées, ses actions dans le petit cercle de sa vie privée tendent à former le niveau social des idées et des mœurs dont elle sera la première à bénéficier et à souffrir.

Si, dans ses relations avec l'homme, son dévouement, son désir de plaire, la tendresse naturelle de son cœur vont jusqu'à la faiblesse, la servilité et l'oubli de sa dignité, n'encourage-t-elle pas par là cet égoïsme, cet instinct féroce de possession, cette brutalité de l'homme qui exige comme un droit ce qu'il ne devrait tenir que de la volonté libre de la femme? La tendance de celle-ci à céder par amour, par dévouement ou par découragement est un des plus grands obstacles à son émancipation. Ce qu'il lui faut manque, c'est de la force, et il faut chercher à lui en donner par tous les moyens possibles.

L'instruction est une des premières conditions, mais encore faut-il qu'elle soit bien dirigée. A quoi sert de mettre dans les cerveaux une encyclopédie de faits s'ils ne sont pas reliés entre eux et si l'on ne cherche pas à en tirer des conséquences morales.

La science est une arme à deux tranchants.

D'un côté, elle fraye le chemin du progrès à travers les obstacles des préjugés, de l'ignorance calculée, des intérêts coalisés; de l'autre, elle menace constamment celui qui ne la manie pas avec un coup d'œil sûr et une volonté droite. Une science incomplète, voilà le danger pour la femme. Et par-dessus tout, qu'elle ne croie pas que son émancipation doit consister à imiter l'homme en toutes choses.

Non, que la femme garde son rôle d'initiative, celui qui lui est assigné dans les livres sacrés de tous les peuples et que les églises intolérantes, les clergés corrompus et les autorités arbitraires ont nié systématiquement. Non, la femme n'est pas le démon, pas plus que l'homme n'est un monstre, mais tous les deux ne sont encore que des enfants qui marchent en tâtonnant dans le labyrinthe de cette terre. Un peu plus d'indépendance et de force chez l'une, un peu plus de sincérité et de bonté chez l'autre, et bien des problèmes pourront être résolus.

Une faible minorité de femmes en France, un grand nombre en Angleterre et en Amérique, ont prouvé qu'il y a un ennemi devant lequel la femme ne tremble pas, tandis que l'homme le craint plus que le choléra, c'est le ridicule. Osons, mais osons jusqu'au bout. Ce n'est pas assez de réclamer des réformes sociales, ce n'est pas assez de demander l'émancipation politique, il faut encore oser dire que l'homme malgré toute sa science, fait fausse route lorsqu'il ne veut donner pour mobile à l'activité humaine que l'intérêt et les jouissances matérielles.

Il faut lui dire qu'en raillant les aspirations de la femme, en appelant son enthousiasme de la névrose et son idéalisme de la folie, il dénature chez elle ce qui devrait la développer et l'élever, puisque la force est indestructible. Cette impulsion, détournée de sa route légitime, se précipite sur la sphère des activités inférieures et exerce ses ravages dans la société aussi sûrement que la foudre laboure le sol sur lequel elle tombe.

Aujourd'hui, nous avons des Saphos et des Nanas au lieu des Jeanne d'Arc et des Jeanne Hachette.

Est-ce là le progrès?

Emilie DE MORSIER.

DISCOURS DE Mme DE MORSIER

A L'ASSEMBLÉE GÉNÉRALE DE L'ŒUVRE DES LIBÉRÉES DE SAINT-LAZARE
LE 25 JANVIER 1885

MESDAMES ET MESSIEURS,

L'année dernière, j'ai eu l'honneur de vous entretenir de l'Asile de Billancourt, cette nouvelle création de l'Œuvre des Libérées, due à l'inspiration de Mme Bogelot. Je vous ai dit tout ce que nous en espérions; je vous ai exposé les principes qui sont à la base de cette tentative; j'ai sollicité votre intérêt pour cette œuvre; notre appel a été entendu. Au reçu du rapport de l'année dernière qui parlait de cette fondation, la comtesse de Noailles m'envoya d'Angleterre un don destiné à l'Asile; d'autres personnes témoignèrent aussi leur sympathie.

Je viens donc, sur la demande de notre chère directrice, Mme Caroline de Barrau, vous exprimer notre reconnaissance et vous dire que nos efforts ne se lasseront point pour maintenir et développer cette tentative.

C'est ma seule excuse pour paraître encore une fois devant vous.

J'ajouterai cependant que, tout en ayant le sentiment d'être en communauté d'idées avec Mmes de Barrau et Bogelot, je revendique pour moi seule la responsabilité des paroles que je vais prononcer.

Je ne reviendrai pas ici sur les détails pratiques, les statistiques et les renseignements officiels que notre collègue, Mme Vattier, vous a admirablement exposés dans son rapport. D'ailleurs, je ne suis pas compétente en cette matière; la part de travail que je fournis à l'Œuvre est malheureusement bien limitée, mais cela me met d'autant plus à l'aise pour vous faire connaître les résultats obtenus. Je me propose seulement de justifier l'opinion que j'ai émise l'an dernier en vous disant que, pour accomplir le bien que vous vous proposez, il est indispensable d'employer une méthode tout autre que celle de la charité légale et administrative. Je le ferai avec d'autant plus d'insistance que nos critiques n'impliquent aucun sentiment d'hostilité à l'égard des institutions de l'Etat. Dans tous les services dépendant du ministère et de l'assistance publique, Mme Bogelot a rencontré la plus grande bienveillance; ses idées ont été comprises et appréciées, et c'est justement la nouveauté de sa méthode qui lui a valu cette sympathie.

Ces hommes qui voient passer dans leurs services toutes les misères de la grande ville sont les premiers à constater l'insuffisance des moyens de secours et à déplorer leur propre impuissance en face de la misère.

Mais, Mesdames et Messieurs, quand nous nous plaignons des lenteurs, des lacunes et de l'insuffisance de nos administrations, nous ne devrions pas oublier que la faute en est à tous.

Est-ce que, dans une république, chaque citoyen n'est pas responsable de ce qui se passe? La liberté d'initiative existe. Si l'Etat n'a pas du devoir humanitaire la même conception que vous, que ne lui donnez-vous l'exemple? Au surplus, en y regardant de près, vous verrez que la plupart des grandes réformes sociales ont été dues à l'initiative et au dévouement des individus indépendants.

Les situations officielles enchaînent les bonnes volontés et faussent quelquefois le jugement; c'est pour cela que les femmes, qui sont pour le moment exclues de la plupart des services de l'Etat, ont cependant été les instigatrices de réformes importantes. Il y a dans tous les pays des noms dont l'humanité s'honore, bien que celles qui les ont portés n'aient siégé ni dans les parlements ni dans les ministères : citons, entre autres, les noms vénérés d'Elisabeth Fry et de Florence Nightingale en Angleterre, de Mme Jules Mallet en France, de Sarina Nathan en Italie.

Le plus grand inconvénient de la bienfaisance administrative, c'est que ses rouages compliqués, ses spécialisations forcées ne permettent pas à ceux qui sont chargés de l'appliquer de réaliser leurs idées, lorsqu'ils en ont. La philanthropie ne devient pour eux qu'un mécanisme fonctionnant avec une régularité et une indifférence parfaites.

Cependant, les êtres humains se plient mal aux procédés applicables à la matière brute que l'on peut faire entrer dans une série de machines d'où elle sort ayant atteint son maximum de perfection.

Les dames de Saint-Lazare, comme celles des autres œuvres, qui voient passer devant elles toutes ces vies lugubres, douloureuses, torturées par les souffrances physiques, gaspillées en efforts infructueux ou brisées à la suite de fautes que la société déclare irréparables, savent quelle délicatesse d'observation, quelle profondeur de sympathies sont nécessaires pour accomplir ne fût-ce qu'un peu de bien.

En lisant les notes que Mme Bogelot a bien voulu me communiquer, j'ai été frappée de ses minutieuses analyses et de l'importance des questions qui s'y rattachent.

Vous en jugerez vous-mêmes d'après les exemples que je vais vous citer. J'ai choisi à dessein trois ordres de faits qui donnent une idée assez complète des services que peut rendre l'Asile.

Comme vous le savez, il fut fondé, à l'origine, dans l'idée de recueillir ceux des enfants des prisonnières que le règlement autorise à rester à Saint-Lazare avec leur mère pendant leur détention. Cette pensée n'a pas besoin d'être justifiée. Peut-on se représenter quelque chose de plus douloureux que l'enfant dans une prison ? Quelles impressions lugubres et déprimantes vont s'inscrire dans ce jeune cerveau ! Et plus tard, lorsque ces tableaux reviendront à sa mémoire, ils défloreront pour lui ce souvenir saint et pur de l'amour maternel qui devrait être sa consolation et sa force aux mauvais jours.

Il ne faut pas que l'enfant, devenu grand, puisse dire à sa mère : « Tu sais, quand j'étais petit et que nous étions en prison. » Aussi, lorsque, de temps à autre, les enfants sont conduits de l'asile au faubourg Saint-Denis, il est entendu que ce grand bâtiment sombre n'est autre que la maison où *petite mère travaille.*

La première pensionnaire de l'asile a été la jeune Louise, elle y est restée sept mois. A l'arrivée, c'était un petit être sauvage, inculte et morose ; mais bien vite la jeune plante s'est épanouie au soleil de Billancourt. Louise était traitée comme l'enfant de la famille, on la chargeait de remplir quelques petits soins de ménage, ce qui la rendait toute fière et tout heureuse. Un jour, elle disait au petit garçon de la directrice, qu'elle aime comme un frère : « Oh ! quel malheur que je ne sache rien, sans quoi je ferais tes devoirs et tu ne serais plus grondé. »

Lorsque les dames de l'Œuvre viennent à l'asile, c'est jour de fête pour Louise ; elle ouvre de grands yeux éblouis devant ces êtres extraordinaires, de bonnes fées pour le moins, qui un jour l'ont enlevée de cette noire prison pour la mettre dans cette jolie maison au milieu d'un jardin ensoleillé.

Mais, hélas ! le moment vint où il fallut se séparer. La directrice se désolait à l'idée de perdre sa fille, les dames de l'Œuvre tâchaient d'endurcir leur cœur, Louise pleurait. Elle fut placée dans un orphelinat, maison très bien tenue, mais où il y a trente élèves, et où il faut que tout marche à la baguette. Louise ne manque de rien, et pourtant son pauvre petit cœur est triste, — elle a pâli et maigri, c'est le mal du pays, le mal de la famille qui la ronge. Un jour il y eut une belle fête à l'orphelinat, la fondatrice de l'asile s'y trouvait. Au milieu de la joie générale les yeux de Louise sont pleins de larmes ; une dame qui était là fut frappée de ce petit visage mélancolique. Elle remarqua que la petite fille se penchait à droite et à gauche et se levait sur la pointe de ses petits pieds pour arriver à voir quelqu'un dans la salle. C'était sa bienfaitrice de l'asile que Louise cherchait de son regard anxieux. Aussi, lorsque celle-ci s'approcha d'elle, comme elle la supplia de la reprendre, de l'emmener *à la maison.* Cela n'était pas possible ; mais la dame, qui avait été émue de ce douloureux regard d'enfant, promit d'emmener Louise chaque dimanche chez elle pour jouer avec son petit garçon. — Car elle aussi est un cœur brisé et un cœur de mère : — sur sept enfants il ne lui en reste plus qu'un. Ah ! si toutes les femmes frappées par l'épreuve cherchaient ainsi à apaiser leur douleur, il y aurait moins d'orphelins dans notre société.

Mme Emilie Bowell-Sturge, dans son rapport sur l'éducation des enfants abandonnés en Angleterre, présenté au Congrès d'hygiène de La Haye, se demande quels sont les principes qui devraient inspirer cette branche de la philanthropie dans l'avenir? Ses conclusions sont si complètement d'accord avec les nôtres que je ne puis m'empêcher de vous les citer.

« Il me semble, dit-elle, que notre véritable but devait être de placer les enfants sans famille dans les conditions où la nature les aurait placés si les hommes, de leur côté, n'avaient pas tant travaillé dans le sens opposé. Que nous offre-t-elle, la nature, pour nos enfants? Quels sont ses dons? Le soleil, le grand air, la vie des champs, la joie du libre mouvement, l'éducation de l'esprit et du cœur par les relations avec les animaux, les oiseaux, les plantes, et, comme couronnement de tout, les relations de famille. L'éducation par les livres marchera pas à pas avec cette éducation saine du corps et de l'esprit dont je viens d'esquisser les traits devant vous, et plus tard viendra l'éducation industrielle. Lorsque les circonstances empêchent d'élever les enfants à la campagne, au lieu de les enfermer entre quatre murs, sans autre terrain de récréation qu'une cour pavée, il faudrait les laisser aller tous les jours à l'école communale où ils se trouvent avec d'autres enfants. Ils verront peut-être en chemin des arbres, un jardin, un panier de fleurs porté par une vendeuse, joies totalement inconnues à des milliers d'enfants à Londres. Il faudrait planter les cours des asiles d'enfants avec des arbres et leur permettre d'avoir et de soigner des oiseaux. En un mot, il faudrait autant que possible se conformer aux lois de la nature et profiter de tout ce qu'elle nous offre pour humaniser et élever ces enfants malheureux qui, plus que les autres, ont besoin de toutes nos ressources (1). »

Ces paroles si simples ont une profondeur qui dépasse la portée de la question actuelle.

N'est-ce pas peut-être pour avoir méconnu la solidarité qui l'unit à la nature entière et violé les lois qui en découlent, que l'homme a perdu le sens simple et droit des choses? Il a cru pouvoir tout soumettre à sa force et à son caprice ; mais l'arbitraire ne règne définitivement ni dans les sociétés ni dans les esprits ; et la loi de compensa-

(1) Cette brochure a été publiée à la librairie J.-B. Baillière et fils, 19, rue Hautefeuille.

tion, de quelque nom qu'on l'appelle, prépare d'étranges surprises aux peuples et aux individus.

L'Asile n'est pas seulement le paradis des enfants, c'est une maison hospitalière prête à recevoir ces ignorantes et ces imprudentes campagnardes qui se précipitent vers Paris comme les papillons de nuit vers la lumière.

Combien n'en a-t-elle pas vu s'engloutir dans son sein, notre grande ville? Elle a gardé les unes pour remplir ses maisons patentées du vice; elle a rejeté les autres au courant de la Seine, cadavres accusateurs qui dénoncent l'indifférence, la cruauté et les injustices de notre société... Ah! elle serait longue à faire cette histoire, et je préfère vous renvoyer à la brochure de Mme Caroline de Barrau, intitulée: *Les Filles de la campagne à Paris*. Vous y trouverez des statistiques effrayantes, mais en même temps l'indication du remède.

Elle est toujours la même, l'histoire de ces pauvres insensées.

On quitte son village pour gagner plus d'argent, pour fuir une contrariété, cacher une faute ou chercher les plaisirs de la ville, et puis, comme Marie M., à seize ans, on arrive à Paris avec son sac de toile sur le dos pour tout bagage. Mais toutes n'ont pas le même bonheur que cette jeune fille. Deux personnes qui la remarquèrent dans son wagon l'emmenèrent coucher chez elles et, le lendemain, lui indiquèrent un bureau de placement. L'enfant fit deux places en huit jours, dépensa tout ce qu'elle avait pour se vêtir à la mode de la ville, puis, dépaysée, éperdue, elle s'enfuit de chez ses maîtres, comme une voleuse, et se réfugia auprès de ses protectrices du train. Par un curieux hasard, celles-ci se trouvaient être les anciennes servantes de l'une des bienfaitrices de notre Œuvre, dont le nom vient de vous être rappelé avec un pieux souvenir, Mme Sallé. L'enfant fut conduite à Mme Bogelot, qui la rapatria.

Cependant, le recueil des notes de l'Œuvre contient des faits plus tragiques que ceux-là. Permettez-moi de vous citer un dernier exemple. Ernestine B... avait trois ans lorsqu'elle fut abandonnée par sa mère. A l'âge de quinze ans, elle fut réclamée par une tante qui la mit en apprentissage. Le souvenir de l'hospice avait laissé des traces profondes dans le cœur de la pauvre fille: la tristesse de ces vastes dortoirs, des réfectoires, où, sur de longues tables, s'alignent les assiettes d'étain et les timbales grises; ces fenêtres haut placées dans le mur à travers lesquelles les rayons du soleil viennent faire soupirer ces petits cœurs prisonniers, tout cela avait jeté un voile sombre sur cette jeune vie. Aussi, lorsqu'on sort de là, quelle violente réaction, quelle ivresse! La jeune fille, folle de liberté, succombe au premier piège; on ne l'a pas préparée pour la lutte de la vie.

Ernestine fut séduite par un jeune homme de vingt-cinq ans qui la rendit mère. Le garçon voulait bien la femme, mais non pas la famille. Il lui déclara qu'il fallait abandonner l'enfant, sans quoi il la quitterait. A ces mots, la jeune mère pâlit, mais ne répondit rien. Non, ce n'est pas possible ; quand l'enfant sera là, le père ne pourra pas s'empêcher de l'aimer! L'enfant vint, mais le père ne changea pas d'idée: Ce serait trop ridicule, disait-il, de prendre une pareille charge! Deux mois se passent, la mère pleure et espère en vain. Chaque soir, lorsque l'homme revient du travail, ce sont des scènes horribles. Un matin, il part après une parole brutale qui s'enfonce comme un poignard dans le cœur de la pauvre enfant. « Que je ne le retrouve pas ce soir, ou c'est fini entre nous! » Elle reste là, seule et morne, la pauvre mère de dix-sept ans. Elle sent que tout est bien fini en effet. Le petit être dort dans ses bras, avec cette adorable expression de paix et de confiance que l'on ne revoit plus sur le visage humain lorsque sont passés les jours de l'enfance.

T'abandonner! Oh! non, j'aimerais mieux te voir mort! Elle songe alors à ces tristes années passées à l'hospice des orphelins, puis au jour de la sortie, à ce jeune homme qu'elle a tant aimé, à qui elle a tout donné, son âme, son corps, son dévouement et son travail! Comment se peut-il que tout cela ne soit que mensonge et qu'il faille tant souffrir? Qu'a-t-elle donc fait pour mériter son sort? Sauf de s'être montrée faible et d'avoir trop aimé. Les sanglots l'étouffent, l'indignation monte à son cerveau et le trouble ; la passion sauvage, cette tendresse de fauve l'affole. Elle crie, éperdue en serrant convulsivement l'enfant dans ses bras :

— T'abandonner? Oh! non, jamais! J'aimerais mieux te voir mort!

Elle le regarde. Horreur!... Qui donc a fait cela?...

L'enfant est mort étouffé sous ses baisers. On enterra le petit être. Le père fut silencieux, les voisins ne soupçonnèrent rien. Ernestine était aimée de tous. Cinq mois passèrent. Elle fut de nouveau enceinte. Pendant ces jours douloureux, alors qu'il fallait travailler en portant son fardeau, la vision du petit mort vint souvent hanter la pauvre mère. Ce fut une obsession. Enfin elle ne peut plus y tenir et, un jour, elle va s'accuser du crime devant le commissaire de police. Longtemps on ne voulut pas la croire ; on parla de folie, mais, enfin, il fallut se rendre à son insistance. Le procès eut lieu. Elle fut condamnée à cinq ans de prison. Les jurys ne sont pas exclusivement composés de penseurs, et le Code ne se plie guère aux considérations psychologiques! C'est à Saint-Lazare que le second bébé vint au monde La mère fut de nouveau poursuivie par l'idée qu'on allait le lui prendre pour l'abandonner. L'enfant est aujourd'hui à l'Asile. Lorsqu'on le conduit à la prison, la mère passionnée reparaît, elle le couvre de baisers et de larmes, car, entre le petit visage adoré et le sien, il y a toujours l'image de l'*autre*. Il faut pourtant la guérir de ce souvenir. Pour moi, je ne voudrais pas être forcée de dire quelle a été dans cet acte la part du crime et celle de l'amour. De toutes les tragédies que j'ai vues se dérouler à l'Œuvre des Libérées de Saint-Lazare, ou ailleurs, aucune n'a imposé plus vivement à mon esprit cette pensée, que je vous prie de ne pas juger avant d'y avoir sérieusement réfléchi : *Il faut que la femme devienne indépendante de l'homme.* Cette question ne saurait être résolue par des invectives violentes ou des plaisanteries ridicules. Croyez-le bien, les personnes qui passent leur vie à s'occuper des déclassées, des désespérées, de toutes ces épaves que la société rejette et abandonne, comme la mer laisse sur le rivage ces embryons d'êtres qui périssent arrachés à leur milieu naturel, toutes ces personnes ont sur cette question dés opinions qui sont tout au moins motivées. C'est le témoignage de ces nobles femmes d'Angleterre, d'Amérique, d'Italie et de France aussi que j'invoque. Elles vous diront qu'il n'y aura d'association sainte, loyale, heureuse et utile entre l'homme et la femme que lorsque celle-ci sera vraiment indépendante. Ce sujet m'entraînerait trop loin, je ne fais que l'indiquer, mais, vous le savez bien, cette question des relations de l'homme et de la femme renferme une grande partie des problèmes qui troublent notre société.

Il faut que l'ouvrière puisse gagner sa vie, pour ne pas être condamnée à la faim ou à la honte.

Il faut que la femme instruite puisse choisir librement une profession, afin que son avenir ne soit pas à la merci d'un mariage.

Il faut que la jeune fille riche renonce aux préjugés de son milieu, et comprenne que sa fortune serait mieux employée à soulager librement les misères de l'humanité qu'à enrichir des communautés ou à doter un mari oisif.

Il faut que l'épouse sache que les devoirs de la famille ne la dispensent pas du devoir social, auquel chaque être humain doit apporter sa part, si petite fût-elle, et qu'elle peut aimer et respecter son mari sans pour cela lui sacrifier son développement intellectuel ni ses convictions les plus profondes.

Il faut que partout, dans toutes les situations et dans tous les domaines, la femme soit, non pas une copiste servile de l'homme, mais une inspiratrice des grandes et belles choses, des nobles hardiesses de la pensée.

Il faut surtout que, dans la sphère des affections, où son influence sur l'homme est si grande, elle en use pour l'élever jusqu'à une conception plus haute de l'amour. Et, si elle-même faiblit, entraînée par un sentiment qui n'est pas suffisamment gouverné par la raison, il ne faut pas qu'elle accepte ce terme méprisant de *femme tombée* dont les hommes stigmatisent si volontiers celles mêmes qu'ils cherchent à séduire, car la chute n'est pas réelle tant que la volonté reste droite, et il y a des puretés reconquises qui valent bien l'innocence!

La moralité est essentiellement une question de direction de vie. Tant que la femme regardera haut et loin, elle sera dans la bonne voie. C'est à elle qu'il appartient de préparer le milieu où doit se transformer l'humanité d'aujourd'hui. Car, tandis que la masse, raillant tout idéal, ne prétend voir le progrès que dans le développement des jouissances matérielles, tandis que ce don superbe de l'intelligence est employé à perfectionner les moyens de destruction physique et morale, le regard plus perçant de quelques-uns aperçoit, se dessinant à l'horizon des temps, une figure voilée, symbole d'une race future dont notre humanité a déjà vu passer quelques types précurseurs. Mais, à côté de l'homme révélateur, je vois venir la femme initiatrice, la femme de l'avenir, celle dont un auteur, qui est aussi un voyant, a dit :

« Femme, elle bouleversera le monde.

« Amante, elle entraînera les cœurs.

« Mère, elle transformera l'humanité! »

Il aurait pu ajouter :

« Vierge, elle purifiera l'amour! »

Dans tous les mythes religieux et poétiques, l'éternel féminin apparaît toujours comme la question insoluble et troublante. Cette question se pose de nouveau aujourd'hui, non plus sous le voile de la métaphore, mais avec la netteté du langage moderne.

Lorsque la femme reconnue par la loi, éclairée par l'instruction, affranchie par l'intelligence, se lèvera pour prendre sa place dans le mouvement social, vers quel rivage entraînera-t-elle cette humanité qu'elle doit compléter ?

La femme libre sera-t-elle une Béatrice ou une Dalila ?

La réponse à cette question dépend de ce qui sera fait dans notre génération pour aider la femme, pour l'instruire, la fortifier et lui inspirer le sentiment de sa grande mission.

Et en vous sollicitant en faveur des femmes et des enfants pauvres et abandonnés, c'est votre propre cause que je plaide.

Qui que vous soyez, vous qui êtes riches, heureux, honorés dans le monde et aimés dans vos foyers ; ou vous, modestes travailleurs dont le pain quotidien est cependant assuré, votre avenir est indissolublement lié à votre devoir humanitaire. Croyez-vous que vous puissiez laisser périr corps et âme ces malheureuses ? Croyez-vous que vous puissiez laisser grandir ces enfants dans les égouts, sans que, par la loi de cette grande justice invisible, mais éternelle, leurs souffrances, leurs cris et leurs blasphèmes ne rejaillissent sur vos vies que vous croyez si bien à l'abri de tout danger ? Ah ! il y a des heures terribles dans l'histoire des peuples, où le fond de toutes choses semble remonter à la surface de la société et où les corruptions cachées viennent régler leur compte avec les prétendues honnêtetés ; car il n'y a pas de loi humaine fabriquée selon le caprice des hommes, qui puisse entraver cette loi supérieure de la cause et de l'effet, et ce n'est pas avec des escouades d'agents de police que l'on moralise les peuples ou que l'on sauve les nations. Aujourd'hui que les consciences s'effarent devant la folie du crime, aujourd'hui que l'opinion publique est forcée de se montrer indulgente pour des coupables qui sont eux-mêmes des victimes, il n'est que temps de rappeler chacun à son devoir.

Oui, le crime, la folie, le suicide, la misère et la prostitution montent comme une vague qui menace le monde ; notre société civilisée redevient plus que barbare. Mais il ne sert à rien de gémir. Si le sort de l'humanité vous inquiète, à l'œuvre ! secourez la femme et protégez l'enfant, car ce sont eux qui feront l'avenir.

Est-ce que, lorsqu'il se trouve de l'argent pour commanditer les maisons de vice, il n'y en aurait pas pour fonder des maisons de secours ?

Non, non, je ne puis le croire ; le germe semé à Billancourt grandira et se multipliera, et un jour, à la place de ces remparts qui entourent Paris comme un souvenir des temps néfastes, nous verrons une guirlande de maisonnettes et de jardins qui parleront de paix, de joie et d'amour.

Et lorsque les étrangers qui arrivent dans nos murs diront : Qu'est-ce que cela ? Nous répondrons avec fierté : « Ce sont les seuls remparts de notre ville, les maisons de famille des femmes et des enfants de l'humanité ! »

En 1887, parut une revue bi-mensuelle sous le nom de *Revue de Morale progressive*, qui se publiait à la fois à Paris, Genève et Bruxelles.

Mme de Morsier venait d'avoir, dans son salon de la rue Claude Bernard, une réunion nombreuse de Dames de tous pays, qui avaient émis le vœu « qu'il fût créé à Paris un lieu de réunion où les femmes qui prennent une part active et sérieuse aux œuvres philanthropiques et de progrès puissent se rencontrer et causer ensemble de leurs travaux. »

La *Revue de Morale progressive* y avait envoyé un représentant, et voici l'allocution qu'Émilie de Morsier prononça à l'occasion de ce mouvement, telle qu'elle parut dans le numéro de décembre 1887 :

Mesdames,

Permettez-moi, tout d'abord, de vous remercier d'avoir bien voulu répondre à mon appel. C'est pour moi une grande joie de pouvoir réunir des femmes que la différence des milieux, des opinions et des religions semblerait devoir séparer. Je dois ce privilège à un fait que j'ai souvent déploré, mais dont je reconnais aujourd'hui l'utilité.

Depuis bientôt vingt ans, la France est ma patrie d'adoption. C'est au moment de ses désastres, de ses malheurs inoubliables, que la destinée m'a amenée ici, et vous savez que les affections qui ont pris naissance dans l'épreuve et la souffrance sont les plus solides et les plus durables de toutes.

J'aimerai la France jusqu'à mon dernier jour et je ne pourrai jamais être assez reconnaissante de tout ce que j'y ai trouvé : la liberté intellectuelle, l'activité sociale et des amitiés inappréciables. Il m'est arrivé plus d'une fois de regretter ma qualité d'étrangère dans ce pays, parce qu'il me semblait qu'elle m'ôtait le droit d'être l'instigatrice de plusieurs revendications féminines que j'avais à cœur. Mais d'autre part, comme je vous le faisais remarquer, c'est grâce à ce fait que j'ai pu réunir autour de moi des personnalités si diverses, et je puis dire que cela a été une bonne école. J'ai appris ainsi à reconnaître et à estimer la valeur des intelligences, la sincérité des âmes et la bonté du cœur sous la variété des conditions sociales, des caractères et des opinions religieuses ou politiques. Par là aussi j'ai pu me convaincre que toutes les femmes ont en commun certaines qualités de nature et certains intérêts. Et c'est en s'appuyant sur ces ressemblances que l'on peut espérer établir entre elles une union qui sera profitable à toutes.

Je suis loin de vouloir soutenir ici l'idée sur laquelle se fondent en général les adversaires du progrès de la femme, lorsqu'ils prétendent qu'elle représente dans l'espèce un type dont le développement et les fonctions sont limités par sa nature même. Cet argument m'a toujours paru très superficiel.

Le développement de l'être humain ne dépend certainement pas autant de son sexe que des conditions de naissance, d'hérédité ou de milieu. Quant aux fonctions, il est suffisamment prouvé que beaucoup de femmes, d'une nature très féminine, sont cependant impropres à remplir les charges que l'usage ou la nécessité leur impose, comme, par exemple, les occupations du ménage, les soins des malades, l'éducation de la première enfance, tandis qu'elles seront des écrivains de talent, des chimistes, des mathématiciennes, des médecins, des orateurs ou des avocats excellents.

Toutefois, je suis bien persuadée que la femme représente dans l'humanité des éléments qui lui sont propres, ou du moins qui se trouvent plus développés chez elle que chez l'homme. Ce ne serait pas la peine vraiment de demander que la femme apporte un concours plus direct dans l'économie de la société si elle ne devait y être qu'un duplicata de l'homme. Et c'est justement au nom même de ces différences qui existent entre elle et lui, que nous réclamons pour elle une part d'influence plus grande dans le gouvernement.

Oh ! je sais bien que nos adversaires nous disent : « Cette influence vous l'avez ; exercez-la dans l'ombre, au foyer domestique ; agissez sur vos maris, sur vos fils, sur les hommes de votre entourage. » Mais cette action de seconde main que l'on veut bien nous accorder, conduit souvent, dans la pratique, à développer l'esprit d'intrigue, la coquetterie et toutes les petitesses féminines, car pour quelques femmes qui l'exercent sérieusement au foyer, combien n'y en a-t-il pas, ailleurs, qui font de la politique occulte, en employant des moyens peu estimables ?

Celles de nous, Mesdames, qui ont assisté en Angleterre ou en Amérique à ces grandes assemblées où les femmes ne craignent pas de parler en public pour exposer leurs convictions et réclamer contre les injustices dont souffrent leurs sœurs, savent bien qu'un tel courage ne porte nullement atteinte à la dignité de leur sexe. La femme qui est ce qu'elle doit être au foyer, saura fort bien se faire respecter en public, et l'épouse ni la mère ne perdront rien à être de bonnes citoyennes.

On pourrait presque dire, Mesdames, que les qualités d'essence de la femme sont celles que l'homme invoque comme des défauts qui la condamnent à un état d'infériorité : je veux dire l'intuition, l'imagination, l'enthousiasme, le sentiment. Faudrait-il conclure de là que la société marchera mieux par la logique, le sens commun, la froideur et l'égoïsme seuls ? Ces caractéristiques essentiellement féminines dont je parle et qui ne deviennent des défauts que par le mauvais usage que nous en faisons quelquefois, sont, au contraire, le point d'appui qui facilitera le groupement de nos forces en vue du bien.

C'est par l'*intuition* que les femmes parties de milieux très différents, élevées dans des idées opposées, sont arrivées à se rencontrer sur quelques-uns des principes d'où dépend le progrès de leur sexe.

C'est l'*imagination* qui leur fait deviner le beau et le vrai, quelque forme qu'ils revêtent.

C'est l'*enthousiasme* qui, une fois le but aperçu, les entraîne en dépit des railleries du monde et des obstacles de tous genres.

C'est le *sentiment* enfin, source de la divine bonté, qui les unit toutes dans la poursuite d'une idée commune de justice et de pitié.

Du moment que cette union sera faite par l'esprit et le cœur, il ne sera pas difficile aux femmes de comprendre quels sont leurs intérêts communs, car l'intérêt de la plus malheureuse, de la plus déshéritée, de la plus faible sera. par la loi de sympathie et de solidarité, l'intérêt de toutes.

Il y a peu de jours, un homme de mes amis, qui occupe une chaire à l'Académie de médecine, discutait avec moi quelques-uns de ces tristes sujets. A toutes les injustices et les cruautés que je lui signalais il opposait quelque raison soi-disant scientifique pour me prouver que les choses ne pouvaient pas aller autrement. Cependant, au moment de partir, comme je lui disais que la bonté qui se lit dans ses yeux démentait sa cruelle logique, il me répondit avec une nuance de tristesse : « Je vous l'accorde en effet, la femme est le paria de la société. » Notre intérêt à toutes, Mesdames, c'est que cela ne soit plus.

Les groupements pour les œuvres philanthropiques ont déjà fait beaucoup en vue de développer l'union des femmes, indépendamment de tous partis religieux ou politiques, car il est plus facile de s'entendre sur le terrain de la charité que sur celui de la théorie.

Nous avons à Paris la *Société philanthropique* qui a fondé les Asiles de nuit; les *Associations des Femmes françaises* pour les secours aux blessés : l'*Œuvre des Libérées de Saint-Lazare* avec ses asiles temporaires pour femmes et enfants et bien d'autres. La charité juive est connue aussi par son libéralisme.

Mais ce qui nous manque, Mesdames, c'est un centre où l'on puisse réunir non seulement ce qui a rapport aux œuvres pratiques, mais aussi tous les éléments capables de favoriser l'étude des questions intéressant les femmes. En un mot, il nous faudrait un lieu de réunion avec bibliothèque et journaux, où nous puissions nous rencontrer fréquemment, apprendre à nous connaître et nous éclairer réciproquement sur nos travaux. Une association de ce genre, sagement organisée, aurait une influence très grande sur le développement des femmes; elle détruirait bien des préjugés, apaiserait les animosités ; elle nous rendrait plus justes et plus tolérantes les unes envers les autres, et grouperait les forces éparses qui s'usent en efforts isolés et souvent impuissants.

J'espère que nos amies d'Angleterre et d'Amérique qui sont ici, voudront bien nous parler des organisations de ce genre, si florissantes et si utiles dans ces pays.

Mais, ne l'oublions pas, mes chères amies, si nous voulons qu'une œuvre de ce genre soit bienfaisante et que l'influence toujours plus grande des femmes dans la société devienne un élément vivifiant et rénovateur, il faut que nous soyons animées de sentiments élevés, il faut que nous ayons un idéal commun, un idéal de justice et d'amour.

Qu'importe que ce soit par la religion, la science, la philosophie, ou par la seule expérience de la vie et l'initiation de la douleur que nous soyons arrivées à comprendre cet idéal, le tout est d'y croire et de travailler à sa réalisation.

Chaque fois que la femme répondra à la raillerie par l'enthousiasme, qu'elle vaincra la force brutale par le courage moral; chaque fois que, là où règne l'égoïsme, elle mettra le dévouement, et qu'elle opposera aux négations stériles de l'homme l'affirmation de sa foi en un idéal du vrai et du bien, que ce soit dans la vie privée ou en public, elle sera dans son rôle.

Car notre société se meurt de ne croire à rien, et c'est à la femme qu'a été confiée la mission d'entretenir le feu sacré dans le temple. S'il s'éteint, nous serons les coupables et les premières victimes.

Mme de Morsier n'avait pu assister à l'Assemblée générale de *l'Œuvre des Libérées de Saint-Lazare* en 1887, et avait alors adressé le télégramme suivant à M Léon Bourgeois :

Monsieur le Président,

Une indisposition sérieuse m'empêche d'être des vôtres aujourd'hui. Je le regrette d'autant plus que j'aurais été heureuse de rendre un témoignage public d'estime et d'admiration à Mlle Maria Deraismes que la mort vient de nous enlever d'une façon si cruelle.

Encore plus cela aurait été mon devoir et mon privilège de parler de cet ami personnel qui fut aussi un ami de notre œuvre et attira sur elle l'attention par ses articles de la *Revue des Deux-Mondes*, numéro du 15 mars 1887.

La mort de Maxime du Camp est une perte très grande pour notre œuvre

Présentez, je vous prie, Monsieur le Président, mes excuses et l'expression de mes regrets à mes collègues.

Emilie de Morsier.

Mais en juin de la même année, l'Œuvre donna un concert à son bénéfice, et la séance fut ouverte par le discours suivant de Mme de Morsier :

Mesdames et Messieurs,

Permettez-moi, en qualité de vice-présidente de l'Œuvre des Libérées de Saint-Lazare, de vous remercier du témoignage de sympathie que vous nous donnez aujourd'hui.

Il y a longtemps que je connais cette salle hospitalière de la Société scientifique du Spiritisme, et j'ai toujours vu ceux qui en ont la direction la mettre tour à tour au service de toutes les causes de progrès et d'humanité.

Je n'oublie pas qu'il y a quelques années, M. et Mme Leymarie, au nom de leur société, accueillirent avec leur bienveillance habituelle notre association pour l'abolition de la réglementation de la prostitution, autrement dit *la police des mœurs*.

L'œuvre que je représente ici ce soir est sœur de celle-là, car elle a pour but de tendre la main à la femme que la misère, une première faute et bien souvent aussi l'injustice et l'indifférence des hommes risquent de précipiter dans le gouffre dont on ne revient pas : celui de la prostitution légale, si je puis m'exprimer ainsi, puisqu'elle se trouve sous la surveillance et l'approbation de l'Etat.

Ai-je besoin de vous dire, Mesdames et Messieurs, l'importance et l'utilité de cette œuvre, surtout depuis que, sous l'inspiration de la directrice générale, Mme Caroline de Barrau, et grâce au véritable génie administratif de la directrice-adjointe, Mme Isabelle Bogelot, les *Libérées de Saint-Lazare*, d'une simple société de secours aux prisonnières qu'elle était au début, est devenue une œuvre plus vaste, touchant à toute la question de la femme, de l'enfant, du travail et du relèvement moral dans la liberté et par la liberté. Ne voyez dans mes paroles aucun orgueil personnel, puisque comme je vous l'ai dit, tout le mérite de cette transformation appartient aux deux nobles femmes que j'ai nommées, ainsi qu'à l'infatigable secrétaire, Mme Barafort. Quant à moi, je ne pense pas pouvoir mériter le titre que mes collègues ont bien voulu me donner autrement qu'en vous disant hautement ce qu'est cette œuvre, ce qu'elle fait et pourquoi aujourd'hui elle s'est attiré la sympathie générale du public et des différentes administrations de l'Etat.

Eh bien, Mesdames et Messieurs, son succès est dû surtout à ceci, c'est que cette œuvre n'est pas seulement une organisation dont toutes les parties fonctionnent régulièrement, mais c'est un corps habité par une âme. Le souffle de la vie l'anime et l'ardent amour de l'humanité qui remplit le cœur de la femme qui lui a tout spécialement dévoué sa vie — Mme Bogelot — rayonne autour d'elle, enflamme tous ceux qui l'approchent, fait jaillir des cerveaux des idées nouvelles et pratiques, crée des ressources de tous genres et, par-dessus tout, inspire à ces âmes brisées, à ces pauvres femmes faibles, abandonnées et méprisées, la foi, la foi en elles-mêmes, en leur propre âme, ce qui est le principe de toute régénération.

Mesdames et Messieurs, on parle beaucoup en ce moment des phénomènes merveilleux de la suggestion et je vous accorde que certains savants ont fait à ce sujet des observations intéressantes, mais, savez-vous quelle est la véritable suggestion mentale, celle qui guérit les volontés malades, redresse les intelligences faussées et met ces pauvres femmes malades ou déséquilibrées sur le chemin qui conduit sinon au bonheur, du moins à une vie paisible et utile ?

C'est l'amour — le grand, puissant et saint amour de l'humanité. Avec l'hypnotisme de M. Charcot, on fait des hystériques, où l'on tue celles qui le sont déjà ; avec le magnétisme de la sympathie et du bien, on crée des âmes et l'on guérit celles qui sont malades.

J'aurais bien des choses à vous dire sur les miracles que les directrices de l'Œuvre ont accomplis grâce à cette inspiration supérieure de leurs cœurs qui double les facultés intellectuelles. Chaque mois, chaque semaine, chaque jour, en effet, amène de nouvelles expériences, les unes réjouissantes, les autres parfois douloureuses, mais non pas inutiles, car il y a des échecs qui contiennent de précieuses leçons.

Puisque je vous disais tout à l'heure que bien souvent une injustice est le point de départ d'une série de conséquences fatales qui, pareilles à un cyclone, engloutissent, en un instant, une existence humaine, laissez-moi vous raconter un fait d'autant plus navrant que, malgré tous les efforts de ces dames, la pauvre victime n'a pu être sauvée.

Selon l'usage dans certains départements, une femme de la campagne s'était engagée pour des journées de prestations dues par un fermier, elle devait casser des cailloux et les étendre sur une partie d'un chemin ; on avait convenu du prix de 18 francs. Cette femme d'une nature sauvage et peu éduquée, était veuve, elle avait deux enfants, deux jumelles, et se trouvait enceinte.

Une fois le travail fait, elle réclama son salaire, mais le fermier fit des objections, il ne voulait lui donner que 12 francs et encore pas en argent, mais en nourrissant l'ouvrière.

La pauvre femme protesta, c'était de l'argent qu'il lui fallait pour payer l'entretien de ses enfants.

Le fermier trouva plus simple de la mettre à la porte. C'était le soir. La pauvre créature, affolée par la colère, réussit à se glisser dans la maison et à prendre quelques objets qu'elle alla jeter dans le bois voisin. Le lendemain elle fut arrêtée par les gendarmes, on la questionna, elle avoua, disant qu'elle n'avait pas voulu voler, mais se venger et elle indiqua le lieu où se trouvaient les objets. Elle passa en jugement et sa condamnation n'aurait pas été bien forte sans doute, mais voici qu'à l'audience, on cherche à lui faire avouer qu'elle a eu un complice, un homme que l'on avait vu avec elle dans le bois. Elle jure avec colère qu'elle n'a pas de complice et ajoute : *Si vous n'êtes pas contents, voilà*, et avec ces mots lance son sabot à la tête du juge.

Là-dessus treize mois de centrale. Les petites jumelles sont mises aux enfants assistés et, comme la mère est enceinte, elle fait son temps à Saint-Lazare où elle accouche de deux jumeaux. Quand elle est guérie, on la trouve trop rustique pour aller avec les autres et elle est mise en cellule.

La malheureuse, habituée au grand air, étouffe et souffre horriblement comme une bête sauvage en cage. Son lait passe. Les deux pauvres petits jumeaux meurent à deux heures l'un de l'autre d'une méningite. On les retire de leurs berceaux, on les habille, puis on les descend dans la salle des morts où ils reposent côte à côte, l'un avec les mignonnes mains croisées sur sa poitrine, l'autre les yeux grands ouverts. La mère n'a pas dit un mot, pas versé une larme. Quarante-huit heures après, elle se coupait les veines. On la soigna, les sœurs l'entourèrent, les directrices la virent, tâchèrent de l'encourager. A tout ce qu'on lui disait, elle répondait en patois : « *Ils ont été ben méchants pour moi à la ferme, c'est eux qu'ont tué mes pauvres petits ! Les berceaux sont vides.* »

Deux ou trois jours plus tard, elle trompe la surveillance, prend des ciseaux et se coupe de nouveau les veines. « *C'est pas la peine maintenant de m'arranger, disait-elle, j'ai fait cela pour aller revoir mes pauvres petits, on a été bien méchant pour moi.* » Le lendemain on l'emmenait à Sainte-Anne. Les premières petites jumelles sont aux enfants assistés.

Cela fait mal, n'est-ce pas ? Et des choses aussi affreuses se passent tous les jours... Cependant je ne veux pas vous laisser sous l'impression de ce triste tableau.

Dimanche j'étais à Billancourt chez Mme Bogelot. Je vois arriver dans le jardin une Bretonne avec sa robe noire et son petit bonnet blanc aux ailes plates et transparentes ; avec elle une belle et fraîche fille qui porte un joli bébé dans ses bras. J'écoute ce qui se dit. La Bretonne est veuve, elle a laissé trois enfants au pays pour venir gagner sa vie et leur vie à Paris. Ses patrons ont quitté la ville, depuis deux mois, elle est sans place. Ne sachant plus que devenir elle se rend au dépôt de la préfecture de police et le parquet l'adresse à l'Œuvre des libérées. Elle arrive à l'asile pâle, hébétée, sans force ni courage. Ah ! vous représentez-vous ce que cela doit être, lorsqu'on a tout frais dans son cœur le souvenir des haies fleuries, des landes sauvages et celui du village avec l'église où sonne le soir l'angelus, de passer par les longs couloirs, les cellules sombres et les formalités brutales de ce premier égout collecteur qui s'appelle le Dépôt ?

Aussi comme il s'épanouit le cœur de la Bretonne, lorsqu'elle se trouve dans notre asile bien modeste, mais où l'on est en famille. Bientôt elle reprend courage, elle s'intéresse à tout et c'est ainsi qu'elle va emmener là-bas, au soleil de la Bretagne, un beau bébé que nous lui avons confié et dont la jolie petite mère doit rester à Paris pour se placer comme nourrice. Au moins lorsque cette dernière donnera son lait à un enfant étranger, la pauvrette, elle se dira que le sien est bien soigné par la Bretonne, cette seconde mère, car elle sera douce et compatissante ; elle sait par expérience, la Bretonne, comme la vie est dure et ce que l'on souffre dans ce grand Paris.

Je pourrais aussi vous parler de Massia, une jeune fille de 15 ans qui avait été détournée par une femme plus âgée ; elle avait quitté sa famille pour vagabonder. Son grand-père qui la rencontre à

Neuilly, la fait arrêter et conduire au Dépôt. Ses parents ne veulent plus la voir. Elle a un visage sympathique et pleure beaucoup en racontant son histoire et surtout en parlant de sa mère. Mme Barafort va aux renseignements, elle s'assure que les parents la repoussent réellement, la mère dit : « Vous n'en ferez rien », le père ajoute « Si elle revient, je la tue. » Alors l'Œuvre des Libérées la réclame au juge d'instruction comme son enfant légitime. Elle reste trois semaines dans un de nos asiles, la petite Massia, et le changement moral est si grand et si rapide que bientôt on peut la placer chez une blanchisseuse où elle est logée, nourrie et reçoit 7 francs par semaine.

Aussi il faut voir sa joie, et maintenant elle est réconciliée avec sa famille et les parents auront aussi profité de la leçon. Massia n'a pas oublié l'asile : elle va souvent le dimanche rendre visite à la bonne directrice, Mlle Coignet.

Si vous voulez vous rendre compte des idées philosophiques aussi bien que pratiques qui sont le point de départ de la méthode employée par l'Œuvre des Libérées de Saint-Lazare, je ne puis mieux faire que de vous renvoyer à la brochure publiée par M. Bogelot : *Du patronage des Libérées*, que vous trouverez ici (1).

Je crois pouvoir dire que si cette Œuvre, depuis sa transformation, a produit de si beaux résultats, c'est parce que celles qui la dirigent ont eu le rare bonheur d'unir la pensée à l'action, l'intelligence à l'intuition, la science pratique à l'amour.

Et c'est là, Mesdames et Messieurs, que se trouve le secret du véritable progrès, la loi fondamentale de l'évolution humaine. Il faut que, selon la belle pensée de Platon, l'âme pour accomplir sa destinée, s'élève à la sphère de l'essence de toutes choses ; qu'elle contemple la justice, la sagesse, la science, telles qu'elles existent dans ce qui est l'être par excellence. Mais, revenue à son point de départ, elle doit vivre ce qu'elle a contemplé et saisi par l'intelligence.

Cette idée que le philosophe exprimait par rapport à l'évolution infinie des âmes à travers le temps et les mondes est tout aussi vraie si on l'applique au court espace de notre vie terrestre. Il faut penser, il faut contempler, il faut s'élever aux idées abstraites; mais n'oublions pas que toute vérité qui n'est pas vécue par celui qui l'a énoncée n'existe pas en fait pour lui. Victor Hugo a dit :

« Il ne suffit pas de faire une œuvre, il faut en faire la preuve. L'œuvre est faite par l'écrivain, la preuve est faite par l'homme. La preuve d'une œuvre est la souffrance acceptée. » Je me permettrai d'ajouter : la souffrance pour soi, mais pas pour les autres : la preuve de l'œuvre est le dévouement.

(1) 14, place Dauphine.

Ce n'est pas dans cette salle consacrée aux études psychiques que j'ai besoin de vous dire à quel point l'esprit humain se passionne de nos jours pour le problème de la vie future et avec quelle ardeur il recherche des preuves scientifiques de l'immortalité de l'âme, mais il faut bien le dire, on confond trop souvent la vie éternelle avec la vie spirituelle ou divine. Non, il n'est pas suffisant de prouver que rien ne meurt et que tout se transforme, il s'agit de savoir quelles sont les conditions nécessaires pour que la transformation, sur cette terre, comme au-delà, soit un progrès et non pas un recul. Le véritable criterium de la vérité, c'est l'action; et laissez-moi vous dire avec un poète qui est un des nôtres :

O vous qui cherchez, enfants de la terre,
Savants affamés, à l'œil solitaire,
Qui vous abîmez
Dans l'abstraction des faits et des causes,
Vous cherchez la source et la loi des choses,
Vous cherchez..... Aimez !

O vous que le ciel aux milliers de mondes
Fait rêver souvent dans les nuits profondes
Aux points enflammés.
Vous que l'idéal saisit sur son aile,
O vous qui rêvez la vie éternelle
Vous rêvez..... Aimez !

Oui, aimez et consolez, car une larme recueillie par la sainte pitié brillera dans le ciel de l'humanité divinisée, comme un joyau aussi précieux qu'un chef-d'œuvre de l'art ou qu'une découverte de la science.

« La loi des lois, la force des forces, c'est l'amour. »

Cette parole est d'un homme qui a prouvé cette vérité par sa vie et cet homme, c'est *Bernard Bagazzi*.

Emilie DE MORSIER.

ARTICLE DE MADAME DE MORSIER

DANS LE « BULLETIN CONTINENTAL » DU 15 JANVIER 1888 SUR LA PRISON DE SAINT-LAZARE

Saint-Lazare va être démoli! Voilà la nouvelle que le ministère a offerte, en guise d'étrennes pour 1888, au monde des œuvres de philanthropie et de progrès. En somme, fort peu de gens se rendent compte de l'importance de cet événement. Les uns se figurent qu'il s'agit simplement de renverser un vieux bâtiment pour en reconstruire un autre plus approprié à sa destination. Les autres s'épouvantent déjà à l'idée que, lorsque Saint-Lazare n'existera plus, la police sera désarmée et ne saura où enfermer le butin recueilli dans ses razzias. Il s'est même trouvé quelques bonnes âmes qui, dans leur naïveté, ont pu croire que ce fait constituait un succès pour notre cause et que M. Bourgeois, le préfet de police actuel, allait abolir les règlements sur la prostitution.

C'est supposer trop ou trop peu. Hélas, oui, la police des mœurs existe toujours et l'une des tourelles de la Bastille du vice restera debout derrière la mairie élégante que l'on se propose de construire dans le faubourg Saint-Denis. Il est même à craindre que, ayant un bâtiment uniquement affecté aux femmes de la police, celle-ci ne mette son amour-propre à le tenir toujours rempli et que les agents des mœurs redoublent de zèle; ainsi la réforme actuelle servira de paravent pour masquer toute la pourriture que l'on désire conserver avec soin. Les partisans de l'abolition du système, qui continueront à se plaindre et à réclamer, passeront pour des grincheux, et l'administration s'endormira peut-être pour quelque dix ans, croyant avoir fait tout ce qu'il est possible de faire pour la femme et pour la moralité. « On gardera le dépotoir des filles — comme dit le *Gil Blas* — mais au moins l'œil du passant ne sera plus offensé par cet aspect. » Pudeur étonnante de la part d'un journal qui ne met guère de voiles sur son propre fumier! (1)

Néanmoins, comme nous le disions, les réformes en question ont une grande importance. C'est un acte de justice à l'égard de la femme et une victoire remportée par l'influence des femmes; car ce sont elles qui, les premières, ont élevé la voix pour dénoncer le scandale administratif de Saint-Lazare.

(1) Les 10 ans sont passés et Saint-Lazare est toujours là!

Mais avant de prononcer le dernier *de profundis* sur la prison actuelle, rappelons ce qu'elle a été :

En l'an 1100, sur la place occupée actuellement par Saint-Lazare, s'élevait un hôpital de lépreux qui, au bout de quelques cents ans, disparut pour faire place à une abbaye. C'est en 1632 que la congrégation fondée par saint Vincent de Paul, sous le patronage de saint Lazare, occupa ce bâtiment. La maison recevait alors les malades, les fous et des pensionnaires qui venaient y faire des retraites. C'est là, dit-on, que Bossuet se prépara à l'ordination.

A l'époque de la Révolution, le couvent fut transformé en une prison qui garda le nom de Saint-Lazare. Le poète André Chénier y composa la *Jeune Captive*, [illegible]ant de se rendre à l'échafaud. Sous le Consulat, cette prison fut exclusivement affectée à la détention des femmes.

Quels que soient les essais d'organisation qui aient été tentés dans l'intérieur de cette maison, le fait de n'avoir, à Paris, qu'une seule prison pour les prévenues, les condamnées à moins de deux ans, les prostituées et les enfants de la correction, constituait une injustice dont les conséquences démoralisantes ne manquèrent pas de se faire sentir. Mais à l'époque dont nous parlons, on n'y regardait pas de si près lorsqu'il s'agissait des femmes.

L'administration du premier Empire ne se montra pas plus soucieuse que celle du Consulat, des réformes à faire pour améliorer la condition des femmes. Les gouvernements se succédèrent : monarchie, république, second Empire, sans apporter aucun changement à l'état des choses dans la prison de Saint-Lazare, sauf une augmentation de l'encombrement et partant des promiscuités dangereuses et de la corruption. En effet, dans une maison bâtie pour recevoir quatre cents prisonnières, on entassait jusqu'à mille de ces malheureuses.

En 1866, pour la première fois, une femme éleva la voix contre cette iniquité. Mlle de Grandpré, la nièce de l'abbé Michel, aumônier de la prison, publia sous le titre : *Les condamnées de Saint-Lazare*, un roman qui fit sensation. Appelée à vivre plusieurs années dans cette maison, auprès de son oncle, elle eut l'occasion, jour après jour, d'observer ou de deviner tout ce qui se passait dans ces sombres murs. L'administration s'émut ; elle n'aime pas qu'on soulève le voile qui cache ses sanctuaires. Néanmoins, quelques journalistes, avides de nouveauté, laissèrent transpirer quelque chose de ces révélations. La curiosité fut excitée, la pitié s'éveilla, et de là sortit l'*Œuvre des Libérées de Saint-Lazare*.

Une idée de justice et d'humanité finit toujours par faire son chemin. La fondatrice de l'Œuvre des Libérées eut à lutter contre l'opposition et la malveillance de ceux qui avaient intérêt à cacher la vérité, contre la raillerie des ignorants et des égoïstes. Le mot seul de Saint-Lazare était un épouvantail ou un sujet de plaisanterie. La morale a si vite fait de mettre des étiquettes sur des catégories d'individus qui sont classés, généralement, non pas d'après leurs mérites ou leurs fautes, mais selon leur réussite ou leurs échecs! Les prisonnières de Saint-Lazare, pensait-on, et bien des gens le disent encore aujourd'hui, ne peuvent être que des femmes perdues sans retour, corrompues jusqu'à la moëlle des os. On voit, d'autre part, tant d'honnêtetés que l'on fait dépendre des revenus ou des diamants!

Néanmoins, l'idée gagna petit à petit du terrain, et si les femmes qui s'y ralliaient n'étaient pas nombreuses, elles étaient du moins convaincues.

Lorsque Mlle de Grandpré quitta Paris, sa succession passa entre les mains de Mme de Barrau et de Mme Bogelot, directrice-adjointe. L'Œuvre prend alors une impulsion nouvelle et entre dans la voie des transformations et du progrès. Elle ne se contente plus de s'occuper des femmes, mais songe aussi aux enfants que le règlement autorise à garder dans la prison, et qui souffrent de son atmosphère dépressive. Elle ajoute à l'idée du relèvement celle de la préservation. Les asiles temporaires pour femmes et enfants sont fondés. Inspirés par l'esprit le plus libéral, organisés non pas comme des refuges ou des maisons de correction, mais comme de petites familles ayant chacune sa maisonnette, ils rendent des services inappréciables. En 1885, l'Œuvre avait été reconnue d'utilité publique. On n'en était plus à l'époque où l'influence de M. Lecour, toute puissante dans les bureaux, faisait refuser l'entrée de la prison aux dames de l'Œuvre. Bien au contraire, le ministère et la préfecture de police, étonnés de l'activité déployée par les directrices et des merveilleux résultats obtenus, leur offraient d'instituer un service du Dépôt qui fonctionne depuis un an. Au moment même de leur arrestation, les femmes trouvaient une main tendue pour les soutenir, et plus d'une ordonnance de non lieu est sortie de ce nouveau service, évitant ainsi à la femme cette tache indélébile qui s'appelle le casier judiciaire.

Certainement, la manière dont l'Œuvre a marché depuis dix ans n'est pas une des moindres raisons qui ont poussé M. Herbette à faire les réformes depuis si longtemps réclamées. Aussi, pouvons-nous le dire avec joie et fierté, c'est l'inspiration féminine qui a gagné la partie. Que ces messieurs recueillent les lauriers, peu nous importe! Nous ne demandons qu'une chose, c'est qu'ils continuent à en gagner en suivant nos conseils.

Chose curieuse, c'est au moment même où, par suite de la démission de Mme de Barrau, Mme Bogelot a été appelée à la direction générale, que l'Œuvre va subir une seconde et plus profonde transformation qui équivaudra presque à une création nouvelle. Or, cette transformation, Mme Bogelot l'avait préparée sans le savoir.

Il n'y a pas de hasards dans la vie.

Nous indiquerons maintenant le plan des réformes, tel qu'il a été préparé par M. Herbette, directeur de l'administratiou des prisons au Ministère de l'Intérieur.

La prison de Saint-Lazare sera désormais affectée exclusivement aux prostituées condamnées administrativement ou en traitement médical, c'est-à-dire ce qui restera de la prison, car la plus grande partie sera démolie pour faire place à une mairie.

En dehors des prostituées, il n'y aura donc plus aucune femme détenue à Saint-Lazare.

Les femmes prévenues ou condamnées à des peines variant de deux mois à un an seront détenues à la maison de Doullens, en attendant que le département de la Seine puisse faire construire une prison pour les condamnées à de courtes peines. Le département paiera de ce chef une redevance à l'Etat.

Désormais, on n'enverra plus d'enfants au Dépôt. Les petites filles en dépôt, mendiantes ou vagabondes, seront envoyées dans un quartier spécial de la Conciergerie — non confondu avec la prison.

Les petits garçons en dépôt seront transférés dans un quartier spécial de la Roquette.

Les enfants abandonnés seront mis d'office dans les établissements de bienfaisance.

Enfin, les contrevenants et les contrevenantes — hommes et femmes — ne seront plus désormais envoyés au Dépôt ou à Saint-Lazare comme les délinquants.

Les contrevenants seront envoyés dans un quartier spécial de la Petite-Roquette, et les contrevenantes dans un quartier spécial de la Conciergerie.

D'après cet exposé, on voit que l'Œuvre dite « des Libérées de Saint-Lazare », n'aura plus rien à faire avec ce qui restera de la prison de ce nom.

Mais pour nous, partisans de l'abolition de la police des mœurs, la question de Saint-Lazare demeure tout entière, et ce nom restera comme la représentation de l'injustice typique dont la femme est victime. On pourra dire qu'il y a dans Paris, la ville qui se prétend la plus avancée dans les idées libérales, une *prison* spécialement destinée à séquestrer les femmes qui n'ont pas été condamnées légalement, parce qu'elles ne sont coupables d'aucun délit prévu par la loi. En fait de *justice*, de *fraternité* et d'*égalité*, c'est bien trouvé.

Donc, plus que jamais, et malgré les réformes très réelles de M. Herbette, nous demandons la démolition et l'abolition totale de Saint-Lazare (1).

Emilie DE MORSIER.

(1) Une partie seulement de ces réformes a été exécutée jusqu'à ce jour.

ALLOCUTION DE MADAME ÉMILIE DE MORSIER

A L'ASSEMBLÉE GÉNÉRALE DE L'ŒUVRE DES LIBÉRÉES DE SAINT-LAZARE, LE 29 JANVIER 1888

MESSIEURS, MESDAMES,

Au moment de la transformation de notre Œuvre, il eût été naturel de nour arrêter un instant pour jeter un regard à la fois sur son passé et sur son avenir, et j'aurais voulu, à cette occasion, vous présenter quelques considérations générales sur toutes les questions importantes et douloureuses qui, pendant bien des années, se sont, pour ainsi dire, concentrées autour de ce lugubre nom de Saint-Lazare.

En effet, si l'on étudie d'un œil quelque peu perspicace et avec un cœur prêt à la sympathie tout ce qui se passe dans cette prison, on découvre bientôt qu'on se trouve en présence de la question de la femme dans tous les domaines. Mais je dois pour l'instant renoncer à traiter ce sujet devant vous, je voudrais cependant vous dire un seul mot et attirer votre attention sur un point spécial.

Les réformes qui vont être faites dans le régime pénitencier sont une réponse à des réclamations qui datent de vingt ans, et, il faut le dire, c'est aux femmes que la société devra cet acte de justice tardif, mais bienvenu. Ces messieurs du Conseil, mes collègues, qui nous apportent un concours précieux, me pardonneront de vous dire cela, car comprendre l'inspiration féminine et s'y associer, c'est faire preuve d'intelligence et de cœur.

On aurait bien tort de se figurer qu'il y a antagonisme entre l'influence de la femme et celle de l'homme, et la société n'avancera pas réellement sur le chemin du progrès et du bien, tant qu'elle ne sera pas dirigée par ces deux forces réunies.

Eh bien, je le répète, c'est l'inspiration féminine qui a triomphé dans cette question de Saint-Lazare, avec l'aide et le concours des bonnes volontés masculines.

C'est une femme qui a fondé l'Œuvre des Libérées de Saint-Lazare Mlle de Grandpré ; ce sont des femmes qui l'ont dirigée, et c'est une femme qui va opérer sa transformation actuelle.

. . . .

C'est sous la direction de Mme Bogelot, conjointement avec Mme de Barrau, que notre Œuvre est devenue ce qu'elle est, c'est-à-dire une œuvre grande, libérale, pratique et respectée de tous les services publics; c'est parce que Mme Bogelot l'a aimée, cette œuvre, plus qu'elle-même; c'est parce qu'elle lui a tout sacrifié, son temps, ses forces, sa santé et jusqu'aux joies les plus légitimes de la vie. Car, Mesdames, pour créer quelque chose de vraiment grand et de bon en ce monde, pour faire une œuvre vivante et durable, dans quelque domaine que ce soit, il ne faut pas moins que le don d'une vie et d'une âme tout entière. Voilà pourquoi on trouve sur la terre beaucoup d'ébauches, mais peu de grands chefs-d'œuvre.

Je voudrais, si vous voulez bien m'accorder encore quelques minutes d'attention, vous citer deux faits, parmi ceux dont notre directrice s'est occupée dernièrement, parce que l'un vous montrera d'une façon saisissante sa méthode, et que l'autre vous prouvera l'utilité du nouveau service installé au Dépôt.

A vingt-trois ou vingt-quatre ans, Louise X..... se trouvait fille et mère.

L'homme n'était pas sans conscience, car le jeune couple allait régulariser son union. Mais le destin ni la loi ne comptent avec les intentions. La mort survint, et l'enfant demeura en ce monde sans père reconnu.

Un camarade du mort se chargea de l'enterrement; il vint en aide à la jeune mère, lui donna quelque argent et s'occupa de placer l'enfant.

Dans ce premier moment de désespoir, lorsque la femme, jeune encore, se voit seule avec une lourde charge, le cœur est bien faible et s'ouvre facilement à des consolations qui n'ont pas toujours leur source dans la sagesse et la raison; aussi un second enfant vint au monde, également sans état civil.

Le père ne s'était pas demandé, sans doute, s'il se sentait à la hauteur de son devoir. Deux enfants pour débuter en ménage! La charge lui parut lourde; on ne parla plus de mariage, et l'argent se fit rare.

« Que vais-je devenir? Comment faire? » pleurait la pauvre mère.

« *Tu feras comme tu voudras* », répondait le père.

« Oh! — reprit la jeune femme d'une voix étouffée, — c'est mal ce que tu dis là: tu verras, je ferai un mauvais coup. »

Seule elle doit suffire aux dépenses. La nourrice menace de rendre les enfants; on lui doit 30 francs! Et dans le cerveau affolé de la jeune mère se martèlent les fatales paroles: *Tu feras ce que tu voudras!* « Renvoyez les enfants », écrit-elle à la nourrice.

Vous représentez-vous ce revoir, vous, mères qui m'écoutez?

Les voilà auprès d'elle, les pauvres chérubins, et ce soir ce ne seront pas des mains mercenaires qui poseront ces petites têtes sur l'oreiller. Mais là, près du lit, voici le dernier achat qu'elle a fait avec ce qui lui restait d'argent... du charbon!

Les enfants s'endorment paisiblement. La mère se couche auprès d'eux. Que doit-il se passer dans cette tête ?

Le lendemain on frappe violemment à la porte ; celle qui avait cru s'endormir pour toujours entend, s'éveille, se souvient...

On entre : tout se découvre. Un enfant était mort, l'autre respirait encore.

L'histoire suivit alors le cours habituel : le commissaire de police, le Dépôt, Saint-Lazare.

Cela se passait l'été dernier ; notre directrice était absente pour les intérêts de l'Œuvre.

L'affaire vint aux assises, et, hasard étrange, — j'aime mieux dire Providence mystérieuse, — l'un des jurés se trouvait être membre de l Œuvre des Libérées. Cette situation le saisit. Il faut un acquittement, se dit-il, et il parle à ses collègues. Mais, circonstance aggravante, la nourrice avait fait une déposition fâcheuse contre cette femme qui était *une mauvaise mère*. Vous comprenez : elle lui devait 30 francs ! Comment MM. les jurés n'ont-ils pas fait ce rapprochement d'idées dans leur esprit ? Je crois que des femmes auraient compris.

Vous n'ignorez pas, Mesdames et Messieurs, que des assassins peu intéressants sont acquittés tous les jours. Une malheureuse qui ne peut pas nourrir ses enfants et qui, poussée par le désespoir et par un cruel abandon, se décide à quitter ce monde avec eux, mérite, paraît-il, cinq ans de prison !

Je veux croire que les jurés eurent des remords, car ils rédigèrent un recours en grâce et firent, en faveur de la condamnée, une quête qui rapporta 100 francs.

Mme Bogelot vit la jeune femme dans la prison : elle était très calme et très digne.

La conversation s'engagea ; la prisonnière, d'abord fort réservée, finit par tout raconter.

« — Eh bien, mon enfant, dit la directrice, puisque vous avez reçu un secours inespéré, il vous faut payer votre dette. »

« — Oh ! Madame ! payer cette femme, c'est elle qui est la cause que je suis ici, que mon amant ne m'épousera pas (le jeune homme avait promis le mariage si elle était acquittée) et que mon enfant restera aux enfants assistés. Oh ! non, jamais elle n'aura rien ; c'est une mauvaise femme ! »

« — Mon enfant, ses torts ne changent rien à la chose, il faut payer ce que vous devez. Mais calmez-vous, je ne veux pas vous tourmenter. J'irai voir votre enfant et je vous en donnerai des nouvelles. Voici ma carte ; en la regardant souvenez-vous de moi, et dites-vous que vous me rendrez heureuse si vous voulez suivre mon conseil.

Mais l'enfant n'était plus aux enfants assistés, et lorsque la direc trice retourna à Saint-Lazare, la prisonnière était partie pour une maison centrale.

Mme Bogelot ne se tint pas pour battue, elle ne connait pas le découragement.

Elle écrivit au directeur de la maison de Clermont. Celui-ci, un homme de cœur, se montra tout prêt à s'associer à cette bonne œuvre ; il vit la prisonnière. Lorsque celle-ci apprit que la dame de Saint-Lazare ne l'avait pas oubliée, son cœur s'attendrit enfin, et elle dit au directeur : « Prenez 30 francs sur mon argent qui est au greffe pour les envoyer à la nourrice, mais je veux que cela passe par cette dame, afin qu'elle sache que moi aussi je me souviens. »

La cure morale tentée par Mme Bogelot se trouvait aidée par les circonstances. A la suite de ce bon mouvement de la prisonnière, une lettre arriva du ministère disant que la peine était remise de trois ans.

Cela ne suffit pas encore à notre directrice.

Elle vit le jeune homme, qui était plus léger que mauvais. Il comptait bien épouser Louise à sa sortie de prison. C'est lui qui était allé prendre l'enfant à la rue Denfert et s'en était chargé : « C'est assez que la mère souffre », dit-il, « quand c'est moi qui suis le coupable. »

« — Eh bien », répondit Mme Bogelot, « ce n'est pas à sa sortie de prison qu'il faut l'épouser, c'est tout de suite. »

Et la chose fut ainsi décidée. Sous peu de jours le mariage sera célébré dans la prison. La directrice des libérées de Saint-Lazare et le directeur de la maison de Clermont tiendront lieu de parents, et qui sait si une nouvelle grâce du ministère ne viendra pas rendre ce couple à une vie normale, fortifié et élevé par l'épreuve et le repentir (1) ?

Tant qu'il faudra des prisons dans notre triste société, puisse-t-il s'y passer souvent des faits de ce genre ! Ils produiront sur les détenus un meilleur effet moral que les punitions les plus sévères.

Vous savez, que cette année, l'Œuvre a inauguré un service de visites au Dépôt qui, bien souvent, en obtenant des ordonnances de non-lieu, empêche la justice de faire peser *injustement* sur une destinée la fatalité d'un *casier judiciaire*.

Notre directrice et sa secrétaire peuvent donc tous les jours, et à toute heure, se rendre au Dépôt, traverser les couloirs, ouvrir les guichets des portes, et offrir leurs services aux malheureuses détenues.

(1) Le mariage de Louise X... a été célébré à Clermont le lundi 13 février. Le directeur de la prison lui a servi de premier témoin, et Mme Bogelot et de Barrau ont remplacé la famille absente.

Ce fut une cérémonie très touchante. E. DE M.

Quelquefois elles sont repoussées avec des paroles grossières ou haineuses; et il faut avoir bien enraciné au fond du cœur l'amour de l'humanité pour ne pas se laisser rebuter. Y a-t-il quelque chose de plus douloureux pour un cœur qui, tout vibrant de sympathie, s'approche d'un autre cœur, que d'être brutalement repoussé ?

L'autre jour, au Dépôt, les sœurs disaient à ces dames : « Il n'y a rien pour vous aujourd'hui. Je le crains.

« — Ah ! fait la directrice, personne à consoler ni à aider ? C'est bien étrange ! »

Je crois qu'il lui semblait que l'air lui manquait, tant la souffrance humaine est devenue son élément naturel.

C'est égal, je ne sais quelle inspiration lui vint. « Voyons ici », dit-elle à sa secrétaire.

Elle ouvre le guichet. Une femme lui répond avec indifférence : il n'y avait rien à faire pour elle en effet. Mais du fond de la cellule partent des cris étouffés, et une femme, le visage convulsionné, les yeux gonflés et hagards, s'avance et crie : « Oh ! Madame, c'est moi qu'il faut aider ! »

Voici ce que notre directrice put comprendre au milieu des sanglots:

Son mari est voyageur de commerce ; il est en ce moment à cent lieues de Paris. Elle vit avec ses deux filles à Fontainebleau, où elle possède une exploitation de grès. Ce genre de vie ne lui convient guère, avec un mari toujours absent. Aussi elle remet son fonds à un individu qui la paie avec des valeurs pour 1,000 francs, puis prend possession de sa cabane et vend le mobilier. Lorsqu'elle veut réaliser les valeurs, on lui dit qu'elles ne valent rien. Elle court à Paris chez un agréé ; celui-ci l'envoie chez le commissaire de police pour obtenir l'adresse de son acheteur. Le commissaire est absent ; elle ne trouve qu'un jeune homme de vingt ans. La pauvre femme raconte sa mésaventure ; elle s'emporte à cette idée : « Oh ! le coquin ! il faudra bien que je le trouve ; je crois que, si je le voyais, je le tuerais ! »

« — Vous le tueriez ! Madame », s'écrie ce tout jeune homme, heureux de jouer un rôle. « eh bien, moi je vous arrête pour *menaces de mort sous condition.* » On la traîne au poste, puis au Dépôt. Comprenez-vous l'état où se trouve cette malheureuse ? Elle vient à Paris chercher de l'aide, on la prend et on la jette dans le gouffre. Et ses filles qui l'attendent, qui la croient morte peut-être ! Mais il y a de quoi devenir folle ! Sans cette visite de Mme Bogelot, que serait-elle devenue ?

Vite ces dames courent chez le directeur, qui les envoie au parquet. Il n'y a pas de temps à perdre si on veut empêcher l'affaire de tomber dans l'instruction, ce qui serait huit ou dix jours de prévention peut-être.

Je dois dire que tout le monde y mit de la bonne volonté, car le nom de notre Œuvre est aujourd'hui un talisman qui ouvre magiquement les portes de l'Administration. Le téléphone joue, les garçons de bureau courent. Au bout de vingt minutes d'enquête, l'ordre de la mise en liberté arrive.

La joie de cette malheureuse ne peut se peindre. Trois jours plus tard, notre directrice recevait la lettre la plus touchante de cette femme, avec les remerciements de ses filles.

Mesdames et Messieurs, ces faits sont éloquents, et ils vous donnent une idée de l'esprit qui anime la directrice de l'Œuvre...

Émilie DE MORSIER.

La même année, à la suite de rapports présentés à la *Société de médecine pratique de Paris*, cette Société avait émis un vœu en faveur de la liberté de la prostitution :

« L'*Association pour la défense des droits individuels* a tenu, le vendredi 16 mars, une séance dans laquelle a été discutée, devant une affluence considérable d'auditeurs, cette difficile question de la prostitution, dont l'importance est trop méconnue en France par les économistes et par les législateurs.

« La réunion était présidée par M. Yves Guyot, député, assisté de M. Léon Donnat, conseiller municipal de Paris, et de M. Paul Beurdeley, avocat. »

Voici le discours de Mme Emilie de Morsier :

MESDAMES ET MESSIEURS,

Je ne désirais pas prendre la parole dans cette réunion parce que je savais que notre cause y serait défendue par des personnes plus savantes et plus compétentes que moi en cette matière. Mais notre président a réclamé ma présence, il m'a dit que je n'avais pas le droit de me dérober, qu'il était bon que l'on sût en France que les femmes prennent part à cette lutte.

Cette parole m'a rappelée à moi-même en évoquant dans ma pensée l'image de celle qui, il y a bien des années, m'ouvrit les yeux sur ce sujet, et éveilla en moi le sentiment de la responsabilité sociale qui incombe aux femmes, à celles surtout que la destinée a favorisées d'une manière ou de l'autre.

Chaque fois que je serai appelée à parler de l'insulte qui est faite à notre sexe par la police des mœurs, le nom vénéré de Joséphine Butler sera sur mes lèvres et dans mon cœur.

Si, comme vous le dites, Monsieur le Président, il est bon que l'on sache en France que les Femmes prennent part à cette lutte, je vais essayer de vous exposer comment nous comprenons cette question.

Je parle ici en mon nom personnel, mais je sais que beaucoup de mes amies partagent mon sentiment.

La réglementation de la prostitution, autrement dit la police des mœurs, est, à nos yeux, l'injustice suprême, l'asservissement de la femme sous sa forme la plus odieuse.

C'est pour nous une grande satisfaction que des hommes de science viennent nous dire que ces règlements n'ont pas atteint le but pour lequel ils ont été faits; mais je vous avoue que, alors même que toutes les autorités du monde nous affirmeraient que le système est une merveille et un bienfait pour l'humanité, nous, femmes et mères de famille, nous répondrions : C'EST FAUX! Jamais aucun bien ne pourra sortir d'une chose aussi injuste et révoltante, et bien triste, en vérité, serait l'éducation que nous donnerions à nos fils si nous comptions sur les agents des mœurs pour garder leur santé et protéger leur vertu.

Nous n'avons besoin ni de raisonnements juridiques ni de statistiques médicales pour savoir que cette institution est une des causes les plus puissantes de la corruption morale et physique. Nous sommes convaincues qu'il existe une loi de nature plus rationnelle et plus sage que les lois humaines, qui ne permet pas que la violation d'un principe juste puisse produire un bien réel et durable. Un des grands prêtres de la science moderne a dit : « Quand il s'agit d'expériences, je ne suis arrêté par aucun scrupule. La science a le droit d'invoquer la souveraineté du but. »

Ce droit, certes, nous ne le lui reconnaissons pas, mais, si elle ne se gêne guère pour le prendre, il n'est pas en son pouvoir d'arrêter les conséquences de la mise en pratique d'un principe qui relève de l'école de Loyola. La science soi-disant hygiénique s'est permis, dans le but souverain d'arrêter les conséquences d'une maladie fatale, de patronner une institution qui viole le droit de l'individu dans la personne de la femme, et qui protège ceux qui ont pour métier de favoriser la corruption de la jeunesse et de brutaliser les malheureuses qui tombent sous leur domination.

Voilà où l'on va avec la souveraineté du but et l'infaillibilité de la science!

Lorsque Joséphine Butler, il y a douze ou quinze ans, parcourut l'Europe pour prêcher sa croisade, le monde disait : « C'est une illuminée! Les femmes ne peuvent rien comprendre à cette question : elles jugent tout par le sentiment, et il s'agit ici de médecine. » Aujourd'hui, des savants indépendants, des médecins, des juristes, des philanthropes, des économistes, des députés de tous les pays sont arrivés, après de longues études, à confirmer ce que cette femme avait compris à la seule lumière de son cœur et de son âme. Le sentiment et l'intuition ne sont peut-être pas choses aussi absurdes et inutiles que vous voulez bien le dire, Messieurs.

Ce qui a le plus contribué à faire la lumière sur le système de la

prostitution légale, ce sont les efforts tentés par les femmes pour sauver les malheureuses victimes du vice et de la misère.

Les révélations ont été terribles; pendant longtemps, les gouvernements essayèrent de les étouffer et la presse de les ignorer; mais les faits étaient trop évidents, et, dans tous les pays, on a été forcé de nommer des commissions d'enquête. Je n'insiste pas sur ce point, qui sera traité avec plus de compétence que je n'en ai par M. Yves Guyot.

Ce que l'on ne sait pas assez dans le monde, c'est la manière dont la femme arrive à tomber dans les filets de la police des mœurs. Que de fois n'ai-je pas entendu sortir de la bouche de femmes heureuses et privilégiées cette parole cruelle dans son ignorance : « Oh! celles qui tombent si bas l'ont bien voulu. » A ces femmes du monde qui gaspillent leur vie en des futilités et des vanités où elles ne trouvent pas même de distraction réelle et dont les folies même sont sauvegardées par leur richesse et leur situation, je voudrais dire bien haut : « Mesdames, si vous vous étiez donné la peine d'étudier une de ces vies depuis le jour où elle débute, heureuse et paisible au village, jusqu'à celui où elle finit misérablement dans les hôpitaux de nos grandes villes, et si vous aviez au fond du cœur un seul rayon de pitié humaine, vous ne parleriez pas ainsi. Mais vous allez pleurer au spectacle, et vous n'avez pas de larmes pour les souffrances réelles qui ont pour théâtre la misère et pour décors les oripeaux du vice. »

Le métier de la prostitution étant autorisé et protégé par la police des mœurs, sous réserve de l'observation des règlements, a donné lieu à un commerce régulier et fructueux, à ce qu'il paraît, et que nous appelons *la traite des blanches*. Les maisons de débauche ont des voyageurs et des voyageuses de commerce qui parcourent tous les pays, cherchant à détourner ou à tromper de pauvres filles, se postant à la sortie des bureaux de placement pour profiter d'un moment de découragement ou d'une ignorance complète de la vie; falsifiant les actes de naissance lorsqu'il s'agit de mineures; poussant ces malheureuses à prendre des boissons enivrantes afin d'avoir plus facilement raison d'elles, et enfin les séquestrant dans ces odieuses maisons qui sont de véritables prisons.

Ces faits ont été révélés par une société qui s'est fondée en Angleterre pour lutter contre la *traite des blanches*, et qui a donné lieu à la création, dans d'autres pays, de sociétés de protection pour les jeunes filles.

A l'organisation du vice, on a opposé l'organisation du bien. Aujourd'hui, vous pourriez voir dans les gares de plusieurs grandes villes, et j'espère que cela sera bientôt le cas à Paris, des affiches dans toutes les langues indiquant les asiles de nuit. Des femmes dévouées se tiennent à l'arrivée des trains pour venir en aide aux jeunes voyageuses qui paraissent en détresse.

Et, malgré tous ces efforts, que de victimes encore !

Il y a, vous le voyez, un certain nombre de femmes qui deviennent des prostituées et à qui le monde, malgré ses préjugés, ne peut pas refuser sa pitié.

Oh ! les histoires navrantes que je pourrais vous raconter si le temps ne me faisait défaut, et ce sont des histoires vraies dont vous trouverez les preuves aux archives des tribunaux de Bruxelles. Vous verriez que l'on a arraché des maisons de cette ville non seulement des filles majeures, jetées là par violence ou guet-apens, mais encore des petites filles de dix à douze ans que l'on tenait enfermées secrètement pour les livrer contre de grosses sommes d'argent aux clients riches.

Le personnel de la réglementation se recrutait, en second lieu, au moyen des arrestations faites sur la voie publique ou dans les bals de bas étage, car la police des mœurs a un certain respect pour les milieux élégants et les... situations acquises. Ici, comme en beaucoup d'autres cas, on peut dire : « *Malheur aux pauvres.* »

Cette catégorie est peu intéressante, disent les spécialistes, dont le métier endurcit trop souvent le cœur.

Vous est-il jamais arrivé, Messieurs, en maniant les chiffres ou les numéros d'ordre à propos des hôpitaux, des prisons et des autres administrations publiques, de vous dire qu'il s'agissait, non pas de marchandises ou d'unités inconscientes, mais d'êtres humains, et que, sous ces numéros ou ces étiquettes, il y a des cœurs qui souffrent, des pensées qui rongent le cerveau, des volontés qui se révoltent ou qui succombent sous la douleur ? Eh bien, lorsque la police des mœurs opère dans nos rues une de ces râfles qui réjouissent tant les honnêtes gens, lorsqu'elle entasse sa capture dans le Dépôt, et que le lendemain elle envoie tout cela comme du bétail à la visite forcée, n'oubliez pas, je vous prie, que ce sont des femmes qui sont traitées ainsi !

Et lorsque j'entends dire : « ce n'est que de la boue qu'il faut balayer »,je vois se dresser dans ma pensée un pâle visage qui depuis bien des années hante mon souvenir.

Pauvre fille ! Elle aussi avait été arrêtée dans une de ces chasses à la femme.

Je l'ai connue par un de ces hasards de la vie qui sont peut-être la loi d'un ordre de choses que nous ne connaissons pas encore.

Qui aurait pu croire que cette fille si douce, si convenable, si sérieuse dans sa douleur était une *fille en carte ?*

On avait trouvé bon de l'inscrire sur le registre malgré ses larmes et ses supplications. Sans doute j'aurais réussi à la faire radier, mais la coupe de dégoût débordait; son pauvre cerveau avait faibli sous la honte et l'injustice. Elle se tua sans me laisser le temps de la sauver.

Je ne le nie pas, parmi cette foule de malheureuses, qui, chaque jour, remplissent les postes de police et le Dépôt, il en est qui sont absolument dégradées; et cependant, pour elles aussi nous réclamons le droit commun et la justice. Lorsqu'un individu a été coupable envers la société, celle-ci a sans doute aussi quelque chose à se reprocher à son égard. Mme Bogelot, directrice générale de l'Œuvre des Libérées de Saint-Lazare, dont l'opinion doit être écoutée, car celles qui travaillent et se dévouent chaque jour sont bien capables de tirer des conclusions théoriques des faits qu'elles connaissent, disait dans un article de la *Revue de Morale progressive* : « *La femme est bien plus une victime qu'une coupable. L'injustice a amoindri la femme; la justice seule lui redonnera la place à laquelle elle a droit.* »

Je vous ai dit comment la femme s'achemine vers la prostitution. Lorsqu'elle est arrivée au dernier degré, celui de la fille en maison, tout est bien fini, pensez-vous. Peut-il y avoir quelque chose de plus méprisable? De plus triste, non; de plus méprisable qui osera le dire? Ce ne sera pas son acheteur, je pense.

Oh! je n'ai pas l'intention de faire ici le procès des hommes; ceux qui sont sincères sauront bien tirer les conclusions de tout ceci. Mais je les supplie de ne pas oublier que, si l'Etat a créé une classe spéciale de femmes mises hors la loi et la pitié, c'est par eux que cette injustice a été commise. En honneur ils ne peuvent pas dire qu'ils n'ont aucune responsabilité à cet égard.

On s'étonne parfois de nous entendre exprimer une pitié trop indulgente pour ces malheureuses femmes; mais, tout jugement moral à part, ne voyez-vous pas que c'est votre système de police qui les rend intéressantes en faisant d'elles des victimes?

Un poète anglais a dit : « Que votre plaisir ou votre vanité ne soient jamais associés avec les souffrances de la plus petite des choses vivantes. » Ni, ajouterai-je, avec la violation du droit de la plus misérable parmi les femmes.

Un mot et je m'arrête.

Il est encore bien peu admis en France que les femmes parlent en public, et surtout sur des sujets de cette nature. Ne croyez pas cependant que je songe à m'excuser devant vous. Lorsqu'on a vu de près les bas fonds de la vie sociale et les souffrances des faibles et des petits, on devient parfaitement indifférent au blâme des uns et aux railleries des autres. Mais il faut que l'on sache que, si nous avons osé nous prononcer sur cette question, c'est parce que notre conviction est profonde; aussi nous ne nous tairons que lorsqu'il n'y aura plus une seule injustice commise à l'égard de la femme dans les lois que font les hommes.

ÉMILIE DE MORSIER.

DISCOURS DE MADAME DE MORSIER

PRONONCÉ AU CONCERT DONNÉ DANS LA SALLE KRIEGELSTEIN, 4, RUE CHARRAS, EN FAVEUR DE L'ŒUVRE DES LIBÉRÉES DE SAINT-LAZARE (1), LE 27 MAI 1888

MESDAMES, MESSIEURS,

Notre directrice générale, Mme Isabelle Bogelot, dont le courage ne peut pas être mis en doute puisque, au mois de mars dernier, par des tempêtes de neige, elle a traversé l'Océan pour aller représenter notre œuvre au congrès de Washington, a cependant la timidité de ne pas vouloir parler devant vous. Elle me charge donc de remercier en son nom, vous d'abord, Mesdames et Messieurs, qui avez consenti à venir vous enfermer ici par ce beau soleil de printemps, Mlle Basset, l'organisatrice de ce concert et les artistes qui ont bien voulu nous prêter leur concours.

Certes, nous sommes habitués à voir ces représentants du grand et du beau se mettre au service de tous les œuvres pour le bien ; mais dans le cas présent, nous leur devons une reconnaissance toute particulière, car je le sais, le titre de notre œuvre est un épouvantail pour bien des gens.

Mesdames, j'espère par quelques paroles dissiper ce malentendu, et vous faire comprendre que les pauvres femmes dont nous nous occupons ont autant que d'autres, et, plus peut-être, droit à notre pitié.

Il y a peu de temps, appelée par le service de notre œuvre, j'entrai dans cette lugubre maison située au haut du faubourg Saint-Denis et dont le nom seul a pris une signification si répugnante, que l'on hésite à le prononcer dans le monde. Après avoir franchi les premières portes verrouillées, je gravis le sombre escalier qui conduit à une première salle ou vestibule d'entrée. Là, on voit passer incessamment, vaquant à leurs occupations, les sœurs de Marie-Joseph avec leur voile noir doublé de bleu de ciel, symbole du rayon d'espérance que la charité chrétienne s'efforce de faire briller au dedans de ces tristes murailles. En me voyant entrer, une des sœurs s'approcha de moi

(1) Ce discours a été publié pour éclairer le public sur cette question de la prison de Saint-Lazare qui est mal connue, et surtout pour faire comprendre l'injustice qu'il y a à n'avoir qu'une seule prison dans laquelle sont enfermées, encore maintenant, indistinctement toutes espèces de coupables et même des prévenues qui peuvent être innocentes.

et, par quelques mots à voix basse, m'indiqua une toute jeune fille frappée d'une première et légère condamnation. Craignant pour elle le contact des ateliers, les sœurs l'employaient comme fille de service. Sous le bonnet brun de rigueur d'où s'échappaient en boucles folles ses cheveux d'or, elle semblait vraiment être l'incarnation de la jeunesse et du printemps.

Comme je la regardais, le cœur ému, en songeant à cette mère qui au loin pleure sans doute l'enfant dont elle n'a plus de nouvelles, la porte s'ouvrit brusquement et je vis entrer une femme enveloppée d'un long manteau noir. Sous la dentelle espagnole qui recouvrait sa tête et cachait son front, on apercevait deux yeux noirs fixes et sans regard. Le visage pâle et flétri portait la trace de la débauche précoce qui tue le corps avant que l'âme n'ait eu le temps de s'épanouir. Des paroles incohérentes sortaient avec un son rauque de sa bouche convulsée et, au milieu des propos grossiers et des exclamations de colère, revenait sans cesse, comme un rythme lugubre sur une note douloureuse, cette phrase : « Mon père est mort de chagrin. »

C'était une prévenue.

La sœur me regarda en portant lentement son doigt à son front. Je compris, et mes yeux et ma pensée allèrent tour à tour de la pauvre folle à la jolie enfant, de la fleur flétrie et souillée par la misère et la honte à ce bouton de rose à peine éclos, et que le souffle empesté de la grande ville n'avait pas encore tout à fait brûlé.

Mesdames, dans ce tableau que je viens de vous esquisser se résume la raison d'être et le but de notre œuvre.

J'ai choisi, à dessein, parmi les faits douloureux qui se présentent, l'un des plus fréquents. Une jeune fille, presque une enfant, a dérobé un chiffon dans un de ces grands magasins qui, comme me le disait le Directeur de la prison, lui envoient les trois quarts de ses pensionnaires. C'est à peine si elle comprend qu'elle a été coupable. Néanmoins le fait est là, c'est un vol; je ne blâme pas la justice de sévir, car il est bon d'inculquer de bonne heure dans ces jeunes cerveaux l'idée que celui qui n'est pas fidèle dans les petites choses ne le sera pas non plus dans les grandes, et que la plus légère des fautes est souvent le premier pas qui conduit aux abîmes. Oui, l'enfant doit être punie, mais faut-il que sa détention, au lieu de redresser sa conscience, l'entraîne plus bas encore ? Je ne veux pas parler ici des inconvénients très graves de cette prison dont nous nous occupons, puisque l'Etat, les ayant reconnus lui-même, se propose d'y porter remède par des réformes sérieuses ; mais il faut bien que je vous montre la situation telle qu'elle est aujourd'hui. Saint-Lazare n'est pas une prison spéciale affectée uniquement aux femmes de mauvaise vie, c'est la seule prison de femmes pour tout le département de la Seine.

Toute personne dont la justice doit s'occuper, et quelle que soit la situation sociale à laquelle elle appartient, passera forcément par Saint-Lazare puisqu'elle y entrera en qualité de prévenue, et si vous pouviez jeter les yeux sur les registres du greffe, vous seriez étonnés d'y trouver des noms qui n'ont pu arriver là qu'à la suite de drames intimes et privés où sombrent parfois des individualités jusqu'alors respectées.

Quelle que soit la raison qui a amené une femme à Saint-Lazare, si personne ne lui tend la main dans la prison et à sa sortie, elle sera irrévocablement perdue. Voyez la jeune fille dont je viens de vous parler. Malgré tous leurs efforts, les sœurs peuvent-elles empêcher que l'atmosphère de ce lieu ne soit pas viciée? Peuvent-elles préserver la fille de tout contact fâcheux de jour ou de nuit, car les prisonnières ne sont pas isolées, elles couchent quatre ou cinq dans la même cellule. Là se nouent des relations qui se poursuivent à la sortie. Le sentiment de la honte, la peur que sa faute ne se découvre, poussent la jeune fille à fuir les milieux honnêtes. Elle se sent moins gênée avec les camarades qui savent ce qui lui est arrivé, qui la plaignent sans la blâmer et qui lui offrent les conseils de leur grande expérience dans le vice. Alors la pauvre malheureuse descend de degré en degré l'échelle que l'on ne remonte plus; elle reviendra encore et encore à Saint-Lazare, malade, dégradée, peut-être criminelle.

Mesdames, la première des conditions nécessaires pour relever une femme coupable, c'est de l'aborder non point avec cette pitié dédaigneuse qui ferme le cœur et arrête la confession sur les lèvres, mais dans un sentiment de véritable sympathie. Il faut pour un instant oublier la faute et ne voir que les causes qui ont amené ce pauvre être à faiblir. L'amour, je parle ici du grand et pur amour dont le nom, hélas! est trop souvent profané dans le monde en l'appliquant à ces tristes passions qui ne sont, au bout du compte, qu'un monstrueux égoïsme, l'amour est semblable à un aimant. Lorsqu'il s'approche de ces âmes brisées ou flétries, il attire à lui des profondeurs de l'être toutes les parcelles de vie morale, tous les germes du bien qui peuvent encore y rester. Et voilà pourquoi nous trouvons parfois chez ces femmes que vous qualifiez de perdues, des âmes encore vivantes qui n'attendent qu'un rayon de soleil pour s'épanouir.

Ah! Mesdames, si vous pouviez comprendre, vous les heureuses, les privilégiées, par quelles souffrances morales et physiques ont bien souvent passé ces femmes que le monde méprise sans songer à s'enquérir de leur histoire; si vous pouviez suivre une de ces vies depuis le jour où elle débute paisible et heureuse au village jusqu'à celui où elle finit misérablement dans les hôpitaux ou les prisons de nos grandes villes, votre cœur serait pourtant ému. Mais vous allez pleurer et vous évanouir à la *Tosca*, et vous n'avez plus de larmes pour les drames réels qui se jouent dans les lieux de misère et de honte et dont les personnages ne sont pas de grandes artistes, adulées par la foule, mais de pauvres malheureuses broyées par la vie, vaincues par les tentations de la misère, méprisées et abandonnées de tous, et qui pourtant sont vos sœurs en l'humanité.

Vous vivez au milieu du luxe, du bien-être en tout cas; vous passez dans le monde appuyées sur le bras d'un père, d'un frère ou d'un époux, prêts à vous défendre au moindre danger qui pourrait vous menacer. Si vous êtes mères, auprès de vous grandissent dans un nid de fleurs ces chérubins que le ciel vous envoie pour charmer vos jours lorsque vient l'heure de dire adieu au printemps de votre vie; et dans la vieillesse vous pouvez encore goûter cette joie exquise de répandre à pleines mains le bonheur autour de vous, car, dans les classes riches ou aisées, l'aïeule est une providence et non pas une charge.

Que pourriez-vous savoir sur la vie de la femme, de la fille du peuple ?

A dix-huit ans, lorsqu'un sang jeune bouillonne dans les veines et que le cœur, naïf encore, aspire à tous ces bonheurs inconnus mais ardemment pressentis; lorsque ce corps mince et souple aurait besoin du grand air et des chauds rayons du soleil pour s'épanouir et se fortifier, quelle est la vie de l'ouvrière dans nos grandes villes ? Le temps me manque pour vous la décrire, mais, en résumé, c'est toujours la même histoire. Un logement misérable dans les quartiers les plus populeux; dix à douze heures d'atelier par jour; comme salaire, pour les plus favorisées, tout juste de quoi ne pas mourir de faim, et encore si la vie ne se complique pas de la maladie ou des conséquences d'un moment de faiblesse. Lorsque la fille veut rester honnête, oh ! alors, il ne faut parler ni d'un ruban pour satisfaire la coquetterie, encore moins d'un plaisir quelconque, bal ou théâtre; d'ailleurs, c'est là leur perdition. C'est à peine si les jouissances de la nature leur sont permises, car, dans les grandes villes, il faut de l'argent pour aller chercher l'air et le soleil. Ah ! si la vertu est parfois si difficile pour ceux qui n'ont jamais eu l'excuse de la misère, jetterez-vous la pierre à ces pauvres filles parce qu'elles n'auront pas eu le courage de supporter le martyre de la pauvreté ?

Et que serait-ce si je vous parlais de la mère, de la mère qui, parfois, doit choisir entre l'honnêteté et la vie de ses enfants. Il y a beaucoup de mères dans la prison, et je ne connais pas de spectacle plus mélancolique que celui de cette grande salle où de pauvres enfants s'ébattent tristement autour des lits et des couchettes; car, jusqu'à 7 ans, ils sont gardés dans la prison; au-dessus de cet âge on les envoie, pendant la détention de la mère, s'ils n'ont pas d'autres protecteurs, à l'hospice des Enfants Assistés.

Je ne le nie pas, Mesdames et Messieurs, il y a dans la prison, comme ailleurs, de malheureuses créatures absolument dégradées, et que nous rencontrons lorsqu'il est trop tard pour les sauver, sur cette terre du moins, mais Dieu nous garde de jamais passer à côté d'elles avec indifférence ou mépris! Lorsque, humainement parlant, un être semble en dehors de toute possibilité de relèvement, on peut encore penser à lui, espérer contre toute espérance et l'aimer. Qui sait si cette parole, si ce regard de tendre compassion que vous aurez laissé tomber sur lui ne l'accompagnera pas, comme une force bienfaisante et rédemptrice, pour le reste de sa triste vie, et jusque dans la mort qui n'est pas la fin, mais le commencement d'un nouvel ordre de choses.

Un jour, une sainte femme que j'ai le privilège de pouvoir appeler mon amie, Joséphine Butler, qui a voué sa vie à la rédemption des filles perdues, visitait un hôpital spécial en Angleterre. On lui indiqua une malade, considérée comme la plus mauvaise et la plus endurcie de toutes. L'angélique visiteuse s'approcha de son lit, se pencha tendrement sur la pauvre fille, l'embrassa sur le front et passa plusieurs fois sa main dans ses cheveux en lui disant avec un de ces accents qui pénètrent jusqu'au fond de l'âme : chère enfant, je vous aime. Alors ce cœur révolté fut enfin vaincu; la pauvre fille pleura longtemps, et de ce jour sa vie fut changée.

Vous me direz maintenant : pratiquement que faites-vous? Demandez-moi plutôt ce que nous ne faisons pas, car toutes les ressources de notre imagination sont encore insuffisantes en face de la complexité des situations qui se présentent.

En premier lieu, nous allons une fois ou deux par semaine à la prison. Les sœurs, dont l'expérience est grande, et le bienveillant directeur nous indiquent les personnes qui leur semblent le plus dignes d'intérêt. Nous nous entretenons avec elles en cherchant à gagner leur confiance, nous étudions ce que l'on pourrait faire pour les aider à leur sortie. Ici, c'est une jeune fille qu'il faudra renvoyer dans son pays pour la mettre à l'abri des tentations de la grande ville. Là, c'est une femme que nous chercherons à réconcilier avec son mari, car vous n'ignorez pas que la loi, inégale pour les deux sexes, peut envoyer l'épouse en prison pour une faute qui, dans le monde, est à peine blâmée chez le mari, et que le code traite avec une indulgence remarquable lorsqu'il s'agit de l'homme. D'autres fois, il nous faudra sauver les meubles de la pauvre ouvrière afin qu'à sa sortie elle ne se trouve pas sans domicile et livrée à tous les dangers de la vie en garni.

Tous les matins, les femmes peuvent se présenter à notre secrétarial, 14, place Dauphine, où elles reçoivent des vêtements et un premier secours. Mais voici notre plus grand moyen de sauvetage.

Notre Directrice générale, Mme Isabelle Bogelot, a eu une idée lumineuse que son génie administratif a su admirablement réaliser ; c'est de fonder, près de Paris, à Billancourt, de petits asiles organisés sur le principe de la famille et dans lesquels nous pouvons recevoir temporairement des femmes et des enfants.

Lorsqu'on a quelque expérience du monde où l'on souffre, Mesdames, on arrive à la conclusion que ce n'est ni sur les règlements stricts ni sur les punitions sévères qu'il faut compter pour relever les coupables et fortifier les faibles. C'est en vain qu'un jardinier intelligent chercherait à perfectionner ses plantes et ses arbustes au moyen de greffes et de tuteurs, si le grand soleil de la nature ne versait sur eux ses chauds rayons.

C'est en vain aussi que vous organiseriez des maisons de correction et des refuges pour les femmes et les enfants, si le céleste amour dont vous devez être les messagers auprès de ces pauvres âmes ne venait les fortifier et les épanouir. Les résultats obtenus par la force ne durent qu'un temps, et le progrès n'est véritablement accompli que lorsqu'il est le résultat de la volonté librement consentie de l'individu. Aussi, nous a-t-il paru que la meilleure manière d'appliquer ce système d'éducation basé sur la persuasion, la tendresse et la liberté, c'était d'organiser de petits centres qui reproduiraient la vie de famille. Avec la meilleure des directions possibles, les grandes agglomérations présentent de graves inconvénients dont le premier est que les femmes, les jeunes filles n'y sont pas heureuses ; beaucoup préfèrent la misère à ces sévères maisons. J'ai connu une jeune fille qui était dans une situation telle qu'il eût été impossible de la sauver sans la faire entrer dans un refuge. Lorsqu'elle vit la maison et fut instruite de la règle, elle sortit en me disant : « Je ne pourrai jamais vivre là, j'aime mieux mourir ! » Je crus à une boutade et je cherchai à l'encourager en lui laissant le le temps de la réflexion. Elle se suicida, en effet. Son souvenir ne m'a jamais quittée et je l'évoque chaque fois que je suis prête à perdre patience avec ces pauvres enfants.

M. Maxime Du Camp, l'apôtre de la pitié et l'un des auteurs les plus compétents sur la question de la misère, me disait une fois : « Aimer son prochain comme soi-même, c'est l'aimer comme il veut être aimé. » Tous ceux qui s'occupent de philanthropie devraient graver cette parole dans leur esprit.

Permettez-moi, en terminant, et si je ne lasse pas votre patience, de vous raconter la dernière visite que j'ai faite à nos asiles, cela vour fera comprendre notre méthode mieux que toutes les explications théoriques.

C'était un dimanche, et ce jour-là est celui des visites, car les femmes qui, avec notre aide, ont pu reprendre pied dans la vie et les enfants que nous avons placés, reviennent à l'asile comme au foyer raconter leurs expériences et chercher des conseils et de la sympathie. Dans la première de nos maisonnettes je trouvai l'une de nos directrices avec sa mère âgée. Cette dernière était encore toute tremblante d'une terreur que venait de lui causer un de nos enfants. Pour leur procurer un plaisir exceptionnel, elle les avait conduits à la foire de Saint-Cloud. Un des gamins, habitué chez lui au vagabondage, s'était sauvé sans rien dire. Jugez de l'émoi de la pauvre dame. Rentrée au logis pour demander secours à sa fille, elle y trouva l'enfant. On me fit monter dans le dortoir où je vis une petite tête blonde enfouie dans son oreiller, car chez nous les punitions ne sont jamais brutales. Inutile de vous dire que je profitai de mon autorité pour faire grâce, et deux minutes plus tard, mon compagnon jouait dans le jardin qu'il préférait, paraît-il, à la foire de Saint-Cloud.

Le second asile se trouve tout près du premier, en sorte que les deux petites familles peuvent voisiner et se prêter assistance mutuelle.

Il est tenu par une excellente mère qui a près d'elle son jeune fils; celui-ci travaille de son côté. Je dus tout visiter, le jardinet et jusqu'aux poules qui donnent leurs quatre bons œufs frais chaque jour. Dans la chambre, à côté de la cuisine, un groupe charmant aurait donné au visiteur ignorant l'illusion d'une famille réelle et heureuse ; et moi qui *savais*, je me disais que ces familles formées par les liens du malheur et de la pitié sont peut-être aussi vraies que celles qui reposent uniquement sur les liens du sang; en tous cas, ce sont les familles spirituelles que la différence des positions sociales ni la mort ne peuvent séparer, et qui se retrouveront dans ces demeures célestes où il n'y aura plus ni souffrance, ni vice, ni injustice, ni prisons.

Deux petits garçons jouent dans un coin de la chambre. Cette jeune fille que vous voyez près d'eux, c'est la même que je vous ai présentée dans mon premier tableau.

En sortant de prison, elle est venue à l'asile où elle se trouve sous la garde d'une bonne mère adoptive, elle s'occupe du ménage et conduit les enfants a l'école, car dans notre système nous bénéficions de l'enseignement communal pour nos protégés. Peut-être a-t-elle laissé au pays un petit frère, et ce rôle de grande sœur que nous lui donnons la rattache aux souvenirs de famille en effaçant de son cœur la trace des plaisirs dangereux qui ont été cause de son malheur. Et si nous ne devions pas réussir, si le vertige de la jeunesse entraînait de nouveau la pauvre enfant, car, je vous l'ai dit, nos maisons sont libres et nul n'y est retenu par la force, le bien que nous avons fait ne serait pas perdu. D'ailleurs l'expérience nous a appris cette vérité, c'est que, dans ce monde nous ne sommes pas chargés de réussir, mais de recommencer sans nous lasser jamais, chaque fois que nous avons échoué.

Le semeur qui jette sa poignée dans le sillon sait-il ce que deviennent les graines que le vent emporte au loin ? Vont-elles mourir à la surface du sol ou germeront-elles en terre dans quelque lieu ignoré ? C'est le secret de l'éternelle loi de la vie et des transformations.

Je vois encore un jeune homme à l'air doux et sérieux. Il est venu en visite avec sa jeune sœur, dont il est pour l'instant l'unique protecteur. Les larmes me viennent aux yeux lorsque je regarde cette enfant avec ses yeux noirs et profonds qui semblent avoir déjà contemplé ou deviné toutes les tristesses de la terre, et ses beaux cheveux noirs sur lesquels bien souvent, sans doute, ont dû tomber les larmes brûlantes de la mère lorsqu'elle pressait sa fille dans ses bras avant de la quitter. Cette mère, je la vois souvent à la prison et chaque fois elle me supplie en pleurant de ne pas abandonner ses pauvres enfants.

Je ne sais s'il y a dans cette assemblée quelqu'un qui pourra me comprendre lorsque je dirai que cette famille, foudroyée par une catastrophe financière, car le chef paie sa dette de son côté, est profondément digne d'intérêt.

La Société est si étrangement organisée et son fonctionnement si compliqué que, bien souvent, une culpabilité légale n'implique pas une culpabilité morale, tandis que le contraire arrive encore plus souvent. Eh bien, Mesdames et Messieurs, notre devoir à nous, qu'un destin miséricordieux plutôt que nos vertus sans doute, a mis à l'abri des grandes tentations et des chutes fatales, notre devoir est de rétablir la justice divine là où la justice humaine a failli.

Et pour cela deux choses sont nécessaires : la pitié et l'amour.

Émilie de Morsier.

CONGRÈS DES ŒUVRES ET INSTITUTIONS FÉMININES

EN JUILLET 1889

Mme de Morsier désirait ardemment, avec son groupe d'amies, empêcher le parti féministe avancé de prendre les devants et d'être accepté par le Gouvernement comme porte-paroles des femmes françaises.

La chose n'était pas facile et ne pouvait réussir qu'à la suite d'un travail considérable et de démarches multiples.

Il y avait déjà eu, en 1878, un Congrès international féminin, dit du *Droit des Femmes*, organisé par l'initiative de MM. Schœlcher, Pelletan, Léon Richer, etc... Mme de Morsier n'y avait pas pris une part active, mais en avait cependant suivi les séances avec intérêt, et pris la parole une fois sur la question de la morale individuelle pour soutenir la cause de la *Fédération* (1). Nous avons donné plus haut son discours.

En 1889, aidée de M. Yves Guyot, alors député de la Seine et bientôt Ministre des Travaux publics, elle fut assez heureuse pour intéresser à ses projets la Commission des Congrès de l'Exposition, et, en février 1889, M. Gariel, rapporteur général, lui fit savoir que son projet était admis et accepté. Il avait pour seul but de mettre en lumière les œuvres et institutions féminines et l'influence sociale exercée par les femmes dans tous les domaines, celui de la politique excepté.

Voici la circulaire qui a préparé la constitution du Congrès :

En organisant le Congrès de l'Exposition universelle de 1889, le Gouvernement français a tenu à donner officiellement place aux *œuvres et institutions féminines.*

C'est là un acte de justice et de réparation.

Depuis un siècle, grâce aux idées libérales et aux principes d'humanité qui ont été acceptés dans le monde moderne, le rôle social de la femme a été mis en lumière et a grandi considérablement.

Par son initiative, elle s'est placée au premier rang dans les œuvres de bienfaisance et d'humanité; dans l'enseignement, elle a conquis une situation considérable, égale à peu près à celle de l'homme. Tant d'œuvres entreprises et réalisées par les femmes et dans l'intérêt des femmes font prévoir ce que l'on peut attendre de l'esprit et du cœur féminins.

Et, cependant, des préventions malveillantes et des défiances injustes subsistent encore dans l'organisation sociale comme dans l'opinion publique.

(1) Voir les « *Actes du Congrès du Droit des Femmes.* » Ghio, éditeur. Paris, 1878.

Le Congrès de 1889 doit avoir pour effet de montrer que les femmes ont fait leurs preuves et qu'elles ont droit à la confiance et à la protection qu'on leur a refusées jusqu'à ce jour.

Dans son enfance, la jeune fille est trop souvent abandonnée sans aide et sans appui efficace; mariée, elle ne compte pas dans l'association conjugale et reste impuissante dans l'administration de sa propre fortune; mère et tutrice, son influence est insuffisante pour l'éducation et l'établissement de ses enfants; enfin elle est placée au dernier rang dans la succession de son mari. Malgré les misères, les déchéances, les infortunes auxquelles elle est plus particulièrement exposée, il semble que la femme, tantôt dédaignée, tantôt oubliée par le législateur, soit à la fois dépourvue de ses droits et de la protection de la société.

Il est donc juste que dans notre Congrès, à côté de l'exposition des œuvres accomplies, les vœux et les projets de réformes trouvent leur place pour la réalisation d'un avenir meilleur, mais, sur ce terrain, nous entendons agir avec calme, avec raison et avec prudence.

Nous resterons dans les limites des améliorations pratiques et possibles. En appelant à nous les femmes des nations étrangères, en constatant avec admiration tout ce qu'elles ont fait pour le progrès humanitaire, nous tiendrons compte de la différence des milieux et des caractères. Si la France désire puiser à toutes les sources et s'inspirer de tous les foyers, elle apportera cependant, dans ces études et dans la poursuite des réformes nécessaires, la méthode qui convient à son caractère aussi bien qu'à son génie national.

Avons-nous besoin d'ajouter que notre œuvre, toute de pacification et de propagande humanitaire, est conçue dans un esprit de tolérance et de liberté; que notre tribune est ouverte à tous; nous n'excluons que les questions de secte et de dogme, de politique militante et de luttes de classes.

Notre désir est de rendre justice à toutes les femmes, à toutes les œuvres, à toutes les associations, quelle que soit l'opinion ou la confession de foi à laquelle elles appartiennent, pourvu qu'elles s'inspirent d'un esprit de justice et de fraternité, qu'elles travaillent pour le bien général et qu'elles montrent par là que la condition nécessaire de tout progrès véritable, c'est l'oubli de chacun dans le dévouement à l'humanité souffrante.

PROGRAMME

SECTION I

Philanthropie et Morale

Enfance. — Vieillesse. — Indigence. — Hôpitaux. — Prisons. — Protection. — Assistance aux blessés. — Action en faveur de la paix. — Tempérance. — Epargne et Prévoyance.

SECTION II

Pédagogie

Le rôle de la femme dans les écoles maternelles, primaires, secondaires et professionnelles.

SECTION III

Arts, Sciences, Lettres

SECTION IV

Législation civile

La mineure, l'épouse, la mère, la femme commerçante.

Le Congrès s'ouvrira à Paris, le 12 juillet. Sa durée sera d'une semaine.

Les séances de l'après-midi seront consacrées à l'exposé des œuvres existantes, et celles du matin à la discussion des sujets portés à l'ordre du jour, ainsi qu'aux communications émanant de l'initiative individuelle.

Un certain nombre de visites à des œuvres parisiennes auront lieu pendant la durée du Congrès.

La cotisation est fixée à *dix francs*.

Chaque œuvre étrangère recevra gratuitement une carte d'entrée.

COMITÉ D'ORGANISATION

Président

M. Jules SIMON, sénateur, membre de l'Académie française, secrétaire perpétuel de l'Académie des sciences morales et politiques.

Vice-présidente d'honneur

Mme KŒCHLIN-SCHWARTZ, présidente de l'Union des Femmes de France.

Vice-présidente

Mme Isabelle BOGELOT, directrice de l'Œuvre des Libérées de Saint-Lazare.

Secrétaires

Mmes Maria MARTIN.
Emilie DE MORSIER.
M. BEURDELEY, maire du VIIIe arrondissement de Paris.

Trésorier

M. Jules MANSAIS, référendaire au Sceau de France.

Membres du Comité

Mmes BOVET (Marie-Anne DE) rédactrice de *la Nouvelle Revue*.
BENOIT (Victorine), docteur en médecine.
BERTAUX (Léon), présidente de l'Union des femmes peintres et sculpteurs.

Mmes Bogelot (Isabelle), directrice de l'Œuvre des Libérées de Saint-Lazare.
Broen (de), fondatrice des Œuvres de Belleville pour les ouvriers.
Helbronner (Alphonse), membre des refuges israélites, de la Société des femmes en couches.
Kœchlin-Schwartz, présidente de l'Union des Femmes de France.
Laurent (Marie), fondatrice de l'Orphelinat des Arts.
Legrand-Priestley.
Marjolin-Scheffer, fondatrice de la Société protectrice de l'Enfance.
Martin (Maria).
Morsier (Emilie de).
Moulton.
Ouroussow (la princesse).
Pallavicini (la comtesse).
Pomar (la duchesse de), directrice de *l'Aurore*.
Verneuil (de), représentant de la bibliothèque Wolska.

MM. Beurdeley, avocat.
Destrem, vice-président de la Société française de l'arbitrage entre nations.
Donnat (Léon), conseiller municipal.
Eschenauer, ancien pasteur, président de l'Eglise française, à Strasbourg.
Fabre (Joseph), professeur de philosophie.
Gorodichze (le docteur).
Legouvé, membre de l'Académie française.
Macé (Jean), sénateur.
Mansais (Jules), référendaire au sceau de France.
Montaut, député.
Passy (Frédéric), député, membre de l'Académie des sciences morales et politiques.
Richet (Charles), professeur à la Faculté de médecine, directeur de *la Revue scientifique*.
Simon (Jules), sénateur, membre de l'Académie française, secrétaire perpétuel de l'Académie des sciences morales et politiques.

La lettre suivante, qui a été adressée, par Mme de Morsier, au journal *le Désarmement*, complétera les renseignements que nous venons de donner sur le « Congrès. »

Monsieur le Directeur,

Vous avez bien voulu m'accorder la publicité de vos colonnes en faveur du « Congrès international des œuvres et institutions féminines » organisé sous le patronage du Gouvernement français. Je vous en remercie.

L'œuvre de pacification internationale que poursuit votre journal est la plus grande chose qui puisse être faite pour la cause des femmes. Ce n'est que par la paix et avec la paix que nous verrons se développer les idées et les institutions qui assureront le progrès de l'humanité, en plaçant la femme dans une situation qui lui permettra de travailler efficacement au bien général, et en faisant d'elle la véritable compagne de l'homme dans le travail aussi bien que dans la famille.

De notre côté, par notre Congrès, nous apporterons une force de plus à la cause de la paix et de l'arbitrage, car nous montrerons l'immense influence que possède la femme par les œuvres de charité, par l'éducation, les lettres et les arts, influence qui, de toute façon, ne peut être que pacifique.

Le Gouvernement français a fait une grande chose en encourageant les femmes dans leur activité sociale et bienfaisante, et en appelant dans ce Congrès les groupes féminins de toutes les religions et de toutes les opinions, et il a fait preuve d'un esprit de libéralisme et de justice dont nous ne saurions assez le féliciter. Oh! si les femmes françaises pouvaient comprendre et voulaient répondre, quel beau spectacle moral Paris donnerait au monde, quels horizons s'ouvriraient devant l'humanité, quelles espérances rempliraient nos cœurs! Car la paix entre les nations ne pourra régner que lorsque tous ceux qui parlent de l'amour divin comprendront l'amour humanitaire et vivront selon les vérités auxquelles ils croient. N'est-ce pas aux femmes à donner les premières l'exemple dans cette voie et ne répondront-elles pas lorsque la patrie les appelle au nom de l'humanité?

Plusieurs femmes, parmi celles qui se dévouent dans l'ombre, m'ont fait des objections. On m'écrit : « Nous ne comprenons pas l'utilité de mettre la femme en évidence. » Sans doute, si la femme recherche la publicité pour satisfaire sa vanité et si elle se met en avant seule et sans appui. Mais, lorsqu'elle est appelée par son pays, lorsqu'elle est protégée par des hommes de la valeur de ceux qui sont à la tête de ce Congrès, lorsqu'elle voit des femmes distinguées de tous les pays répondre avec empressement à la France, c'est autre chose. Dans de telles conditions, se dérober au nom d'une timidité qui est peut-être un manque de courage, ou d'une modestie qui recouvre sans doute beaucoup d'égoïsme, ce serait manquer au devoir social et religieux.

Nous, femmes, nous demandons à nos gouvernements de ne plus appeler les hommes sur les champs de bataille sanglants, et lorsque, au nom de la paix et du progrès, il nous réclament sur le champ du travail social, nous ne répondrions pas?

Non, c'est impossible, il faut que les femmes françaises s'avancent courageusement; autrement, c'en serait fait du rôle moral de la France.

C'est à elle, dans tous les temps, qu'a appartenu l'honneur de lancer dans les sillons de l'humanité les idées qui doivent germer pour des moissons futures. Une grande révolution se produit aujourd'hui dans l'opinion publique au sujet de la femme. Le Gouvernement français l'a compris; le premier, il a voulu accorder sa protection à ce mouvement. Il a appelé toutes les femmes du monde, sans distinction de parti, d'opinion ou de religion.

Il a dit à tous les groupes féminins qui s'occupent de bienfaisance, d'éducation ou de progrès, sous une forme quelconque : « Venez à ce grand concours de la charité et du bien; laissez-nous rendre hommage à tous les efforts que vous faites pour la patrie et pour l'humanité; permettez-nous de vous encourager dans cette noble voie. » Ceux qui ne répondront pas ne seront pas inscrits sur le registre glorieux de 1889, et ce n'est pas seulement à eux-mêmes qu'ils feront tort, mais à la France.

Agréez, etc.

Emilie DE MORSIER,
Secrétaire du Congrès.

Si l'on veut se renseigner sur les travaux considérables des différentes commissions de ce Congrès, il n'y a qu'à consulter le gros volume de plus de 500 pages qui en rend compte (1), et l'on y verra exposées les idées et les espérances des divers groupes de femmes — de tous les pays — à la fin de notre XIXe siècle, et le travail immense que cela comporte, pour celle qui avait accepté les fonctions de secrétaire générale.

Mme de Morsier organisa de suite un Comité à la tête duquel elle eut le bonheur de pouvoir mettre M. Jules Simon, et son programme fut définitivement et officiellement accepté par M. Tirard, alors président du Conseil des Ministres.

Le *Congrès international des Œuvres féminines* prenait sa place parmi les Congrès organisés sous le patronage du Gouvernement, et le danger d'une manifestation féministe trop accentuée était définitivement écarté.

Le Congrès siégea pendant six jours, du 12 au 18 juillet 1889, à la mairie du VIe arrondissement, place Saint-Sulpice. Son succès fut très grand. Il s'ouvrit par un discours de M. Jules Simon, qui, malgré la chaleur d'une belle après-midi d'été, tint son auditoire sous le charme de sa parole éloquente, tour à tour spirituelle, gracieuse ou tendre; puis, après un intéressant et substantiel discours de Mme Bogelot, vice-présidente, Mme de Morsier prit la parole en sa qualité de secrétaire générale.

Voici son allocution :

(1) *Actes du Congrès de 1889,* bibliothèque des *Annales économiques.* Paris, 4, rue Antoine-Dubois.

Mesdames, Messieurs,

Le Comité d'organisation de ce Congrès a bien voulu insister pour que je prenne la parole devant cette assemblée.

Je n'ai pu m'y refuser, car un grand devoir s'impose à moi : celui d'exprimer, au nom des femmes étrangères réunies ici, la reconnaissance profonde que nous éprouvons pour l'éclatant témoignage de sympathie que le Gouvernement de la France, par l'intermédiaire de la Commission supérieure des Congrès, donne aujourd'hui à la cause féminime.

Pardonnez-moi si, en m'acquittant de ma mission, j'oublie parfois ma patrie d'origine pour laisser parler mon cœur de Française. Un de vos poètes l'a dit :

On est toujours, crois-moi, du pays que l'on aime !

Et comment ne pas aimer cette France qui, au prix de ses luttes, de ses sacrifices, de son sang, a remporté des victoires morales et intellectuelles dont l'humanité tout entière bénéficie aujourd'hui.

Mesdames, Messieurs,

Le Congrès qui s'ouvre en ce moment est modeste en apparence. Nous n'avons pas eu la prétention d'égaler les magnifiques assises féminines dont l'Amérique et l'Angleterre nous ont donné le spectacle. Et cependant, je n'hésite pas à le dire, ce qui se passe aujourd'hui dans cette mairie de la ville de Paris est un fait grand, réjouissant, et dont les conséquences bienfaisantes se feront sentir aussi dans le monde entier.

Je le sais, dans ce pays pas plus que dans les autres, les personnes sérieuses ne songent à méconnaitre la valeur de la femme ou à refuser son concours lorsqu'il s'agit de faire du bien.

Qui oserait nier que, en dehors et à côté de la famille, la femme n'ait sa place marquée au chevet des malades, près du berceau de l'enfance abandonnée, derrière les grilles des prisons ?

Et Messieurs, si jamais des jours néfastes devaient encore luire sur votre patrie, si l'ange de la désolation, en frôlant de son aile la terre radieuse de France, projetait sur le monde une ombre immense, songeriez-vous à repousser les mains habiles et secourables, les cœurs compatissants de ces femmes de France qui, ne sachant pas si elles pourraient empêcher les plaies d'être faites, se préparent au moins à les panser et à les guérir ?

Non, non, jamais vous ne nous direz de ne plus sécher de larmes, de ne plus consoler les cœurs affligés, de ne pas relever les blessés du combat pour la vie ; et je l'affirme à l'honneur de ce pays, jamais les Françaises n'ont failli à ces devoirs et jamais un Français, fût-il le plus railleur et le plus sceptique des hommes, n'a manqué de s'incliner avec respect devant ces nobles femmes qui, sous des costumes variés et au nom de religions diverses, incarnent en elles le seul principe assez puissant pour assurer le progrès social, l'amour de l'humanité.

Oui, à toutes les époques et sous tous les gouvernements, il s'est fait beaucoup de bien en France.

Mais aujourd'hui, un fait nouveau se produit. La République française de 1889, et ce sera son éternel honneur, a compris qu'elle devait à la femme quelque chose de plus qu'une silencieuse admiration ou que de discrets encouragements.

A une époque où l'idée du Christ aussi bien que le souffle de liberté qui a passé sur le monde ne permettent pas de porter atteinte à la liberté individuelle, les gouvernements, n'ayant plus le droit de réprimer tout le mal qui se commet, ont le devoir d'encourager publiquement tout le bien qui se fait.

C'est à ce sentiment, je le pense, qu'a obéi la Commission supérieure des Congrès, lorsqu'elle a donné une place aux œuvres et aux institutions féminines.

On peut s'étonner que, présidé par l'homme illustre qui nous a accordé la haute protection de son nom, ce Congrès ait cependant rencontré en France, sinon de l'opposition, du moins des critiques et de l'indifférence.

Des femmes profondément estimables, et qui se dévouent dans l'ombre, ont craint qu'une manifestation de ce genre fût contraire à la dignité de la femme et préjudiciable à l'esprit de famille.

Cette objection ne me paraît pas fondée. De nos jours, la publicité est si bien entrée dans nos mœurs, que les salons du monde eux-mêmes n'ont plus rien de privé. Or, je ne pense pas que ces fêtes luxueuses, où se gaspille tant d'argent, où s'aiguisent tant de vanités, et dont la presse retentit le lendemain, soient plus conformes à la dignité de la femme et plus utiles pour la famille que ces Congrès, où des personnes venues de tous les points du globe s'entretiennent ensemble des pauvres, des malheureux et cherchent les moyens de remédier aux maux dont souffre l'humanité.

Est-ce donc, Mesdames, que la publicité vous effraierait seulement quand elle parle du bien que vous faites, tandis que vous lui pardonnez si facilement lorsqu'elle s'occupe de votre beauté et de vos diamants ?

Mais laissons-là ces objections qui tomberont d'elles-mêmes avec le temps et une éducation plus saine donnée aux femmes. Ce qui nous importe, à nous qui sommes ici, c'est de savoir ce que nous allons répondre à cet appel que l'humanité nous adresse par la voix de la France.

Messieurs, nous répondrons d'abord en exposant devant vous les œuvres et les institutions par lesquelles nous tentons d'améliorer le sort des masses. Et nous vous dirons cela modestement, sachant bien que chacune de nos tentatives n'est qu'une goutte d'eau douce qui tombe dans l'océan amer de la douleur humaine.

Mais cette réponse ne suffit pas.

Puisque notre programme indique les points sur lesquels des réformes pourraient être faites en vue d'un avenir meilleur, nous dirons franchement, au Gouvernement qui nous a conviés à ce Congrès et aux hommes éminents qui nous accordent la protection de leur nom, quelles sont les observations que nous avons faites au cours de notre activité pratique. Et nous vous demanderons, Messieurs, puisque c'est vous qui faites les lois, de modifier celles qui sont injustes pour la femme, parce qu'elles font peser sur elle une tyrannie brutale en négligeant de la protéger dans la lutte pour la vie.

Cette réponse, nous avons bien le droit de la faire, n'est-ce pas? Car si nous devions user nos forces, notre temps, notre vie pour arracher une à une ces pauvres victimes à la misère, à l'ignorance ou aux injustices sociales, en nous disant que jamais, de par la loi, rien ne sera changé dans leur situation, le courage nous ferait défaut à l'avance, et laissant tomber nos bras avec désespoir, nous crierons au monde, comme Faust à Méphistophélès : « Horreur, horreur inexplicable à toute âme humaine, que plus d'une créature ait pu tomber dans l'abîme de cette misère ; que la première, dans les convulsions de sa mort, dans son affreuse agonie n'ait pas payé pour toutes les autres aux yeux de l'éternelle miséricorde. La misère de celle-là seule va fouiller jusque dans la moelle de nos os, et toi, tu ricanes avec indifférence sur la destinée d'une myriade ! »

Ceux qui font les lois et qui prononcent les arrêts de la justice humaine devraient méditer la réponse de Méphistophélès :

« Qui donc l'a poussée dans l'abîme — moi ou toi ? »

Mais, Mesdames, il y a une dernière réponse qui s'impose à nous et que je vais essayer de faire.

Appelées à nous manifester publiquement comme individualités sociales, notre devoir est d'affirmer quelle est la nature de l'influence que nous désirons apporter dans cette société, si développée sous tous les rapports, mais qui cache cependant tant de plaies sous sa robe brillante.

N'y a-t-il pas une remarquable antithèse dans le fait de ce Congrès des œuvres de charité et de justice, convoqué en face de l'exposition universelle de 1889 ?

Quel glorieux spectacle nous offre Paris aujourd'hui ; quelle apothéose du génie et de l'intelligence de l'homme ! Les merveilles s'entassent sur les merveilles, toutes les beautés de l'art, toutes les grandeurs de la science, tous les triomphes de l'industrie sont réunis sous nos yeux, et lorsque, le soir, des ceintures de feu courent sur les lignes élégantes de nos monuments; lorsque les fontaines féeriques jaillissent, mêlant harmonieusement les couleurs qui forment les étendards de toutes les nations; lorsque, du haut de l'espace sombre, la tour hardie lance ses rayons tricolores sur tous les points de l'horizon, ah! ne dirait-on pas que Paris possède assez de flamme pour éclairer le globe, assez de force et de science pour transformer le monde?

Le jour où, dans la coupole du dôme central, a retenti l'hymne national devant tous les représentants des autorités de ce pays, vos cœurs de Français ont pu battre avec fierté. C'était un beau jour pour la France, Messieurs, et nous l'avons senti avec vous. Mais involontairement notre pensée s'est portée vers le Paris qui est le nôtre, vers la grande cité dolente où gémissent tant d'âmes tourmentées par les luttes morales; où succombent tant de corps épuisés par la maladie et la faim. Car notre patrie à nous, femmes, est partout où l'on souffre, et ce ne sera jamais, sachez-le bien, un lambeau de gloire que nous viendrons vous disputer, si nous prenons place à vos côtés pour travailler à l'œuvre sociale.

Aussi, tandis que le spectacle merveilleux du 6 mai étonnait le monde, devant mes yeux passaient, comme une vision douloureuse, des femmes en deuil, de jeunes ouvrières, le visage flétri par l'excès du travail, des petits enfants aux yeux d'ange, cherchant en vain un regard de mère, de vieilles femmes courbées, vêtues de lambeaux et dont les cheveux blancs semblent comme souillés par la misère, des mères qui tendent leurs bras désespérés et appellent en vain leurs filles emportées par le tourbillon corrupteur de la grande ville; puis toute cette population flottante de la misère qui passe incessamment, pareille à une rivière noire, sous les roues de notre machine sociale. Mon cœur troublé aurait voulu pénétrer au fond de ces âmes et de ces consciences, et je me disais qu'un Dieu seul pourrait distinguer ici les criminels des fous, les coupables des victimes.

Alors, je croyais entendre une voix sévère nous demander raison à nous les heureux, à nous les privilégiés, de tant de souffrance et de désespoir, et nous dire :

« Laissez donc là vos querelles politiques et religieuses; il ne s'agit pas aujourd'hui de savoir ce que l'on croit, mais ce que l'on fait. Qu'avez-vous fait pour ces malheureux? »

Eh bien, c'est dans cette vision lamentable que je crois avoir trouvé la réponse à la question que je viens de poser.

L'influence que la femme doit apporter dans la société est celle qui pourra consoler toutes ces douleurs, guérir tous ces maux, réparer toutes ces injustices.

Mesdames, il n'y a qu'une chose à opposer au mal, le bien ; qu'un moyen de vaincre l'égoïsme, le dévouement ; qu'une force qui puisse détruire la haine, l'amour. Et je ne crains pas d'être démentie par aucune de vous en disant que telle est notre réponse.

C'est cet idéal supérieur que nous nous efforcerons de réaliser dans la société. Chacune conservant au fond de son cœur sa croyance et sa religion spéciale, comme le foyer auquel elle va puiser sa force, songera davantage à la faire rayonner sur l'humanité qu'à discuter de sa valeur théorique, car la seule religion éternelle et durable est celle qui vit dans le cœur et qui se traduit par des actes de bonté. Et après avoir fait cette réponse il nous sera bien permis d'exprimer nos vœux.

Nous demandons pour tous plus de justice dans les lois, plus d'amour dans les cœurs, plus d'espoir dans les âmes.

Nous demandons que le rêve d'un bonheur futur avec lequel on s'efforce de consoler les pauvres êtres souffrants se réalise en partie sur cette terre, car, pour croire à la justice immanente, il faudrait en voir déjà le commencement ici-bas. Nous demandons que l'intelligence et la science ne soient pas glorifiées au détriment de l'intuition et du sentiment et que l'on ne déclare pas la femme incapable parce qu'elle vit essentiellement par le cœur.

Mais nous demandons aussi que, tout en travaillant à l'amélioration pratique de l'humanité, on lui laisse la foi indomptable et l'espérance immortelle qui ont soutenu les martyrs de la liberté comme ceux de la religion.

Il se peut que l'on ne croie pas à notre idéal, mais nous demandons qu'il soit respecté.

Mesdames, Messieurs, au nom des femmes de toutes les nations qui sont ici, je remercie du fond du cœur notre président, M. Jules Simon, dont le nom restera éternellement associé à cette manifestation solennelle en faveur de la femme. Ah ! n'est-ce pas pour nous qu'il a travaillé lorsque, pendant sa vie, jamais il n'a voulu séparer les trois grandes causes, la liberté, la justice sociale et l'idéal divin !

C'est à ces trois principes, en effet, que la femme consacrera son activité sociale si elle comprend vraiment sa mission dans le monde.

Je remercie le rapporteur général de la Commission supérieure des Congrès, M. Gariel, qui, un jour, a découvert dans la poussière des cartons le projet d'où ce Congrès est sorti.

Je remercie M. Henri Defert, le maire de cet arrondissement, qui nous accorde une hospitalité si cordiale.

Je remercie le Gouvernement français qui, dans la personne de M. Yves Guyot, ministre des Travaux publics, nous protège d'une manière toute spéciale.

Mais au-dessus de tous les noms illustres ou estimés qui ont bien voulu patronner cette manifestation, notre reconnaissance monte plus haut, jusqu'à l'âme de la France.

Et dans ce jour, où le triomphe pacifique auquel nous assistons ne saurait nous faire oublier les incertitudes de l'avenir, plus que jamais nous avons besoin de nous souvenir que ce pays a toujours été l'ami des peuples opprimés, le défenseur de toutes les libertés, l'initiateur du progrès social.

Mesdames, quel que soit l'avenir réservé à nos patries, je vous supplie de ne jamais oublier ce que la France a fait pour vous aujourd'hui. (*Applaudissements enthousiastes*).

Toutes les résolutions proposées par le Comité furent votées par le Congrès. Jules Simon résuma le dernier jour, les travaux faits, dans un magnifique discours de clôture, dont la fin fut un appel émouvant en faveur de la paix et de la morale.

Le dernier jour du Congrès international des œuvres et institutions féminines, les membres du Congrès ont été reçus au ministère des travaux publics par M. et Mme Yves Guyot.

La réception était des plus brillantes, et parmi les notabilités, on remarquait MM. Mac-Laren et Woodhall, membres du parlement anglais; M. Bayer, député de Danemark; M. Marguiloman, ancien ministre des travaux publics en Roumanie; M. Delyannis, ancien ministre de la Grèce. Toutes les délégations féminines étaient au complet.

M. Mac-Laren a remercié M. Yves Guyot de sa cordiale réception et a dit qu'en Angleterre, pays si avancé pour la cause des femmes, on ne pouvait pas voir une chose pareille, car les ministres anglais n'avaient jamais songé à protéger le mouvement féminin.

Miss Malgarnie a prononcé quelques paroles de remerciement au nom des femmes anglaises, et Mme Emilie de Morsier s'est exprimée comme suit :

Monsieur le Ministre,

Ce n'est pas sans une profonde émotion que je viens vous remercier au nom de mes amies de France et de l'étranger de la sympathie si marquée que vous témoignez aujourd'hui pour notre cause féminine.

C'est pour nous un fait important que ce Congrès ait été institué sous les auspices d'une commission nommée par le ministère, mais c'est un fait plus significatif encore que ce soit votre personne, Monsieur le Ministre, qui représente pour nous la protection gouvernementale.

En donnant, dans la haute situation que vous occupez, votre appui moral à ce Congrès, vous avez fait preuve, une fois de plus, de cette indépendance d'esprit, et, le dirai-je? de cette audace qui sont les traits distinctifs de votre caractère.

Vos amis qui vous ont toujours vu au premier rang défendre la cause des petits, des faibles, des opprimés, éprouvent une profonde joie et une satisfaction morale réelle à la pensée que la France a récompensé en vous les vertus républicaines dont vous avez donné l'exemple pendant votre carrière politique.

Lorsque je considère cette brillante réception par laquelle vous marquez votre sympathie pour notre Congrès, je ne puis m'empêcher de penser à ces jours, qui me semblent lointains, où, par votre vaillante plume de journaliste, vous dénonciez tour à tour avec raillerie ou indignation les injustices les plus criantes qu'un système social encore barbare a laissé subsister à l'égard des femmes.

Aussi, quelque fières que nous puissions être aujourd'hui d'être reçues avec tant de sympathie par le ministre, permettez-moi de vous dire que celui auquel s'adresse notre reconnaissance émue, c'est Yves Guyot. Je n'ajoute rien. Tous ceux qui travaillent pour la cause de la justice et du droit de la femme savent ce que signifie ce nom.

MADAME,

Permettez-moi aussi de vous remercier de votre gracieuse réception et de vous offrir, au nom des dames du Congrès, ce modeste témoignage de notre reconnaissance.

Vous avez traversé avec celui dont vous portez le nom les heures sombres de la lutte : c'est avec joie que nous vous voyons associée à son triomphe.

Notre espoir est de le voir longtemps encore au poste d'honneur qu'il occupe aujourd'hui ; mais nous savons bien que, ministre ou simple citoyen, il sera toujours le défenseur de la juste cause féminine.

Pour vous, Monsieur le Ministre, et pour vous, Madame, l'expression de tous nos vœux et de notre reconnaissance.

Le Congrès fit beaucoup parler de lui. Mme de Morsier eut à répondre à quantité de lettres et d'articles de journaux.

Voici la fin d'une lettre qu'elle écrivit à M. Magnard, alors directeur du *Figaro*, le 15 octobre 1892, en réponse à certain article paru dans ce journal et dont le ton ne lui avait pas permis de garder le silence (1) :

. . . .

Monsieur... Prenons quelques exemples. Vous avouez « qu'en temps de péril, guerre, épidémie et désastre, la femme apparaît toujours plus haute que l'homme. » Et vous profitez largement de son héroïsme et de son dévouement. Mais, lorsque, élevée à cette école de souffrance, elle commence à penser, à étudier, à scruter les causes de tant de

(1) *Journal des Femmes*, n° de novembre 1892.

maux, vous trouvez mauvais qu'elle se permette d'énoncer publiquement, et même au foyer, les opinions qui sont le résultat de son expérience, et, une fois le péril passé, vite vous la renvoyez à son ménage, aux enfants, à quelques œuvres de charité qu'il lui sera permis d'accomplir, pourvu qu'en faisant de la philanthropie elle n'aille pas s'aviser de parler de *questions sociales.* Loin de moi l'idée de dire que le bien que les femmes font modestement dans l'ombre est sans portée ; mais, je le répète, ce n'est pas par cette méthode seule que l'influence de la femme produira tout ce qu'elle peut donner dans l'ordre social.

Vous déplorez « l'accroissement des scandales de la vie privée qu'engendre en haut de l'échelle sociale la vie mondaine. » Mais pourquoi, alors, raillez-vous, — je m'adresse aux hommes du monde en général, — la femme qui se passionne pour des études sérieuses et qui s'occupe de problèmes religieux ou sociaux? Pourquoi y a-t-il tant de maris qui préfèrent voir leurs femmes lire des romans, aller au bal et s'absorber dans les journaux de mode plutôt que de s'instruire, d'oser avoir une opinion personnelle sur les choses de la vie et de dépenser leur argent et leur activité d'une façon sérieuse et intelligente? Si on allait au fond des choses, mais je ne puis le faire ici, on reconnaîtrait peut-être que les égarements regrettables dans lesquels tombent beaucoup de femmes ne sont qu'une révolte du vrai moi féminin, qui proteste contre l'esclavage où l'homme prétend le tenir. En dernier ressort, certaines perversités ne sont que des déviations de forces naturelles qui cherchent une issue. Vous fermez devant les femmes beaucoup de domaines où leur intelligence, leurs talents, leur enthousiasme pourraient trouver un essor naturel et bienfaisant, et vous vous étonnez que la vie ardente qui bouillonne en elle se précipite sur des chemins autrement dangereux.

Vous voulez qu'on remette en lumière l'idée religieuse, et vous comptez sur la femme pour cela, Il y a des femmes qui ont compris, en effet, que ceci est leur mission supérieure : rattacher l'âme humaine et spécialement l'âme de l'homme au divin. Elles ont étudié les problèmes sociaux en cherchant à comprendre pourquoi l'homme s'est éloigné de la tradition religieuse. Elles ont pénétré l'esprit sous la lettre des livres sacrés. Et à l'homme sceptique, orgueilleux, qui nie toute idée religieuse parce qu'il trouve la religion qu'on lui a enseignée indigne de son intelligence, ces femmes disent : — mais on ne veut pas les écouter — voyez si ce que *nous* avons vu et compris dans la religion ne pourrait pas satisfaire votre intelligence aussi bien que votre cœur. En tous cas, soyez logiques, et puisque ce qu'on vous a enseigné jusqu'ici ne vous semble pas acceptable, ne nous forcez pas à y croire et laissez-nous chercher la vérité selon notre conscience. Il y a des femmes qui ont osé élever la voix pour dire ces choses, mais quel courage ne faut-il pas pour prendre cette attitude et combien peu de femmes se trouvent dans des conditions qui leur permettent de le faire !

Si vous voulez que « ce pays se relève transformé, régénéré, sauvé par la femme », laissez-lui donc la liberté de penser, d'interroger son âme, d'écouter la « voix divine » qui lui parle directement, alors que tous les bruits du monde se taisent, et permettez-lui de donner à l'homme, non seulement au foyer, mais dans l'humanité, le fruit de ses expériences spirituelles, de ses prières et de la lumière qu'elle reçoit en abondance, aussi longtemps qu'elle ne cesse pas de croire, 'aimer et d'espérer.

Emilie DE MORSIER.

A peine sortie du grand Congrès de Paris. Mme de Morsier alla assister au cinquième Congrès international de la *Fédération* qui se tint à Genève du 10 au 13 septembre 1889, et à la séance administrative du 13, elle prononça l'allocution suivante qui se termina par une résolution ayant trait au Congrès des œuvres et institutions féminines de Paris de la même année.

Mme *Emilie de Morsier*, après avoir félicité les abolitionnistes genevois de leurs travaux, s'exprime comme suit :

Chaque fois que j'arrive à un de nos Congrès, j'éprouve un certain sentiment d'humiliation. C'est que Paris, je me le rappelle, est la première ville du continent où Mme Butler est venue faire connaître son œuvre. Je ne puis songer sans émotion à ce que nous avons éprouvé alors et à l'impression qu'elle a produite dans cette ville si frivole, si légère, mais qui a cependant le cœur sensible et sait écouter la voix de la justice. Malgré cela, nous n'avons pas à Paris de comité régulier de la Fédération, mais certaines sociétés françaises, comme la Ligue pour le relèvement de la moralité publique, qui défendent nos principes. Il serait trop long de vous expliquer ici quelles difficultés nous éprouvons en France à constituer des groupes qui se réclament directement de la Fédération. Nous avons trouvé qu'il y avait avantage à joindre sa cause à d'autres causes qui intéressent la femme d'une façon générale. C'est là ce qui m'a inspiré l'idée d'organiser pour l'anniversaire de 1889 le Congrès international des œuvres et institutions féminines. Je me disais que montrer au grand public tout le bien qu'ont accompli les femmes, toute l'activité qu'elles déploient, c'était en quelque sorte travailler pour la Fédération elle-même. Mon secret espoir était d'arriver à faire voter une résolution contre la police des mœurs. C'était un peu hardi, car il s'agissait d'un Congrès officiel placé sous le patronage du gouvernement français. Grâce à nos amis de Paris, grâce au dévouement des dames protestantes et des délégués anglais, la tentative a pleinement réussi. La résolution que nous avons votée est le seul message que je puisse vous apporter de Paris ; mais elle a quelque valeur, étant donné les circonstances toutes particulières dans lesquelles elle a été émise. Permettez-moi de vous la lire :

« Après avoir entendu les lectures faites par les diverses œuvres de refuge, de prévention et de relèvement, le Congrès exprime la conviction profonde que les mesures imposées aux femmes en matière de mœurs ont une déplorable influence tant sur les personnes qui y sont soumises que sur le public en général. Le Congrès émet donc le vœu que, dans tous les pays du monde où des mesures pareilles subsistent encore, on cesse de violer inutilement la justice et la morale, une pour les deux sexes. »

J'espère maintenant que la Fédération voudra bien approuver ce que nous avons fait à Paris en faveur de la cause qu'elle défend et mettre en relief l'importance d'un tel vote émis par un Congrès officiel. Je prends donc la liberté de vous proposer la résolution suivante :

« Le Congrès constate avec satisfaction que le système de la police des mœurs a été condamné dans le Congrès des œuvres et institutions féminines tenu à Paris sous le patronage du gouvernement français, le 12 juillet 1889.

« Il espère que cette manifestation ne sera pas inutile et hâtera l'heure de l'abolition totale en France. »

La proposition de Mme de Morsier fut adoptée avec acclamations.

ADIEU A MADAME CAROLINE DE BARRAU

Par madame Emilie de Morsier, vice-présidente

DISCOURS A L'ASSEMBLÉE GÉNÉRALE DE L'ŒUVRE DES LIBÉRÉES DE SAINT-LAZARE
LE 10 FÉVRIER 1889

Mesdames, Messieurs,

Dans une des dernières séances de notre conseil, j'exprimai à nos collègues mon désir de ne point parler devant vous cette année.

Je ne savais pas, hélas ! que peu de jours plus tard, je réclamerais moi-même cet honneur comme un privilège douloureux et sacré.

Mme Caroline de Barrau n'est plus. La mort a frappé une des femmes les plus éminentes, un des cœurs les plus nobles parmi les combattantes pour l'humanité.

Ma qualité de vice-présidente de notre Œuvre me fait un devoir de vous parler de celle qui fut pendant cinq années à notre tête.

Comme amie, je vous demande la permission d'exprimer devant vous ma douleur, douleur profonde que je partage avec notre Directrice actuelle, car personne n'ignore ici les liens d'amitié intime qui nous unissaient toutes les trois.

Oui, une mort inattendue, une mort prématurée, une mort cruelle, nous a enlevé notre amie et notre compagne de travail ; ce n'est pas dans nos cœurs seulement, c'est dans notre Œuvre que nous sommes frappées.

Je dis ceci avec intention, Mesdames: car, si des circonstances, que je ne veux pas apprécier en ce moment, ont entraîné Mme de Barrau loin de nous, vers un autre groupe et dans une nouvelle sphère d'action, j'ai le droit d'affirmer, parce que je le sais, parce que je me suis entretenue intimement avec elle au moment de sa démission, que son cœur tout entier nous était resté. Si la chose eût été possible, elle aurait bien voulu garder sa place de Directrice générale de notre Œuvre, tout en fondant une nouvelle Société ; car, son cœur compatissant, qui vibrait à toutes les souffrances humaines, ne comprit pas que le travail a ses nécessités, et que les responsabilités assumées ne nous laissent pas toujours notre entière liberté d'action. On ne peut pas être la tête et l'âme de deux corps à la fois. Le jour vint où après s'être engagée dans une nouvelle voie, il ne fut plus possible pour Mme de Barrau de rester avec nous. La séparation s'imposa, et le déchirement fut aussi cruel d'un côté que de l'autre.

Ah ! Mesdames, nous ne devons pas nous figurer que si nous réclamons, et si nous prenons, de fait, une place toujours plus grande dans le travail social, ce ne sera pour nous que jeux d'enfants ou pure distraction intellectuelle. Le jour où nous nous consacrons à une œuvre, où nous avons compris au fond de notre conscience qu'il y a un devoir humanitaire aussi impératif que le devoir familial ou individuel, ce jour-là il faut être prête à bien des sacrifices. Il n'y a pas beaucoup de femmes, ni d'hommes, à qui la voix intérieure dise : « Tu quitteras ton père et ta mère, ta femme ou ton mari et tes enfants pour me suivre » ; mais à tous elle murmure : « Tu sacrifieras ton repos, tes plaisirs, tes goûts, tes préférences et jusqu'à tes amitiés les plus chères, s'il le faut, pour accomplir le devoir que tu as accepté. »

Oui, quand vient l'heure où le moi social, le moi supérieur se dresse devant nous et commande, il faut savoir imposer silence à l'autre, au moi individuel et secondaire.

Alors les amies que cette lutte suprême de la conscience a pu séparer en apparence, suivront chacune leur chemin, le cœur déchiré, peut-être, mais l'âme calme et résignée, parce qu'elles n'ont pas cessé de s'aimer ni de s'estimer.

Il y a beaucoup de choses étranges et mystérieuses ici-bas qui s'expliqueront ailleurs, car la vie terrestre est trop courte pour que l'histoire des âmes s'y écrive en entier.

J'ai compris cela, une fois de plus, lorsque, cinq jours avant sa fin, j'eus la consolation suprême d'embrasser pour la dernière fois notre amie. A cette heure solennelle, où la mort, semble-t-il, va anéantir une intelligence qui pense encore et un cœur qui n'a pas cessé d'aimer, l'esprit, comme la flamme avant de disparaître, jette un éclat plus vif, et le langage silencieux du regard dit éloquemment ce que les lèvres ne peuvent plus articuler.

Ce langage de mon amie, je l'ai compris ; aussi n'ai-je pas besoin d'invoquer ici le témoignage des lettres si tendres qu'elle écrivit au mois de septembre dernier à Mme Bogelot et à moi pour savoir que nos cœurs n'ont jamais été séparés, et que, jusqu'à sa fin, nous avons été unies, comme aux premiers jours de notre amitié, née de la communauté du travail et de nos convictions.

Ne pensez pas, Mesdames, qu'en faisant allusion à des détails intimes qui ont un côté extrêmement douloureux, je veuille sortir du domaine des idées générales qui font l'objet de cette réunion. Non, certes, et, d'ailleurs, il serait impossible de parler de Mme de Barrau sans être par cela même dans la sphère des pensées élevées, qui ne comportent aucune interprétation mesquine ou personnelle.

Celle que nous pleurons, et à laquelle nous sommes unies par des liens qui défient la mort, comme ils ont défié tous les obstacles que la vie et les circonstances ont pu mettre entre nous, a toujours été grande, généreuse, dévouée.

Et si, croyant honorer davantage sa mémoire, en exprimant franchement ma pensée, je dis que je n'ai pas toujours été d'accord avec elle sur les faits qui ont amené sa démission, j'ajouterai que ces divergences d'opinion au sujet des choses pratiques provenaient justement de la grandeur spirituelle et du complet détachement de son âme. Car, Mesdames, je n'ai jamais connu quelqu'un qui ait si complètement renoncé à sa personnalité et tué en soi le moi haïssable. Je n'ai jamais rencontré une femme si absolument affranchie de l'égoïsme, des préjugés et des petitesses humaines.

Elle vivait dans ce monde comme n'y vivant pas, et voilà pourquoi elle ne pouvait pas croire à ses hypocrisies et ses lâchetés, elle ne voulait ni voir ni soupçonner le mal.

Passionnément dévouée à la cause des femmes, Mme de Barrau aurait voulu les voir donner l'exemple de l'union parfaite, et lorsque, dans nos discussions amicales, je lui reprochais de ne pas avoir, à mon avis, une appréciation juste des choses et des personnes, elle me répondait avec cette expression de douceur et de résignation qui lui était habituelle : les hommes nous reprochent de ne pas savoir nous entendre, ne vaut-il pas mieux tout supporter plutôt que de laisser dire que nous nous querellons ? »

Elle oubliait, dans son grand amour de la paix, que notre terre est encore un champ de bataille, et que dans les œuvres sociales, aussi bien qu'au sein des consciences individuelles, se livre l'éternel combat entre les deux forces contraires du bien et du mal.

Non, non, nous n'avons pas le droit de vouloir la paix, à tout prix, et l'harmonie ne s'établira que lorsque la victoire aura été remportée par la vérité et la justice dans toutes les sphères de la vie sociale.

On peut dire que, si l'égoïsme est la tentation des caractères vulgaires, l'abdication complète est l'erreur dans laquelle tombent parfois les natures supérieures. Noble erreur sans doute, mais dont les conséquences peuvent être graves à plus d'un point de vue.

Mais, Mesdames et Messieurs, pour ceux qui ne pensent pas que le drame de l'existence individuelle se joue en entier sur cette terre, quelle grandeur et quelle noblesse n'y a-t-il pas souvent dans bien des choses que le monde raille ou méprise parce qu'il est incapable de les comprendre.

Je ne parle point ici spécialement de mon amie : les idées s'enchaînent, et les problèmes psychologiques qui se posent en face d'une existence individuelle nous amènent à considérer ceux qui ont rapport à la société.

Eh bien, comment ne pas voir, comment ne pas comprendre que le chaos effroyable où nous sommes à l'époque actuelle vient de ce que tout le système social est perturbé, parce que, permettez-moi cette comparaison, son centre a été déplacé? Les planètes ne tournent plus aujourd'hui autour du soleil véritable qui est l'idéal divin. la source de l'amour qui rayonne au lieu de l'absorber. Ce soleil, on l'a relégué bien loin, et, à sa place, on a mis un astre fait de toutes les mesquineries, de toutes les vanités, de tous les rêves malsains du cœur humain.

Le soleil de notre époque, ce n'est pas la justice, la beauté morale, l'amour du prochain, mais c'est le succès matériel, la vanité ridicule, la force brutale et, par-dessus tout, l'argent. Eh bien, ce n'est pas impunément que l'on déplace ainsi le centre du monde moral, et les conséquences s'en font déjà cruellement sentir.

Mesdames et Messieurs, cette digression, que vous me pardonnerez, me ramène avec émotion au sujet de mon discours.

La noble femme à la mémoire de laquelle je rends ici hommage ne s'est jamais trompée sur ce point. Quelles que fussent ses convictions intellectuelles en matière philosophique ou religieuse, son cœur avait choisi son idéal, et elle y a été fidèle jusqu'à en mourir. Aussi, quoi que l'on puisse penser des détails ou de la méthode de son activité pratique, tous ceux qui ont compris cette chère grande âme l'ont aimée et l'ont vénérée sans réserve.

La question à laquelle j'ai fait allusion, du moi individuel et du moi social avec leurs devoirs réciproques et parfois contradictoires, je l'ai longuement débattue avec Mme de Barrau, lorsque j'eus le bonheur de me rendre avec elle à Londres, en 1885, pour assister au Congrès de *la Fédération* dont Joséphine Butler a été la fondatrice et l'âme inspirée. Ce ne fut pas sans peine que je décidai la timide Directrice de *l'Œuvre des Libérées* à parler dans nos assemblées, et comme, naturellement, c'était la question de la femme qu'elle devait traiter, en citant des faits douloureux recueillis dans son service de la prison, je la priai de faire ressortir ce point de vue : que si l'abdication totale de la femme est peut-être une vertu de la vie privée, elle devient une erreur dans la vie sociale, car chaque femme porte en elle-même les droits et la dignité de ses sœurs; et accepter, sans protester, l'injustice des lois et des mœurs à notre égard, c'est consacrer cette injustice comme principe spécial et encourager la tyrannie du plus fort. Je parle ici des cas où sont engagées des idées générales. En dehors de cela, Mesdames, lorsqu'il s'agit de nos intérêts, de nos amours-propres, de nos ambitions exagérées, sachons imiter celle que nous pleurons, et préférer la paix à tous les triomphes personnels.

Mme Bogelot, qui, pendant cinq ans, a été la fidèle et infatigable adjointe de Mme de Barrau, sait combien il était difficile d'obtenir d'elle qu'elle prît vraiment la position qui devait être la sienne.

C'était une lutte constante entre les deux Directrices, lutte de générosité et non pas de rivalité, comme à tort on a pu le dire. La Directrice générale, autant par excès de modestie que par le fait de la confiance absolue qu'elle avait en son adjointe, oubliait parfois son rôle ; et la Directrice-adjointe, dont le rêve avait été de voir briller son amie à ce poste où elle-même l'avait appelée, se trouvait souvent forcée d'agir, à regret, pour ne pas laisser les intérêts de l'Œuvre en souffrance.

Que de fois n'ai-je pas assisté à ces petites scènes d'amitié, à ces gronderies affectueuses auxquelles Mme de Barrau répondait avec son paisible sourire : « Mais non, c'est très bien ainsi, vous faites tout parfaitement, pourquoi voulez-vous que j'intervienne ? » Ah ! Mesdames, lorsqu'il faut dire ces choses devant un tombeau, le cœur se serre et les larmes montent aux yeux. Mais quelles que soient les douleurs qui ont suivi ces premières années de travail en commun, elles ne pourront jamais effacer de nos cœurs les beaux et doux souvenirs de cette grande amitié.

Si parfois les questions troublantes, les regrets et le problème douloureux de ces deux dernières années semblent une souffrance trop dure à supporter, Mme Bogelot évoquera dans sa pensée les beaux jours du Congrès de Rome, le voyage à Berck, les heures de travail dans la prison. Elle relira ces nombreux cahiers de notes et cette volumineuse correspondance qui resteront comme un témoignage vivant de l'union parfaite, de la loyauté, du dévouement et de l'activité admirable des deux Directrices de notre Œuvre. Je ne puis songer sans regret à tous ces documents amassés en vue d'une collaboration qui devait unir les noms des deux amies pour la postérité. Et cependant, je le sais, rien de leur œuvre commune ne sera perdu.

Caroline de Barrau nous a laissé de beaux travaux :

La femme et l'Education ;

La Mission de la Femme ;

La Femme de la campagne à Paris ;

Etude sur le salaire du travail féminin.

Elle collaborait à plusieurs publications périodiques.

On sait aussi quel intérêt pratique et dévoué elle vouait à ces jeunes étudiantes qui luttent courageusement dans ce grand foyer de lumière et de misère qui s'appelle Paris. Plus d'une lui devra sa situation intellectuelle et matérielle. Je citerai seulement le nom de Mlle Schulze, dont le succès, devant l'Académie de médecine a été la dernière joie terrestre de Mme de Barrau. Que le souvenir de sa protectrice soit, pour cette jeune femme docteur, un rayon lumineux qui éclaire sa vie dans le chemin du bien et du dévouement à l'humanité !

Nous savons aussi tout ce que cette femme éminente fut dans sa famille ; comment elle et son amie Mme Berry élevèrent leurs enfants par une méthode d'instruction privée que les succès remportés justifièrent pleinement. Elle fit également l'éducation d'Amélie Leblois, devenue docteur ès sciences et professeur au lycée de Sèvres.

On me permettra de dire, car elle m'en a souvent parlé, l'intérêt très grand qu'elle prenait à l'œuvre colossale et remarquable de son ami M. le pasteur Leblois : « Les Bibles et les Initiateurs religieux de l'humanité. » Son grand désir était de voir cet ouvrage reçu dans les bibliothèques de la ville. Ses amis qui pourraient obtenir la chose ne devraient pas oublier son vœu.

Il y a peu de jours, j'eus l'occasion de parler de notre amie avec le vénérable M. Lemonnier, qui a eu le privilège de la connaître et de l'apprécier depuis de longues années. Mme de Barrau fut l'amie de sa femme, Élisa Lemonnier, dont le nom est aimé et estimé par tous ceux qui travaillent pour l'humanité.

M. Lemonnier me disait : « Caroline de Barrau était une nature extrêmement complexe, un caractère qui présentait beaucoup de facettes différentes ; ses amies l'ont connue sous l'un ou l'autre de ses aspects, je ne crois pas que personne l'ait jamais pénétrée complètement sous tous les côtés à la fois. » Et alors, dans un entretien profondément intéressant, M. Lemonnier me raconta les souvenirs de la guerre, et me cita des actions de Mme de Barrau dont l'héroïsme égale bien des faits que l'histoire enregistre pour servir d'exemples à la postérité.

En l'écoutant, un frisson d'admiration passait dans mes veines, et je me disais :

« O noble femme ! si l'histoire terrestre ne parle pas de toi, ta vie sera inscrite en lettres d'or sur ces pages invisibles aujourd'hui, mais qu'une humanité transfigurée lira à l'heure où s'expliqueront les mystères. Alors sera révélée pour tous cette force divine des âmes qui, parfois ici-bas, se cache sous une apparence de faiblesse. »

Permettez-moi de vous parler encore d'un volume remarquable publié par les soins de Mme de Barrau, avec une préface écrite de sa main ; il est intitulé :

Madame Isaure André du Molin, journal et fragments.

Le seul fait d'avoir compris la valeur de ces documents, et de les avoir mis au jour, prouve la haute et large intelligence de notre amie. Ces lettres ont spécialement trait au père Lacordaire et à la célèbre institution qu'il dirigeait à Sorèze.

Quel charme littéraire dans cette préface due à la plume de Mme de Barrau ! Le style, simple et harmonieux, laisse bien deviner cette nature douce, sensible et réservée jusqu'à l'excès. Et puis, quelle profondeur de pensée dans les lignes suivantes dictées, on le devine, par une profonde affection !

S'excusant presque d'avoir présenté au public ces pages exquises, l'auteur de la préface dit :

« Plus d'un lecteur lira peut-être ces pages sans y découvrir ce que nous croyons y voir : une âme sincère et pliée au joug, qui s'agite pour s'affranchir de la chaîne imposée par le monde, les préjugés, les usages, les lois, l'éducation.

« Rien n'est plus douloureux qu'un pareil spectacle ; rien n'est plus instructif, rien n'est plus beau que l'effort de l'âme, à quelque degré de son progrès qu'elle nous apparaisse, luttant de toute sa puissance pour s'élever au-dessus d'elle-même C'est l'image éternelle de l'être humain appelé par sa destinée à toujours marcher, à toujours se développer. Heureux ceux qui rencontrent le milieu le plus favorable à cet essor sublime ! Que ceux-là comprennent et mesurent les souffrances d'un esprit supérieur et chercheur, voué à l'effort par sa nature même, et condamné à porter des entraves qu'il sent, qu'il secoue, dont il ne peut se débarrasser, et avec lesquelles, pourtant, il s'élève malgré tout ! *E pur si muove !* »

Et dans le passage suivant, ne semble-t-il pas que sa voix aimée vienne d'outre-tombe consoler les amies qui avaient espéré travailler longtemps encore avec elle sur la terre ?

Parlant de la mort de Mme de Molin et de celle de son fils qui la suivit de si près au tombeau, Mme de Barrau s'exprime ainsi :

« Mme de Molin n'eut pas la prévision de cette fin prématurée, cette angoisse fut épargnée à son cœur de mère, elle dut croire à l'avenir et au bonheur de son fils...

« Et qui osera dire que cette espérance fut une déception ?

« Pourquoi l'œuvre éducatrice si courageusement commencée ne se poursuivrait-elle pas sous d'autres formes et dans d'autres conditions ? Pourquoi ne serions-nous pas heureux de songer que, réunis ailleurs, la mère et le fils s'entr'aident mutuellement, s'aiment de plus en plus et travaillent encore, unis dans une même volonté et un même effort, à leur commun progrès ?

Cet espoir indéfini d'un au delà où se continuera l'évolution terrestre individuelle, mon amie l'a gardé jusqu'à la fin de ses jours, je le sais. Et ne pouvons-nous pas dire que c'était un droit acquis par le développement de son cœur ? car, si l'espérance immortelle ne peut pas naître de l'égoïsme, tous les horizons de la vie éternelle se dévoilent devant celui qui sait aimer.

Je dois m'arrêter, et c'est avec peine que je m'arrache à ces souvenirs. Il y a tant de choses encore que j'aurais dû dire pour parler dignement d'elle.

Les paroles me manquent... il ne me reste que des larmes ; mais au moins que ces larmes, mêlées aux vôtres, ma chère Directrice, ne soient pas amères.

Comme je vous le disais en 1884, dans notre assemblée générale, ce n'est pas un hasard aveugle qui vous a fait rencontrer Mme de Barrau à l'heure où, désireuse d'assurer le succès de cette Œuvre, vous n'avez pas cru pouvoir mieux faire que d'appeler à sa tête une femme dont la haute valeur vous avait été révélée par les pages de cette préface que je viens de citer.

Eh bien, ce n'est pas un hasard non plus qui vous a séparée de Mme de Barrau au moment où, après un rude travail, vous alliez goûter les joies d'un succès partagé avec elle.

Non, non ! rien n'est l'effet du hasard, pas plus dans nos vies individuelles que dans l'évolution des sociétés.

Seulement, nous ignorons encore les lois qui gouvernent l'univers psychique, et à peine connaissons-nous les autres.

Si le voile du mystère recouvre en entier celle que la mort nous a ravie, il se soulève en partie pour l'amie qui est restée seule à combattre.

Vous avez bien compris la voix de la souffrance, ma chère Directrice, lorsque, après avoir accompagné cette dépouille si chère jusqu'à sa dernière demeure, vous m'avez dit :

« Maintenant il ne me reste plus qu'une chose à faire : travailler plus que jamais en union avec elle. »

Oui, travaillez ! c'est le mot que nous laissent ceux qui nous ont devancés et sont tombés au champ d'honneur.

Travaillez ! c'est le mot que nous disent les milliers de voix dont la plainte douloureuse s'élève chaque jour de cette grande cité.

Travaillez ! c'est le mot que murmurent ces mères désespérées qui voient leurs filles tomber dans le gouffre de la misère et de la honte.

Travaillez ! c'est le mot que nous crient les peuples épuisés en face du spectre moqueur de la paix armée.

Travaillez et aimez ! voilà les paroles que nous devons placer au fronton du monument que la France élève pour y réunir toutes les nations de la terre.

Et alors, la devise centenaire ne sera plus un vain mot, car la Liberté, l'Égalité et la Fraternité vivront dans nos cœurs et s'inscriront dans nos œuvres.

Emilie de Morsier.

AMILCARE CIPRIANI

Mme de Morsier, en même temps qu'elle menait à bien l'œuvre écrasante de la préparation du *Congrès des œuvres et institutions féminines*, publiait, en avril 1889, une brochure toute vibrante d'une sainte colère et d'une noble indignation contre les bourreaux d'un révolutionnaire italien, Amilcare Cipriani, devenu son ami, dès qu'elle le sut victime d'une injuste condamnation (1).

Voici quelques lignes, prises dans les premières pages de cet écrit, pour en montrer l'esprit et le but :

Il y a quelque chose de plus difficile que de mourir pour ses convictions et sa foi, c'est de vivre victime des persécutions les plus odieuses, c'est d'être attaqué, non pas seulement dans sa vie matérielle, ce qui n'entraîne que la mort, mais dans sa vie morale, ce qui menace l'honneur.

Cette coupe d'amertume, Cipriani l'a vidée jusqu'à la lie. Le noble patriote, l'ardent et généreux défenseur de la liberté italienne n'était plus que le n° 2403 du bagne de Porto-Longone.

... Dans l'histoire de Cipriani, il y a plus qu'un homme qui a souffert et qui s'est montré grand dans le malheur.

La manifestation immense et sans précédent que le peuple italien a faite, lors de sa sortie de prison, avait une portée sociale qui n'a échappé à personne : c'est l'éternelle protestation de la conscience publique qui refuse de s'incliner devant les décrets de la soi-disant justice humaine ; c'est la voix du peuple reprochant à un gouvernement inique d'avoir violé le droit et la justice ; c'est enfin le pur et éternel principe de la solidarité qui crie à la force brutale : « Ce que vous avez fait à ce petit, vous l'avez fait à moi-même. »

Si Amilcare Cipriani ne représentait pas quelque chose de plus qu'un homme, quelque noble ou malheureux qu'il pût être, je n'aurais pas songé à écrire ces pages, mais, en lui et dans sa douloureuse histoire, je vois deux choses sur lesquelles on ne saurait trop méditer : le déshonneur dont se couvre la magistrature lorsqu'elle se fait la servante du pouvoir exécutif, et le courage persévérant d'un peuple qui, par la seule arme du vote, soufflette neuf fois de suite le Gouvernement auteur ou complice de l'injustice.

(1) *Amilcare Cipriani. Les Romagnes et le peuple italien*, par Emilie de Morsier (Paris, Dentu), préface de Benoît Malon.

Né à Rimini, en 1844, Cipriani fut condamné par la passion politique à vingt-cinq années de bagne en 1881, pour un crime dont il s'est toujours dit innocent. Mais il en sortit en 1888, porté neuf fois à la députation par le peuple des Romagnes. Bientôt frappé par un arrêté d'expulsion, il est venu vivre à Paris, d'où il a écrit à la presse italienne pour soutenir ses idées socialistes et révolutionnaires.

Voici le portrait qu'en fait Emilie de Morsier dans les dernières pages du livre :

Cipriani, nature complexe, aux contrastes vivement accusés, que la destinée semble avoir vouée aux situations extrêmes qui trempent le caractère en fouillant profondément chacune de ses lignes, le soldat de l'indépendance italienne, au tempérament ardent et enthousiaste, a fait preuve, pendant le long martyre de son injuste captivité, de vertus que l'on est généralement convenu d'attribuer aux croyants religieux. Son expression révèle tour à tour les différentes manières de son être. Le regard profond et mélancolique du prisonnier de Porto-Longone rayonne d'une douceur inexprimable et semble dire : « Je leur pardonne volontiers le mal qu'ils m'ont fait à moi. » Mais, s'il reste impassible et sans haine en face de ses douleurs personnelles, son âme se révolte et son cœur bondit de colère lorsqu'il parle des souffrances du peuple, de l'oppression et de la tyrannie, partout où elle règne encore (1).

Alors son regard s'anime, ses yeux noirs jettent des flammes; sa voix, généralement empreinte de la mélodieuse douceur de la langue italienne, devient nerveuse, stridente; les paroles sortent de ses lèvres rapides et pressées comme un crépitement d'armes à feu, et le geste énergique semble défier toutes les puissances tyranniques de la terre.

Il est rare de trouver dans une nature masculine la manifestation aussi complète de ces deux qualités : force et douceur, qui, loin de s'exclure, deviennent, par leur union, la plus haute puissance morale.

Cipriani n'est pas un violent, il est un fort; il ne désire pas les solutions brutales, mais il ne les redoute pas.

Il estime qu'aux violences de la guerre, qui couchent sur les champs de bataille des centaines de mille hommes, on a le droit d'opposer la violence d'une révolution qui ne demande que le sacrifice de quelques milliers d'hommes...

(1) Amilcare Cipriani est parti pour se mettre à la disposition de ses frères de Grèce en mars 1897, et a été grièvement blessé à la bataille de Domokos le 18 mai suivant.

G. de M.

Puis, étudiant le socialisme des Malon et des Cipriani, Mme de Morsier termine par ces lignes — toujours d'actualité :

Si le socialisme n'apparaissait pas trop exclusivement comme un système d'économie politique qui pose ses conclusions absolues et autoritaires dans un domaine où tout est compliqué et relatif, si, renonçant à limiter le problème social à la question des conditions de la vie matérielle, il affirmait quelques principes généraux touchant au développement moral et spirituel de l'homme, si, enfin, il pouvait se départir d'un esprit trop exclusif et trop intolérant à l'égard de ceux dont les convictions sociales et humanitaires reposent sur une foi philosophique et spiritualiste, quelle belle moisson d'intelligences, de cœurs et de consciences, ne se ferait-il pas dans le champ d'une société où les vieux cadres se brisent et où personne n'aperçoit comment ils pourront se reconstituer.

En 1891 parut, d'Emilie de Morsier, la traduction française du livre de Mme Anna Kingsford (docteur en médecine de Paris) et Ed. Maitland (1). Cette traduction lui prit deux années entières.

M. Edouard Schuré en écrivit la préface, dont nous extrayons le passage suivant :

La contradiction entre la science et la religion est devenue si manifeste en ce siècle que les défenseurs à outrance de l'orthodoxie officielle ont appelé quelquefois la science une invention du diable et que, par contre, beaucoup de savants et de philosophes matérialistes et positivistes ont conclu, non seulement à l'extinction de la religion comme institution sociale, mais encore des doctrines spiritualistes qui lui servent d'appui. Mais les penseurs qui connaissent les lois historiques, ceux qui se rendent compte des invincibles besoins religieux de l'homme, lors même qu'ils ne se doutent pas des capacités transcendantes de son âme, entrevoient pour le christianisme une de ces grandes évolutions sans lesquelles la religion sera fatalement condamnée à périr, évolution qui, en lui conservant sa beauté morale, renouvellerait sa force spirituelle et la mettrait en harmonie avec la science moderne. — Le livre de Mme Kingsford et Maitland répond dans une large mesure à ce besoin.

La traductrice, Mme de Morsier, se trouvait spécialement qualifiée pour s'associer à une œuvre qui met dans son plein jour le rôle spirituel de la femme dans l'évolution humaine, car c'est elle qui disait, au *Congrès international des Œuvres et institutions féminines, en 1889* : « La triple mission de la femme dans le monde est de défendre la liberté, la justice sociale et l'idéal divin. »

(1) *La Voix parfaite ou le Christ ésotérique*. Paris, Alcan, 1891.

DISCOURS DE MADAME DE MORSIER

AU CONGRÈS DES SOCIÉTÉS FÉMINISTES DE PARIS MAI 1892

Mesdames, Messieurs,

Je me présente devant vous comme déléguée du Comité exécutif de la *Fédération internationale pour l'abolition de la prostitution spécialement envisagée comme institution légale ou tolérée.*

C'est donc de la prostitution autorisée et patronnée par l'Etat, que j'ai à vous parler.

La *Fédération* n'a jamais eu la prétention de résoudre en entier le problème de la prostitution.

Elle s'est élevée contre un système de réglementation appelé en France *police des mœurs ;* et elle affirme que la police des mœurs ne combat pas la prostitution, mais, au contraire, qu'elle la légitime et la favorise par le fait qu'elle l'érige en métier reconnu, patenté et protégé. La police des mœurs a cela de particulièrement odieux en France, qu'elle est un régime purement arbitraire qui ne relève que du bon plaisir de la police et n'a jamais été sanctionné par aucune loi. Les femmes qui y sont soumises se trouvent, de par ce fait, hors le droit commun et privées de toutes les garanties qui entourent la liberté individelle. Elles sont à la lettre des esclaves blanches dans un pays libre. Toute personne dont la conscience est droite, verra immédiatement l'iniquité d'un pareil état de choses.

Malheureusement, à une époque où l'on parle beaucoup de justice sociale, on y croit fort peu et l'on confond trop souvent la prudence dans les méthodes d'application avec les compromis de principes. La société ne peut réaliser en un jour l'idéal qu'elle se propose, mais elle pourrait ne pas travailler à le détruire en le méconnaissant dans la pratique.

Pour soutenir ses idées, la *Fédération* ne devait pas se borner à trancher la question au point de vue du droit et de la justice, il fallait encore qu'elle démontrât que ce lâche compromis avec le vice n'avait pas atteint le seul but avouable que les partisans du système aient jamais osé invoquer — sauvegarder la santé publique. — Ce côté de la question est trop spécial pour que je puisse le traiter ici : il me suffira de dire que le point de vue sanitaire de la question a été étudié par un grand nombre de médecins éminents de tous les pays et par plusieurs syphiligraphes de premier ordre, tels que M. le docteur Guillery, chef du service des syphilitiques libres à l'hôpital Saint-Pierre, à Bruxelles; M. le professeur Pellizari; de Florence; M. le docteur Lee, en Angleterre, et que tous ont reconnu l'inutilité de ces mesures au point de vue de la santé publique.

Les travaux de nos légistes, membres de la Fédération, ne sont pas moins importants.

C'est donc sur l'autorité de recherches considérables accomplies pendant ces douze dernières années que la Fédération condamne le régime de la *police des mœurs* comme étant une violation flagrante du droit commun et une monstrueuse immoralité, car, en sanctionnant la pratique du vice et la théorie de sa nécessité, il abaisse le niveau moral de l'esprit public et spécialement de la jeunesse de l'un et de l'autre sexe : enfin parce qu'il est un danger pour la santé publique par le fait de la fausse sécurité qu'il offre et de l'encouragement qu'il donne aux exploiteurs de ces foyers d'infection qui s'appellent les *maisons de tolérance*.

Pour ceux qui depuis douze ans travaillent dans la *Fédération*, la chose est jugée ; mais il règne encore dans le monde une grande confusion d'idées à ce sujet et de regrettables préjugés.

Nous entendons dire couramment que cette question ne nous regarde pas ; qu'il est répugnant de voir des femmes s'en occuper; qu'elle doit être traitée uniquement par des hommes compétents, etc. On peut s'étonner vraiment de tant de pruderie. La peinture du vice est largement tolérée dans notre littérature et sur les théâtres. Il ne semble pas qu'il y ait beaucoup de maris qui interdisent ces spectacles à leurs femmes. Le répertoire le plus scabreux — pour ne pas dire plus — est applaudi dans les salons du monde. Tout est accepté, tout est bien lorsqu'il s'agit de s'amuser.

Mais que des femmes parlent publiquement, dans des Congrès, de ces questions de mœurs; qu'elles dévoilent les injustices et réclament des réformes; qu'elles élèvent la voix en faveur de la pauvre fille que l'engrenage social a précipitée dans les bas-fonds de la société ; qu'elles reprochent à l'État d'avoir laissé créer une classe de femmes parias qui sont brutalisées, méprisées et condamnées au vice jusqu'à la fin de leurs jours ; qu'elles osent dire — et je le dis — que l'âme d'une pauvre prostituée compte autant dans l'infinie évolution que celle de la femme de haute classe, que sa richesse et sa situation sociale mettent à l'abri des chutes honteuses... Que nous affirmions tout cela publiquement en face des gouvernements, des législateurs, des médecins... oh ! alors, on crie à l'indécence, car ce n'est pas tant du vice dont on a peur, mais de la responsabilité qui pèse sur chacun lorsque le vice organisé est dévoilé.

Heureusement, pour notre cause, que la *Fédération* compte aujourd'hui dans son sein un grand nombre d'hommes compétents : légistes, pédagogues, prédicateurs, médecins, qui, par l'étude, sont arrivés à se convertir à la vérité que cette grande et noble femme, Joséphine Butler, avait osé proclamer il y a vingt ans sous la seule autorité de sa foi en la conscience et en l'âme humaine. Cette vérité qui est destinée à révolutionner notre société moderne a nom *la morale UNE pour les deux sexes.*

La Fédération a développé cette pensée dans les trois articles suivants :

I. Il n'y a qu'une morale, elle est égale pour les deux sexes.

II. Les droits naturels de l'homme sont aussi ceux de la femme.

III. L'Etat, qui représente la justice, ne doit jamais favoriser le mal, ni à plus forte raison pactiser avec le vice. L'Etat ne doit exercer sa tutelle que pour le bien.

Pour nous rendre compte de l'importance de l'*Œuvre de la Fédération*, voyons en quel état se trouvait la prostitution lorsque notre ligue fut fondée.

Jusqu'au commencement de notre siècle, on a souvent cherché les moyens de mettre un terme aux débordements de la prostitution, parfois même on a employé des procédés très sommaires : déportation en masse et noyade des prostituées.

Des périodes d'une tolérance excessive succédaient à des périodes de répression féroce : mais semblable au phénix, le mal renaissait de ses cendres et la prostitution était toujours là, comme une marée qui monte ou descend, plus ou moins florissante, suivant les temps ou les mœurs.

Telle a été la situation jusqu'en 1812. C'est alors que fut créé à Paris, le premier dispensaire de salubrité publique, institué pour la visite des prostituées.

On se trouvait alors dans une période profondément troublée ; à cette époque fatale où la gloire de la France fut édifiée sur des monceaux de cadavres et des rivières de sang. Et, à la suite de l'Aigle de France, que Napoléon portait à travers le monde, on pouvait voir passer des troupeaux de femmes, le visage flétri, les mains liées par les chaînes de la honte. Car, à ce grand conquérant, qui se jouait des vies humaines comme l'enfant joue avec ses billes, il ne fallait pas seulement des mères pour mettre au monde des soldats, mais encore des prostituées pour le service du vice dans ses armées.

On peut dire, en effet, que c'est Napoléon Ier qui a été le véritable promoteur de la réglementation de la prostitution. Partout où pénétraient ses armées, le système était introduit et il restait comme la marque du fer rouge appliqué jadis sur le front du criminel ou du vaincu.

En soumettant les prostituées à des visites sanitaires, on espérait préserver les hommes de la contagion à laquelle ils s'exposaient auprès d'elles. Bientôt on reconnut que les résultats ne répondaient pas à ce qu'on avait espéré et le système subit des modifications successives. Mais malgré tous les perfectionnements apportés à son application, c'était toujours même affluence dans les hôpitaux. Les hygiénistes pensèrent alors que la cause de cet échec devait être attribuée à l'absence de mesures internationales qui établissent un réseau complet de protection dans toute l'Europe ainsi que dans les autres parties du monde.

Le Congrès international de médecine tenu à Paris, en 1867, proposa des mesures dans ce sens ; et l'on paraissait être d'autant plus prêt d'aboutir que le Parlement anglais, jusqu'alors réfractaire, venait l'année précédente d'adopter une loi qui introduisait la réglementation dans une certain nombre de villes de garnison. Mais ce qui semblait être l'acheminement final au régime de la réglementation universelle fut le signal de sa condamnation.

Le vote du Parlement anglais, en faveur de ce système inique, avait été obtenu par surprise. Heureusement qu'il attira l'attention de sociétés qui s'occupaient des femmes malheureuses que la misère pousse au vice.

De là sortit cette grande agitation qui aboutit à la fondation de la *Fédération internationale abolitioniste.*

De 1870 à 1881, il y a eu en Angleterre 766 meetings publics sur ce sujet ; 91 conférences ; 9.667 pétitions revêtues de 2.150.911 signatures ont été adressées au Parlement pour demander le rappel de ce qui, avec une hypocrisie toute masculine, avait été appelé « les lois sur les maladies contagieuses. »

En 1874, Joséphine Butler qui, dès le début, fut à la tête de ce mouvement réformateur, vint sur le continent pour y provoquer une croisade contre la réglementation. Elle visita successivement la France, la Suisse, l'Italie. Ce fut alors que l'on vit à Paris ce triomphe de la voix d'une femme mise au service d'une cause juste.

Aucun de ceux qui y ont assisté ne pourront jamais oublier le meeting de la rue d'Arras, où Mme Butler tint sous l'émotion de sa parole ardente une foule mélangée et houleuse, venue là par pure curiosité.

Je ne sais si c'est elle qui convertit Yves Guyot, mais c'est depuis cette époque qu'il a fait sa campagne contre la police des mœurs, condensée dans son remarquable volume intitulé « *La Prostitution.* »

Le 19 mars 1875, la Fédération Britannique Continentale et Générale était fondée, cette ligue est née d'un cri de révolte poussé par quelques femmes anglaises contre l'établissement de lois qui consacraient la dégradation de la femme... (1)

Les résultats acquis par notre Fédération sont déjà considérables.

Après avoir empêché que le système ne s'étendit plus loin que leurs villes de garnisons, les Anglais ont obtenu, en 1885, une abolition partielle et, en 1886, une abolition totale dans les Iles Britanniques.

Ils travaillent en ce moment pour arriver au même résultat dans leurs colonies.

Par sa propagande, la Fédération a mis un terme aux projets de réglementation universelle.

Plusieurs pays ont supprimé le système dans quelques-unes de leurs villes.

La Norwège a aboli la réglementation en 1888.

Le Danemark ne la possède plus que dans deux villes.

En Suisse, elle n'existe plus qu'à Genève.

Partout le mouvement est en progrès.

Et maintenant, Mesdames, je le demande à vous, qui avez fondé une Union universelle des femmes pour défendre les intérêts de leur sexe, combien de temps encore laisserez-vous subsister cette injustice suprême, cet asservissement odieux de vos sœurs ignorantes, pauvres et faibles?

Est-ce que vous pouvez raisonnablement prétendre obtenir la reconnaissance des droits de la femme tant que vous n'aurez pas effacé le stigmate de honte posé sur son front?

Car l'insulte qui est faite à la plus faible, à la plus misérable des femmes est faite à notre sexe tout entier, et nous ne serons pas dignes de travailler à la grande cause de la fraternité universelle tant que nous permettrons qu'il existe une classe spéciale de femmes vouées au vice et mise hors la loi de par le bon plaisir de l'Etat.

Prenez garde, Mesdames, en vous avançant fièrement sur le chemin du savoir et de la science qui vous est ouvert aujourd'hui, prenez garde d'y apporter les compromis subtils, les défaillances de principes et l'aveuglement spirituel qui ont trop souvent fait échouer les tentatives sociales des hommes.

Car avec toute leur science, ont-ils vraiment amélioré l'état de la masse?

« Les cris joyeux de quelques hommes qui chantent des hymnes au progrès sont constamment couverts par la plainte immense, croissante, implacable d'une foule infinie », s'écrie l'éloquent littérateur italien de Amicis.

(1) Nous passons l'exposé complet des principes de la Fédération, que l'on trouvera dans le *Bulletin Continental*, 6, Saint-Léger, Genève.

Oh! Mesdames, je vous en supplie, prenez garde à la **demi-science**, car si l'on prétend résoudre les problèmes humains avec l'intelligence seule, en méconnaissant les droits du cœur et les lois de l'âme, le progrès des choses matérielles se fera sans doute, mais au prix de la diminution et de la démoralisation de l'Être humain.

Et puisqu'il est évident que l'évolution tend à l'émancipation féminine, songez, Mesdames, à l'immense responsabilité qui pèse sur nous. La puissance dont nous allons disposer peut contribuer à pousser l'humanité dans une voie de développement plus heureux, en complétant le progrès scientifique par le progrès moral. Mais si nous faisons fausse route, si nous laissons étouffer sous la complication des études intellectuelles, la belle faculté **d'intuition** qui est vraiment féminine, nous ne ferons qu'augmenter les ténèbres dans lesquelles nous nous débattons aujourd'hui.

Gardons-nous surtout, Mesdames, des compromis, lorsqu'il s'agit de principes sacrés.

Il y a un esprit scientifique qui risque d'oblitérer la conscience; c'est à nous, femmes, à lutter contre cette tendance.

Un des grands prêtres de la science moderne a osé dire : « Quand il s'agit d'expérience, je ne suis arrêté par aucun scrupule. La science a le droit d'invoquer la souveraineté du but. » C'est au nom de la souveraineté du but que l'on a inventé le système monstrueux de la police des mœurs. C'est au nom de la souveraineté du but et de l'infaillibilité de la science que se commettent beaucoup de crimes dans notre société civilisée.

Le temps me manque pour développer cette proposition; mais songez, Mesdames, à ce qui se passe dans la salle de visite obligatoire du Dépôt: souvent, hélas! dans nos hôpitaux — nous avons des faits, — à la Salpêtrière, dans le service des hystériques, où de pauvres femmes malades servent de sujets d'expériences — et d'expériences publiques; — enfin dans les laboratoires de physiologie où, méconnaissant cette loi scientifique que *l'acte a une tendance à se répéter*, les hommes, en s'exerçant à la cruauté sur les animaux, s'entraînent à la cruauté envers les êtres humains.

En vous demandant, Mesdames et Messieurs, de prononcer une condamnation énergique de la *police des mœurs*, je crois être d'accord avec la science vraie, celle qui ne doit pas, qui ne *peut pas* être en contradiction avec la loi du développement intégral de l'Être humain.

Je termine donc en vous proposant de voter la résolution suivante :

I. Considérant que la liberté n'est pas compatible avec des lois et des mesures d'exception ;

II. Considérant que la liberté personnelle de la femme doit être respectée au même degré que celle de l'homme ;

III. Considérant que la morale UNE pour les deux sexes est la base de toute justice et de tout progrès moral ;

IV. Considérant, en outre, qu'en mettant la femme hors le droit commun, sous prétexte de mesure hygiénique, la santé publique n'a pas été garantie,

Le Congrès général des *Sociétés féministes* et de l'*Union Universelle des femmes* condamne le régime de la police des mœurs comme étant :

I. Un esclavage odieux imposé à une classe de femmes ;

II. Une violation du droit commun commis au préjudice de la femme ;

III. Une négation de l'unité de la loi morale ainsi qu'un encouragement au vice ;

IV. Une erreur hygiénique, et un danger pour la santé publique.

DISCOURS DE MADAME ÉMILIE DE MORSIER

A L'ASSEMBLÉE GÉNÉRALE DE L'ŒUVRE DES LIBÉRÉES DE SAINT-LAZARE LE 28 FÉVRIER 1892

Mesdames, Messieurs,

Trois années se sont écoulées depuis que, pour la dernière fois, j'ai eu l'honneur de vous adresser spécialement la parole.

C'était à l'occasion d'un deuil douloureux, que le temps a été impuissant à effacer dans le cœur de quelques-unes d'entre nous.

Si je prononce encore une fois devant vous le nom de ma regrettée amie, Mme Caroline de Barrau, c'est parce que, en jetant un regard sur le chemin parcouru depuis son départ, je ne puis m'empêcher de penser que, de la demeure supérieure où son âme continue à vivre et à aimer — car c'est là ma profonde conviction — notre amie nous envoie parfois un sourire d'approbation.

Il n'y a pas d'œuvre, en effet, qui ait plus complètement réalisé les pensées de son cœur que la nôtre.

Toutes les idées qui ont rapport au triste problème de la femme et de l'enfant, discutées dans des conversations intimes à trois, ont été mises en pratique par Mme Bogelot.

Mesdames, il m'est permis de le dire, car le mérite et l'honneur en reviennent surtout à notre chère Directrice, durant ces trois années comme pendant celles qui ont précédé, notre Société a toujours été fidèle à ses principes et ne s'est pas départie un seul instant d'une ligne de conduite aussi ferme que loyale et indépendante.

Je ne crois pas inutile, à une époque où la philanthropie occupe une si grande place dans les préoccupations sociales et même mondaines — car il est de bon ton aujourd'hui d'appartenir à des œuvres de bienfaisance ou d'en fonder — je ne crois pas inutile, dis-je, de rappeler ici quels sont nos principes et quelle a été notre méthode d'action.

Nos principes se résument en peu de mots. Nous croyons à la valeur native de tout être humain et à son droit à la vie physique et morale, alors même que l'humain en lui a été faillible. Par conséquent, le relèvement et la réhabilitation tiennent une large place dans notre programme. Mais une étude sérieuse des situations dans lesquelles nous sommes appelés à intervenir nous a amenés à tenir de plus en plus compte de la loi de solidarité qui relie tous les êtres entre eux, en sorte, si je puis m'exprimer ainsi, que le salut, pas plus que la perdition, ne doit être considéré comme un fait individuel; et, soit que nous montions, soit que nous descendions moralement, nous entraînons avec nous un grand nombre d'âmes qui subissent notre influence ou partagent notre destinée terrestre.

Je ne crains pas de le dire, si nous avions une compréhension suffisante de l'unité de la race humaine et des devoirs qu'elle nous impose, nous ne pourrions pas voir un homme ou une femme sortir de la cour d'assises, écrasé sous l'opprobre de sa condamnation ou tremblant à l'idée du châtiment qui l'attend, sans nous demander : « Quelle est ma part de responsabilité dans ce crime? »

Il y avait dans la législation criminelle juive — du temps des Rois — un usage qui contient un profond enseignement. Lorsque un homme était trouvé assassiné dans un champ ou sur une route, on sommait tous les habitants du territoire de paraître, et, devant ce cadavre, on leur faisait prêter serment de n'avoir été pour rien dans la mort de cet homme.

En face de tous les crimes qui se commettent dans notre société civilisée, ne vous semble-t-il pas aussi entendre quelquefois une voix qui vous crie :

« Caïn, qu'as-tu fait de ton frère? »

Mais, pour en revenir aux femmes que nous protégeons, avez-vous songé à toutes les circonstances qui expliquent ou excusent leurs fautes?

Il y a d'abord le milieu dans lequel on est né, l'absence d'éducation, les mauvais exemples; puis la séduction et l'abandon, l'enfant dont il faut *éviter* ou cacher la naissance parce que notre société fait une honte de la maternité lorsqu'elle est illégale, comme si la loi seule, édictée par les hommes, pouvait revêtir de sainteté ce mystère de la nature.

Pour la femme mariée, il y a la maladie, le chômage et, trop souvent hélas! l'alcoolisme ou la mauvaise conduite du mari.

Voilà pourquoi Mme Bogelot comprit bien vite, lorsqu'elle arriva à la direction, qu'une œuvre qui ne s'occuperait que de la condamnée seule était destinée à périr ou à végéter, car on ne peut pas sauver la femme sans tenir compte de toutes les conditions et de toutes les relations de sa vie, et, avant tout, la question de la femme est inséparable de celle de l'enfant.

Ce fut cette préoccupation qui, tout d'abord, poussa notre directrice à fonder les Petits Asiles temporaires. Il s'agissait de recueillir les enfants des condamnées pendant le temps de leur peine. Mais bientôt on vit quel parti immense on pouvait tirer de ces modestes maisons pour la préservation et le patronage. Vous savez que le système des Petits Asiles est devenu une question d'actualité.

Beaucoup d'œuvres et de sociétés les ont [illegible] et le principe en a été discuté dans les congrès pénitentiaires; notamment à Anvers, en 1890, où M. Bogelot remporta une victoire à ce sujet. Il obtint, en effet, que cette question fût mise à l'ordre du jour des prochains congrès, malgré l'opposition des partisans de la centralisation.

Il est bon de dire ici: ce qui a fait la force de notre œuvre, ce qui lui a permis de braver vents et marées sans que jamais notre navire fût désemparé, c'est qu'elle n'est pas seulement une œuvre de secours, mais une œuvre de principes. Nous avons un idéal qui est de substituer la justice et la vérité à l'aumône et aux préjugés.

Et notre idéal ne s'applique pas seulement à nos procédés de patronage, de préservation et de réhabilitation, mais au fonctionnement même de notre œuvre.

Et ceci m'amène à considérer un second point par rapport à nos principes.

De même que, pour les petits asiles, nous représentons le système de la décentralisation, de la famille et de la liberté par opposition à celui de la centralisation, de la caserne et de l'oppression des règlements, ainsi notre méthode d'action dans l'administration de notre œuvre est l'affirmation du principe de l'initiative privée par opposition à la charité légale et administrative. Nous sommes des indépendants, Mesdames et Messieurs, et c'est peut-être ce que l'on nous reproche quelquefois. Cette indépendance, dont nous sommes fiers, notre Directrice l'a conquise par son travail persévérant, et je pense qu'elle a fait preuve d'un véritable sens philosophique en comptant sur les forces morales encore plus que sur les moyens matériels, en pratiquant la droiture de préférence à la diplomatie, en répétant en toute occasion que l'union dans le Conseil et la bonne volonté de tous les membres pouvaient remplacer les gros budgets.

Et les faits sont venus justifier sa foi. Bien souvent l'administration elle-même lui a exprimé son étonnement des résultats que nous obtenions avec si peu d'argent.

Malgré l'utilité de l'économie dans les budgets de l'Etat, j'ose espérer que l'on n'arguera pas de notre savoir faire pour diminuer nos subventions, ce serait un mauvais procédé d'encouragement au bien.

Par ces quelques mots, Mesdames et Messieurs, j'ai voulu simplement vous rappeler quel est l'esprit qui anime notre œuvre et vous dire que nous nous présentons aujourd'hui devant vous avec le sentiment d'avoir rempli notre mandat.

Vous le savez, la dure loi de la lutte pour la vie gouverne toutes les entreprises humaines et, dans ce monde, les succès bruyants s'obtiennent parfois au prix de certaines concessions de principes.

Mais lorsqu'on a un idéal et que dans la lutte on combat toujours avec des armes loyales, il faut savoir se contenter du bien accompli et laisser les lauriers à ceux qui les recherchent.

Ouvriers d'un jour chargés de faire notre part dans l'œuvre sociale, nous ressemblons à ces artistes des Gobelins qui, le regard levé sur leur modèle, travaillent sans avoir la satisfaction de constater le résultat de leurs labeurs; car les points suivent les points sur l'envers de la trame, et c'est seulement lorsque la toile sera achevée qu'il leur sera permis de contempler le tableau et de jouir de leur œuvre.

Ainsi, mes chers collègues et amis, pas de découragement, marchons toujours alors même que le chemin nous semble parfois rude et triste, car ce n'est pas de l'obscurité ou de la sérénité du ciel que dépend la raison ou la nécessité du voyage. Et le jour viendra, ici ou ailleurs, n'en doutez pas, où chacun de nous trouvera sa place dans l'édifice auquel il aura porté sa pierre.

Laissez-moi vous citer en terminant ces paroles encourageantes de notre Président, M. Léon Bourgeois, prononcées devant la jeunesse de France :

« Ayez un idéal ! Un idéal ce n'est pas seulement au milieu de l'atmosphère étouffante de l'égoïsme des hommes, un souffle d'air pur qui ranime et vivifie ; au-dessus des doutes de l'existence quotidienne, une lumière qui guide et qui sauve ; c'est quelque chose de plus que tout cela et que je voudrais dire d'un seul mot : avoir un idéal, c'est avoir une raison de vivre. »

Émilie de Morsier.

CONFÉRENCE DE VERSAILLES

La *Conférence de Versailles* est une fille du *Congrès féminin* de 1889 ; elle a été fondée en 1891 par Mlle Sarah Monod, qui a eu l'idée de réunir dans une Conférence annuelle toutes les femmes qui avaient assisté au grand Congrès de 1889, soit individuellement, soit pour représenter les œuvres philanthropiques.

L'appel de Mlle Monod fut entendu; Émilie de Morsier devint immédiatement un des auxiliaires les plus zélés de la fondatrice.

La première réunion eut lieu en juin 1891, dans la belle campagne des *Ombrages*, à Versailles, prêtée dans ce but par M. Alfred André, en souvenir de sa mère et en témoignage direct de sa sympathie pour l'Œuvre.

Cette première réunion adoptait, à l'unanimité, le vœu « de voir un lien moral s'établir entre toutes les femmes du monde, qui désirent travailler pour le bien et le progrès de l'humanité dans un esprit d'amour chrétien. »

Sa base religieuse était ainsi bien établie et, dès le début, la Conférence de Versailles se séparait des mouvements féministes qui n'acceptaient pas le principe spiritualiste comme fondement principal.

Mme de Morsier assista à toutes les conférences, sauf une seule fois, en 1892, où, empêchée d'aller elle-même, elle écrivit la lettre suivante à ses collègues, lettre qui montre bien le but de l'association (1) :

MESDAMES,

Il y a un an, dans notre première conférence vous avez, sur ma proposition, émis un vote de sympathie pour nos sœurs d'Amérique.

Je vous parlais alors de la grande manifestation féminine qui aura lieu à l'exposition universelle de Chicago, en 1893. Mlle S. Monod me prie de vous donner encore quelques détails sur ce sujet, et de vous dire ce qui a été fait jusqu'ici pour préparer la délégation française. Je résume en peu de mots : un Comité provisoire s'était constitué en juillet dernier, au moment de la visite, à Paris, de Mme Potter Palmer, la présidente du département féminin de l'exposition. Ce Comité s'est réuni plusieurs fois dans le courant de cette année ; il était mixte. Grâce aux démarches de MM. Siegfried et Berger, l'attention du gouvernement a été attirée sur cette question et la Commission chargée de voter les crédits pour l'exposition a accordé une somme de 50,000 francs pour la représentation féminine française.

(1) Journal *la Femme*, numéro du 1er juillet 1892.

Mme Potter Palmer, qui a visité tous les pays de l'Europe afin de provoquer la création de comités féminins qui seraient reconnus par leurs gouvernements respectifs, a fait une démarche auprès de la présidence de la République et il est à peu près certain que la représentation féminine française sera organisée sous son patronage par les soins du Commissaire général, M. Krantz, et de M. Berger.

Mesdames, toutes les personnes qui s'intéressent à la cause féminine en France, doivent se réjouir de ce résultat. Dans tous les Etats monarchiques de l'Europe, des Comités de femmes sont en train de se former sous le patronage des reines, des impératrices, des princesses de familles royales.

Il n'était pas possible que la France républicaine restât en arrière. En 1889, son gouvernement avait accepté le congrès des œuvres et institutions féminines. En 1893, la femme qui occupe la plus haute situation officielle en France patronnera la représentation féminine française à Chicago. Ces faits parlent d'eux-mêmes ; ils disent le progrès accompli depuis trois ans.

Et maintenant, Mesdames, puisque nous sommes une conférence féminine, ne serait-il pas bon que nous cherchions à nous entendre sur ce que l'on appelle la question ou la cause des femmes ?

Je ne crois pas que les amies qui ont fondé cette conférence annuelle auraient pu trouver un meilleur nom que celui-là. *Conférence*, dit Littré :« action de traiter d'un objet quelconque entre deux ou plusieurs personnes, réunion ou les étudiants s'exercent à la discussion. » J'espère que nous ajouterons quelque chose de plus à cette définition et que notre conférence sera une réunion où les femmes étudieront ensemble beaucoup de questions importantes et s'exerceront à la discussion dans un esprit d'amour et de concorde. Et en ces termes je définis justement ce qu'on doit entendre par la question féminine : c'est l'étude sérieuse et impartiale de tout ce qui touche à la femme ; non pas seulement de tout ce qui doit être fait pour elle, pour son progrès et son bien-être moral et physique, mais de tout ce que la femme a le devoir de faire pour la famille, pour la patrie et pour l'humanité.

Car, Mesdames, grande est l'erreur de ceux ou de celles qui pensent que le mouvement féminin a pour but de détourner la femme de ses premiers devoirs et de lui en présenter d'imaginaires. Nullement. Mais aujourd'hui, il faut le reconnaître, on étudie, on cherche, on pense un peu plus qu'autrefois (d'une façon générale, veux-je dire) et l'on est arrivé à mieux comprendre les lois qui régissent les choses humaines, particulièrement cette grande loi de la solidarité qui est la clef de voûte de tout l'univers moral. Et voilà comment beaucoup de femmes, en interrogeant leur conscience profonde, ont senti que leur devoir ne se limitait pas à leur famille et que, pour être capables d'élever leurs fils et d'en faire des citoyens de la terre et du ciel, elles feraient bien de regarder un peu ce qui passe au dehors de leur maison, dans ce monde où leurs fils vont agir et lutter publiquement. Elles se sont demandé si l'organisation sociale est telle que les mères puissent avec confiance laisser les oiseaux s'envoler du nid. Et à mesure qu'elles avançaient dans leur enquête, que de découvertes terribles, que de piéges insoupçonnés se dévoilaient à leurs yeux ! Ce n'est plus seulement pour leurs fils qu'elles tremblent ; l'avenir de leurs filles peut être menaçant. Que deviendront-elles (même dans les familles privilégiées) si le malheur les frappe dans leur fortune ou dans le mariage, si elles se trouvent forcées de gagner leur pain ou de se défendre contre un mari indigne ou tyran?

Voilà, Mesdames, de quelle façon la question féminine est au premier degré la question de la famille, pourquoi elle touche aux intérêts les plus chers de la mère et de l'épouse.

Mais supposez pour un instant une de ces familles exceptionnelles où la vie s'est écoulée heureuse et normale pendant une ou deux générations. Je dirai alors : Malheur aux femmes qui s'enferment dans leur bonheur sans vouloir entendre la plainte douloureuse de l'humanité qui vient frapper les murs de leurs maisons comme la vague frappe sans relâche le rocher de la falaise. Car, tandis qu'elles s'endorment dans leur sécurité égoïste, les pleurs et les gémissements au dehors se changent en cris de haine, et la famille est menacée dans son repos, dans son honneur, dans sa moralité, parce qu'elle ne se soucie pas du sort de l'humanité.

Elles sont légion les malheureuses femmes que broie l'engrenage social. Les laisserez-vous périr sans leur porter secours ?

Mais alors il faut étudier les causes de leurs chutes et de leur misère. Et voici que la religion d'amour place sous vos yeux la question féminine. Ce n'est pas assez de recueillir, de nourrir, de soigner les victimes — cela s'est fait de tout temps — il faut remonter à la source du mal et détruire les causes qui l'engendrent partout où elles se trouvent : dans la mauvaise éducation, les plaisirs malsains, la littérature corruptrice ; dans l'excès de la misère, le manque d'hygiène ; enfin, Mesdames, dans les lois, car, chose triste à dire, les lois humaines, à l'époque où nous sommes, se trouvent, sur beaucoup de points, en contradiction absolue avec l'idéal de moralité et de justice que nous affirmons théoriquement. Vous le voyez, la famille et la religion placent devant notre conscience la question féminine. Que nous dit la patrie ?

Je vous répondrai par ces belles paroles du noble penseur italien, de Amicis :

« La patrie n'est pas seulement la terre, l'histoire et le drapeau ; la patrie ce sont les entrailles et le sang de l'humanité. Le bonheur du peuple est au-dessus de la puissance de l'Etat et la justice est plus grande que la gloire. »

La patrie, Mesdames, nous appelle à la question féminine en nous criant : « C'est à vous, mères, à enseigner à vos enfants comme ils doivent m'aimer; non pas comme une partie séparée de la grande patrie terrestre, mais comme un membre responsable et utile du corps de la race humaine. » Enseignez-leur que, selon cette belle comparaison de saint Paul, « ainsi que le corps n'est pas un seul membre, mais en est plusieurs », ainsi la patrie n'est pas une patrie, mais en est plusieurs.

La patrie nous dit encore : « Lorsque je suis blessée et mutilée, soignez-moi et guérissez mes plaies, mais non pas avec le fer et le feu, car celui qui frappe par l'épée périra par l'épée. Faites-moi rendre justice, au nom de la justice et par la justice. »

Mesdames, s'il est une question qui devrait être traitée dans nos assises féminines, c'est bien celle de la paix ; des moyens d'assurer la paix sans violer le droit. Or, ces moyens existent et la « Société pour l'arbitrage entre nations » s'occupe de les étudier et de les faire accepter par les gouvernements de tous les pays. Il n'y a pas de femme qui ait un cœur de mère, d'épouse ou de sœur, qui puisse refuser son concours à cette Société.

Il est bien difficile en si peu de temps de développer une proposition. Par ces quelques mots, Mesdames, j'ai simplement voulu affirmer devant vous que la question féminine, de quelque façon qu'on l'envisage, est une question vitale au point de vue de la famille, de la patrie et de la religion.

En 1894, la Conférence qui s'était singulièrement agrandie d'année en année, sentit le besoin de se donner une constitution, afin d'affirmer sa foi commune et de mettre, par cette seule affirmation, une barrière à certains envahissements que les fondatrices redoutaient avec raison.

L'article 5 de la résolution votée cette année-là stipule que, pour être membre adhérent, il faut accepter « comme une affirmation de l'esprit dans lequel se réunit cette assemblée féminine, la prière dominicale », et il faut promettre que « c'est dans cet esprit de justice, de vérité et de charité que l'on s'efforcera de travailler au progrès de l'humanité. »

Voici l'allocution que Mme de Morsier prononça sur ce sujet cette année-là :

Mesdames,

Je désire appuyer devant vous la proposition que vient de vous faire notre chère Présidente.

Permettez-moi de m'expliquer. Il est hors de doute que le monde traverse aujourd'hui une crise sérieuse. Notre société semble travaillée par un feu intérieur où se concentrent de sourdes colères, de justes indignations, des haines féroces, mais aussi des élans d'espoir et d'amour. L'angoisse de l'attente étreint tous les cœurs.

De tous côtés on sent que l'état social ne correspond pas aux idées qui se répandent, aux aspirations qui se font jour.

Sans doute il serait exagéré de dire que les souffrances de l'humanité, sont à l'heure présente, plus grandes qu'elles ne l'ont été à d'autres époques, et il y aurait de l'ingratitude à méconnaître les progrès accomplis pendant le siècle qui va finir. Mais il est certain que ces souffrances ont, aujourd'hui, une répercussion plus grande dans les cœurs. Ceci vient, en partie, du fait que la sympathie humaine est plus largement répandue, mais aussi de ce que les choses qui étaient cachées s'étalent maintenant au grand jour. Le vice devient cynique, la misère crie à haute voix. Le sinistre bruit des bombes qui, de temps à autre, souligne la plainte humaine, ne permet à personne d'ignorer ce qui se passe dans les bas-fonds de notre société. Aussi tous sont émus, les uns de pitié, les autres de peur.

Beaucoup de femmes dévouées qui, jusqu'à présent, travaillaient dans l'ombre et le silence à soulager ces maux, sentent qu'il y a quelque chose de plus à faire ; de là leurs tentatives de groupement. Elles se communiquent leurs expériences, elles étudient les problèmes sociaux. Mais plus elles pénètrent au fond de ces douloureuses questions, plus les difficultés surgissent devant elles.

En effet, la société, dans ses efforts pour le bien, semble tisser une toile de Pénélope. Elle défait trop souvent d'un côté ce qu'elle édifie de l'autre. Les gouvernements passent des compromis avec le vice, puis le frappent, sans toujours tenir compte des circonstances, et, en tout cas, au mépris de cette loi fondamentale de toute justice qui veut que la morale soit une pour les deux sexes. On cherche à se défendre contre les attentats criminels par une peine que l'on a pu, avec quelque raison appeler « le crime légal », oubliant, d'ailleurs, que le sang attire le sang.

Certes je n'ai pas l'intention de méconnaître les nobles tentatives qui se font pour le bien — celle de l'initiative privée, surtout, car ce sont les plus fécondes en bons résultats. Néanmoins, je le répète, le trouble où nous sommes est profond, et nous nous demandons avec angoisse : où trouver la boussole qui nous indiquera la bonne direction, le phare qui éclairera notre route ?

Mesdames, le bureau que vous avez nommé l'année dernière, avec mission de diriger ces conférences, a été d'accord pour penser que la boussole qui doit nous orienter, que le phare qui peut nous éclairer, se trouvent dans le signe de ralliement que nous vous offrons aujourd'hui.

Et, en vous soumettant cette proposition, nous ne croyons pas nous départir de l'esprit large et conciliant qui a présidé à la fondation de cette conférence.

Ce n'est pas, en effet, d'une confession de foi dogmatique qu'il s'agit ici, car ce splendide élan de l'âme, contenu dans la prière dominicale, peut partir de chaque esprit, de chaque cœur qui désire sincèrement le bien, quelle que soit d'ailleurs la croyance religieuse qu'il professe.

Beaucoup de choses, dans les religions de tous les temps et de tous les peuples, ont passé et passeront encore, mais ces paroles, prononcées en un jour béni sous le ciel bleu de la Palestine, expri meront éternellement les besoins les plus profonds de l'âme humaine ; et le jour où tous les hommes et toutes les femmes se mettront dans l'attitude intellectuelle, morale et spirituelle qu'indiquent ces paroles, la solution des problèmes sociaux aura fait un pas en avant.

Cette prière est, avant tout, l'affirmation d'un état d'âme.

C'est le cri que l'être fini, impuissant, mortel, mais altéré de toutes les grandeurs, de toutes les vertus, de toutes les beautés, jette en face de l'Infini, du Pouvoir suprême, de l'Eternel ; et cet appel ardent, répercuté de sphère en sphère jusqu'à la source première de tout ce qui existe, fait jaillir l'étincelle divine, et force, pour ainsi dire, Dieu de répondre à l'homme.

Vous le savez, on étudie aujourd'hui comme on ne l'a jamais fait encore, les forces inconnues ; on cherche à déterminer l'action de la pensée, à deviner le secret de la volonté et de la foi.

Eh bien ! pourquoi douterions-nous de l'influence réelle, immense, que pourrait avoir une formule dans laquelle se concentreraient les aspirations les plus justes et les plus nobles de l'humanité, et qui, jaillissant de l'âme féminine, crierait à notre société éperdue et tremblante en face des catastrophes qu'elle semble pressentir :

« Notre Père qui es aux cieux, que ton règne vienne. »

Ce que nous vous proposons, c'est de prendre cette prière pour la pierre de touche que vous appliquerez à toutes nos tentatives de réforme sociale, car, lorsque nous penserons et agirons dans cet esprit nous serons sûres de ne pas faire fausse route.

Dans un livre saisissant, mais qui n'est pas une lecture pour tous, M. Stead, un des plus courageux champions de la cause qu'incarne notre vénérée Joséphine Butler, a imaginé de placer la figure divine du Christ au centre des problèmes que soulève la vie civique.

Pénétrant, ce flambeau à la main, dans les repaires du vice et du crime, il pose à tous, aux coupables comme aux victimes, et aux autorités responsables de notre état social, cette question : « S'il revenait, que penserait-il de nous et de nos vies? » Je ne vous citerai qu'une seule réponse, celle que lui fit une pauvre fille « dont l'histoire, nous dit l'auteur, me semblait être le microcosme de l'histoire de la race humaine, depuis sa chute jusqu'à la rédemption et de la rédemption à l'apostasie de l'Eglise et à l'évanouissement des espérances de l'humanité. »

« Oh ! Christ, dit-elle, celui-là il est bien, mais ce sont les autres qui sont le diable. » Et l'auteur ajoute : « Vraiment, elle disait là une amère vérité, car il ne demeure en nous que partiellement, et ce qui, en nous, est sans lui, est charnel, terrestre et diabolique. Mais son souvenir rappelle l'idéal, et en appliquant cet idéal aux circonstances actuelles de la vie civique, les hommes comprennent mieux combien ils sont loin de faire la volonté du Père. »

Mesdames, ainsi que notre Présidente vient de vous le dire, la prière dominicale a été acceptée par le Parlement des Religions de Chicago, comme le mot d'ordre autour duquel pourraient se rallier les forces morales et spirituelles qui cherchent à se dégager du chaos de notre société, en cette fin de siècle.

Si on a pu voir des hommes, venus des écoles philosophiques et religieuses les plus diverses, communier ensemble dans un même sentiment de confiance et d'amour pour cet Etre suprême que Jésus a, pour ainsi dire, fait descendre dans la conception humaine en l'appelant « Notre Père », est-ce que nous, femmes, qui aspirons à un même idéal de vérité, de justice et de charité, nous refuserions de prendre cette prière pour notre signe de ralliement.

Il est impossible de ne pas reconnaître qu'un nouvel appel du Divin est adressé, dans ce temps-ci, à l'humanité. Les inquiétudes de l'heure actuelle semblent crier au monde : « Reviens vers le Seigneur, » comme aux jours lointains de la Judée.

Une immense espérance a traversé la terre,
Malgré nous vers le ciel il faut lever les yeux.

Oui, dans les orages, dans la tristesse, au milieu des secousses sociales que les plus jeunes d'entre nous verront sans doute, c'est à notre Père que nous irons pour trouver la force de vivre et de travailler pour l'humanité.

Car, de quelque nom que vous le nommiez, et quelle que soit la forme sous laquelle il s'est, dans un temps ou un autre, révélé, n'est-il pas toujours « notre Père dans les cieux » et le principe Christ en nous ?

Et maintenant, Mesdames, voulez-vous accepter la prière dominicale pour le lien qui unira les membres permanents de cette Conférence ?

En vous posant cette question, nous ne songeons nullement à éloigner de nous celles d'entre vous qui croiraient ne pas devoir répondre affirmativement.

Notre Conférence sera toujours largement ouverte à toutes les personnes qui viendront ici dans un esprit de solidarité féminine ; mais nous avons la conviction qu'un lien plus intime, établi entre quelques-unes, ou beaucoup d'entre nous, sera une source de force et retrempera les courages.

C'est dans cet espoir que nous vous soumettons la résolution suivante :

« Les femmes présentes à la Conférence de Versailles le 14 juin 1894, après avoir entendu la proposition du bureau, déclarent accepter, comme affirmation de l'esprit dans lequel se réunissent ces Conférences féminines annuelles, la prière dominicale qui sera prononcée à l'ouverture de chaque Conférence. »

Ce fut Mme de Morsier qui eut la première pensée de faire ouvrir chaque séance par l'oraison dominicale, « modèle divin de la prière » et de la prendre comme signe de ralliement « auquel elle attachait une grande importance. »

Mlle Sarah Monod a rappelé ce fait dans son discours d'ouverture de la *Conférence*, en juin dernier (1) où elle consacre quelques paroles éloquentes et émues au souvenir de son amie et de sa compagne de travail.

Mlle Monod et ses collègues du Comité, Mmes Mallet, Siegfried, Fisch, Bogelot, fondent de grandes espérances sur la Conférence de Versailles, pour l'amélioration du sort de la femme dans le monde et pour son développement dans la connaissance de ses devoirs, de ses droits et de sa mission dans l'humanité, — nous pensons qu'elles ont raison d'espérer et d'avoir foi dans leur œuvre — parce qu'elle est avant tout une œuvre de foi.

La Conférence de Versailles a pris comme sous-titre : «*Œuvres féminines chrétiennes et philanthropiques.*»

La réunion de 1896, malgré une pluie diluvienne le matin, comptait plus de 260 assistants.

Chaque année on déjeune en plein air, ou sous la tente ; à la réunion du 11 juin dernier, chaque convive avait à sa place une petite carte ornée de myosotis — la fleur du souvenir — avec ces deux mots, pris, par une délicate attention de ses anciens amis, dans un discours d'Emilie de Morsier : « *Travaillons et aimons !* »

(1) Journal *la Femme*, numéro du 15 juin 1896.

LA FAMINE RUSSE

En hiver 1892, vivement émue de ce que ses amis Russes lui racontaient des souffrances subies par le fait de la famine qui sévissait dans quelques districts de la Russie, Mme de Morsier avait pris immédiatement en mains l'organisation d'un Comité français, dans lequel elle enrôla ses amis et amies et, en quelques semaines, sans préjudice de ses œuvres françaises, elle réunit une somme de 16.000 francs, qui put être envoyée en Russie et distribuée, sous forme de soupe, aux pauvres affamés.

Le rapport russe sur l'emploi de cet argent se terminait par ces mots : « Les habitants si généreusement secourus par l'argent français, ont parfaitement su et compris d'où leur venait ce secours inespéré qui les sauvait, et ils sont bien souvent venus nous prier de nous faire l'interprète des sentiments de profonde et vive reconnaissance avec lesquels ils prient Dieu d'exaucer les vœux de leurs généreux bienfaiteurs. »

Ainsi, elle mettait en pratique les idées de fraternité humaine qu'elle défendait avec tant d'enthousiasme dans ses réunions du mardi.

Elle donnait son temps et son cœur, sans compter, à toutes les œuvres qui faisaient appel à son dévouement, dès qu'elle y reconnaissait un but noble et élevé de justice et de concorde ; c'est avec enthousiasme qu'elle était entrée dans le mouvement pacifique dont M. Frédéric Passy est encore le grand et infatigable apôtre, et qu'elle fit partie du Conseil d'administration de la « Société française pour l'arbitrage entre Nations » (1).

(1) M. Passy en fut le fondateur, avec ses amis Richet et Thiaudière, et en est encore le dévoué et brillant Président.

JEANNE D'ARC

Mme de Morsier s'intéressait à toutes choses qui parlaient au cœur et à la conscience, qui faisaient appel aux sentiments élevés de l'âme humaine; nous donnerons ici deux lettres qu'elle écrivit en 1891 et 1892, l'une relative à une brochure sur Jeanne d'Arc, et l'autre, en 1892, sur le projet d'exposition universelle de Chicago :

Paris, 2 juin 1891.

Chère Directrice,

Je lis dans *la Citoyenne*, datée du 1er juin, un article sur les dernières publications sur Jeanne d'Arc. Je me joins de tout cœur au sentiment exprimé par l'auteur de cet article.

Permettez-moi de recommander à votre attention une brochure qui, pour ne pas être un document historique nouveau, n'est pas moins intéressante en ce qu'elle montre qu'au point de vue philosophique et religieux, la mission de Jeanne d'Arc a aussi une portée émancipatrice pour la femme.

Comme tous les grands caractères de l'histoire, Jeanne d'Arc peut être considérée à deux points de vue différents, mais concordants : le point de vue des faits et de l'action militante que fait ressortir votre collaboratrice, et le point de vue des idées et du principe qui est celui auquel s'est placé l'auteur de « Fleur de France ».

La leçon qui ressort de l'histoire de Jeanne d'Arc sous ce double aspect est la suivante :

La femme, affranchie intellectuellement et puisant sa force dans sa libre foi religieuse, est appelée à transformer le monde dans l'ordre social et à délivrer l'humanité de ses ennemis éternels, l'égoïsme et la matérialité.

Soyez assez bonne pour signaler cette brochure à vos lectrices et lecteurs.

Bien à vous,

Emilie de Morsier.

Voici le titre de la brochure que nous indique notre correspondante :
Fleur de France, interprétation ésotérique de la vie et de la mission de *Jeanne d'Arc*, par Léo Michel. Préface de la duchesse de Pomar (Paul Combes, éditeur, Librairie Universelle, 41, rue de Seine).

Lettre au Journal des Femmes, *relative à la participation des femmes à l'Exposition de Chicago*

MA CHÈRE MARIA MARTIN,

Vous avez sans doute lu dans les journaux qu'un comité de femmes pour la représentation féminine française à l'Exposition de Chicago, a été nommé par le ministère et que Mme Carnot en a accepté la présidence.

Voulez-vous me permettre à cette occasion de rappeler les faits :

Il y a juste une année, grâce à l'obligeance de M. Stanton, Mlle Bogelot et moi fûmes mises en rapport avec Mme Potter Palmer pour nous entretenir des intérêts féminins, en vue de l'Exposition de Chicago. Comprenant combien il est important que la France soit dignement représentée en cette solennelle occasion, nous convoquâmes immédiatement nos amies et quelques personnalités importantes à une réunion qui eut lieu chez Mme Palmer, au Grand-Hôtel, le 1er juillet 1891. Je pris la parole pour expliquer de quoi il était question ; puis Mme Palmer nous fournit tous les renseignements possibles sur la partie féminine de l'Exposition de Chicago, le palais des femmes, etc.

Après un échange d'idées entre les personnes présentes, il fut décidé qu'un comité provisoire serait constitué et que « ce comité ferait une démarche auprès du ministre du commerce et de l'industrie dans le but de se faire reconnaître ou agréer par le gouvernement » (Je transcris le texte même du procès-verbal). « Ce comité fut composé, en premier lieu, des dames qui font partie de la commission issue du Congrès des Œuvres et Institutions féminines de 1889 », dont voici les noms :

Mmes Jules Siegfried, Isabelle Bogelot, Emilie de Morsier, Helbronner-Alcan, Le Grand Priestley, Kœchlin-Schwartz, Maria Martin, Sarah Monod, et elle propose qu'il leur soit adjoint MM. Jules Siegfried, Frank Puaux et Jules Mansais, trésorier du Congrès de 1889.

La proposition est mise aux voix et adoptée.

En ce moment M. Jules Simon entre dans le salon et, unanimement, les personnes présentes lui demandent de bien vouloir accepter la présidence d'honneur.

Le comité provisoire s'est réuni encore en juillet, puis plusieurs fois l'hiver dernier. M. Berger en devint membre, et c'est grâce aux démarches qu'il fit avec M. Siegfried, que la commission parlementaire, pour l'Exposition de Chicago, vota 50,000 francs pour la représentation féminine.

Mme Potter Palmer fut présentée par Mme Siegfried à la présidente de la République, et Mme Carnot accepta la présidence d'un comité féminin français, qui serait soumis à son approbation par l'entremise de MM. Berger et Krantz.

Au mois de mai 1892 (la date m'échappe), le comité provisoire fut convoqué chez Mme Siegfried et M. Jules Siegfried lui rendit compte de ce qui s'était passé; puis il ajouta que, la tâche du comité provisoire étant terminée, il n'y avait plus qu'à le dissoudre. Pour finir, j'ajouterai que je reçus de M. Berger une lettre datée du 14 juin dans laquelle il demandait s'il pouvait présenter mon nom pour le Comité officiel qui allait être nommé.

Voici ma réponse :

16 juin 92.

Monsieur,

« Je suis très sensible à l'honneur que vous me faites de bien vouloir me présenter pour le comité dont Mme Carnot doit être la présidente.

« Ayant moi-même provoqué le mouvement d'organisation pour la représentation féminine française à Chicago, vous ne sauriez douter de l'intérêt que je porte à cette question. Mais des raisons de santé et de famille ne me permettent ni d'aller à Chicago, ni de m'engager à aucun travail positif dans le Comité : je crois donc devoir refuser l'honneur que vous me faites.

« Recevez, etc. »

Après avoir relaté les faits, je désire exprimer publiquement combien j'ai été heureuse du résultat obtenu par notre Comité provisoire et remercier les amies qui ont immédiatement répondu à mon appel en juillet 1891.

La question fémine a fait un grand pas dans l'opinion publique en France, grâce au Congrès de 1889. Je l'ai déjà dit souvent, mais je tiens à le répéter encore, la France a été le premier pays qui a patronné *officiellement* le mouvement féminin.

En 1893, tous les pays du monde vont affirmer l'importance et la nécessité du progrès de la cause féminine par la nomination de Comités de femmes placés sous les auspices de leurs gouvernements respectifs et qui auront à leur tête les personnalités féminines les plus élevées dans la hiérarchie politique. Aussi nous devons féliciter Mme Carnot d'avoir compris la question et de s'être mise à l'œuvre. Est-ce à dire que tout est fait pour l'Exposition de 1893. Loin de là.

La représentation féminine à l'Exposition de Chicago aura un caractère officiel et s'occupera surtout du côté pratique de la question. A côté de cela, il y a tout le champ ouvert à l'initiative privée pour l'exposé et la discussion des réformes, des théories, de ce que l'on est convenu d'appeler « les idées avancées ». Là, Mesdames, il y a du travail pour toutes, et c'est le plus dur ; ce ne sera pas le moins intéressant ni le moins utile.

Les femmes américaines nous convient au grand Congrès International qui aura lieu à Chicago, en 1894. Mme May Wright Sewall sera ici le mois prochain ; c'est le moment de lui répondre par l'organisation d'un comité pour préparer une délégation qui représentera la totalité du mouvement féminin, tel qu'il a été défini au Congrès de mai de cette année.

Ma chère Maria Martin, c'est à vous à lancer l'appel dans votre journal.

Je vous y engage et vous prie de croire à ma sympathie pour vous et pour les généreux efforts que vous faites.

Votre

Emilie DE MORSIER.

DISCOURS DE MADAME EMILIE DE MORSIER

A L'ASSEMBLÉE GÉNÉRALE DE L'ŒUVRE DES LIBÉRÉES DE SAINT-LAZARE LE 19 FÉVRIER 1893

MESDAMES, MESSIEURS,

Plusieurs fois déjà, en présidant cette assemblée annuelle, j'ai eu l'occasion d'exposer devant vous quelques idées générales ayant rapport à notre travail.

Si vous voulez bien considérer la marche de notre œuvre depuis ses vingt-deux années d'existence, vous verrez que la sphère de nos préoccupations et de notre action s'est de plus en plus étendue et que, pour arriver à faire un peu de bien, nous avons dû aborder les questions de théorie aussi bien que de pratique.

Rien de ce qui est humain ne nous est demeuré étranger et aucune souffrance ne nous a laissés indifférents car, selon cette parole profondément vraie : « A mesure que la pensée s'élève, la pitié descend toujours plus bas. »

En effet, tandis que nous cherchions à étudier les problèmes de la misère, du vice, de la psychologie et de la physiologie, ainsi que de la responsabilité morale des déclassés, nous sentions diminuer la distance qui nous sépare de ces êtres misérables, incomplets, ignorants, malades, que notre société traîne derrière elle comme l'arrière-garde d'une armée en déroute. Et, comprenant qu'il suffit d'un accident imprévu, d'une balle dans le côté, d'une maladie subite pour transformer le vaillant soldat en invalide ou en *traînard*, dans les derniers de ces malheureux nous contemplions ce qu'aurait pu être notre destin si des circonstances de naissance ou d'éducation, dont nous ne devons pas nous faire un mérite, ne nous avaient mis à l'abri d'un pareil sort.

La lutte pour la vie est le plus cruel des combats, et les vaincus, l'expérience nous l'a appris, ne sont pas toujours les plus coupables.

Il faut remarquer d'abord que, dans notre Société qui se prétend si avancée, la moitié des humains — celle qui compose notre sexe, Mesdames — arrive dans ce monde comme marquée d'un signe d'infériorité fatale.

Je me souviens d'avoir entendu citer, dans ma jeunesse, cette réponse d'un paysan au pasteur de son village qui le félicitait de sa nouvelle paternité : « Oh là, M. le pasteur, il n'y a pas de quoi me réjouir, ce n'est pas un enfant que j'ai eu, c'est une fille! »

L'année dernière, dans un salon du monde, quelqu'un demandait à un riche baron s'il était content d'avoir eu pour second enfant une fille. « Mais oui, répliqua-t-il négligemment, c'est amusant une petite fille... pour l'habiller... »

Ces réponses donnent une idée de la manière dont notre sexe est parfois considéré dans deux classes bien différentes de la société. Et de la théorie aux actes, vous le savez, il n'y a pas loin.

Aussi, que voyons-nous trop souvent?

En bas, la femme est méprisée, brutalisée, quelquefois vendue. En haut, elle est adulée, gâtée, et sacrifiée d'une autre façon, mais non moins réellement.

Et ne croyez pas que j'énonce ici des théories qui ne reposent sur rien. Le manque de place seul m'empêche de vous citer des exemples nombreux puisés dans l'expérience de notre œuvre.

Vous n'avez pas oublié, mes chers collègues, le cas de cette malheureuse femme qui avait reçu de son mari un coup de couteau dans le ventre. La pauvre créature cherchait à excuser son bourreau et disait à notre Directrice : « Dame ! c'est vrai, il m'a frappée, mais aussi, c'est bien ma faute, car la soupe n'était pas prête lorsqu'il est rentré. »

On ne peut se faire une idée de l'état d'annihilation dans lequel tombent souvent les victimes des mauvais mariages. Leur découragement s'augmente du fait qu'elles savent bien que la loi les défend à peine. L'épouse arrive parfois jusqu'à oublier qu'elle est mère et laisse brutaliser ses enfants avec elle.

La résignation, qui est une vertu, peut conduire à la lâcheté lorsqu'on ne possède pas la notion de sa dignité d'être humain. Il est donc indispensable de réveiller ce sentiment chez la femme afin de lui donner le courage d'accomplir son devoir qui est quelquefois de faire valoir son droit.

Et, comme par le fait d'une loi inéluctable, celui qui opprime se dégrade, il faudrait peut-être affranchir la femme, ne fût-ce que pour sauver l'homme moralement !

On aura beau faire, la société ne progressera pas réellement tant que l'équilibre ne sera pas établi entre les deux sexes. Aussi toujours, partout, et de quelque façon que vous posiez le problème du progrès moral et social, vous vous heurtez à la question féminine.

Mais pour arriver à une solution, même partielle, de cette question, il faut la considérer de très haut en même temps que l'étudier dans ses manifestations pratiques les plus basses. Il faut philosopher un peu et observer beaucoup.

Comment peut-on prétendre résoudre la question de la femme si on ne veut pas considérer l'être humain en lui-même, dans son essence, dans la loi de son développement, dans sa destinée éternelle ? Car, si la femme se trouve dans cette situation d'infériorité et de souffrance contre laquelle nous luttons, c'est justement parce qu'elle n'a pas été estimée à sa valeur réelle, parce qu'elle n'a pas été mise à sa place dans l'économie sociale et universelle. En refusant de voir en elle une individualité qui a sa raison d'être et sa fin en elle-même ; en la considérant comme une sorte de propriété de l'homme, on lui dénie le droit de poursuivre un idéal personnel, et son développement spirituel et moral se trouve subordonné à celui de son maître.

Ainsi celle qui, par la raison d'une loi supérieure à toutes les lois édictées par les hommes, devrait être pour son compagnon de voyage une inspiratrice, une révélatrice du divin dans l'homme, est trop souvent semblable à une matière plastique entre les mains d'un artiste qui a perdu le sens de l'idéal.

Allez au fond des choses, et voyez si nos mœurs *fin de siècle* ne sont pas, dans une grande mesure, la conséquence de cette interversion des rôles entre les personnages du drame humain.

Les codes de nos sociétés civilisées n'ont fait, en ceci, que légaliser l'état de nature primitif et barbare, tandis que le monde se contentait de plaisanter sur le mythe d'Eve et de la pomme, se doutant bien peu qu'un jour viendrait où la femme, ayant compris le sens caché et spirituel des traditions sacrées, trouverait dans sa foi le levier qui lui permettra de soulever le monde et de transformer l'organisation sociale.

Tel est, en effet, le spectacle que nous offre aujourd'hui le mouvement féminin en Angleterre et en Amérique, mouvement qui va se dessiner d'une façon magistrale à l'Exposition de Chicago.

Vous le savez, une fois de plus, notre courageuse Directrice va traverser l'Océan pour aller représenter notre œuvre dans ce Congrès Universel des Femmes qui sera une manifestation sans pareille par l'étendue, l'harmonie et l'unité de son programme, par le grand nombre de ses membres, et, j'ose le dire à l'avance, connaissant celles qui en sont les organisatrices, par la haute spiritualité et la largeur d'esprit qui le caractériseront.

Je regrette de ne pouvoir vous indiquer en détail les bases et les lignes de ce colossal édifice, intellectuel et moral, qui sera comme le modèle que l'Esprit féminin proposera à la Société du XXe Siècle, mais tous ceux qui ont connaissance de ces faits comprennent que nous sommes vraiment au début d'une Ère nouvelle.

En dehors de la représentation de notre œuvre, Mme Bogelot, sur la demande du Comité consultatif du Congrès, dont elle fait partie, devra traiter la question de la *Solidarité des intérêts de l'Humanité.*

La Directrice de l'*Œuvre des Libérées de Saint-Lazare* est bien qualifiée pour parler sur ce sujet, car la solidarité a toujours été affirmée et pratiquée dans notre Œuvre de la façon la plus large.

C'est au nom de la Solidarité que nous avons, de plus en plus, étendu notre action dans le sens de la préservation et que nous avons créé les « Petits Asiles temporaires », où ces pauvres abandonnées trouvent la vie de famille et non pas une seconde prison.

C'est au nom de la Solidarité que nous avons cherché à établir des liens entre nous et toutes les œuvres de bienfaisance, et que nous avons constamment affirmé et mis en action le principe de l'initiative privée dans les œuvres. Car nous savons que, pour arriver à un résultat moral, il faut que les Associations, qui sont des unités collectives, se développent selon la loi qui gouverne le progrès de l'individu — dans la liberté et par la responsabilité.

C'est au nom de la Solidarité, enfin, que notre œuvre, dans la personne de sa Directrice, sa vice-Présidente et quelques membres du Conseil a contribué au succès du « Congrès des Œuvres et Institutions féminines » de 1889, par lequel nous avons cimenté les liens qui nous unissent à nos sœurs de toutes les nations et en particulier de l'Amérique.

Mais cette question de la Solidarité, il faut aussi l'étudier de haut et dans toutes ses manifestations si l'on veut se rendre compte de sa portée. Il faut rechercher quelle est la source de la vie pour savoir comment on peut développer la vie. Puis il faut voir quelles sont, dans les faits physiques et sociaux, les conséquences de la négation de ce principe.

Alors on reste confondu devant la beauté de cette loi et stupéfait de la folie des humains qui, dans leur sot orgueil, se croient tout permis à l'égard des règnes inférieurs de la nature, et ne savent pas même pratiquer la solidarité entre eux.

Mesdames, Messieurs, je l'ai dit souvent ici, pardonnez-moi de me répéter : notre pratique de la philanthropie vaudra en proportion de nos convictions et de nos principes.

Ne craignons donc pas de faire de notre œuvre un centre de pensée intellectuelle où seront étudiées les grandes questions de morale et de justice: car la charité qui se fait sans intelligence devient souvent un mal.

En terminant, je vous prie de vous unir à moi pour exprimer à notre Directrice notre reconnaissance et nos vœux.

Elle va entreprendre ce long voyage pour que notre Œuvre ait sa place dans ces grandes Assises humaines qui marqueront dans l'histoire du mouvement social; mais aussi pour recueillir des documents, des idées et des forces qu'elle nous rapportera comme gage de la solidarité qui nous unit à toutes les nations de la terre.

Nous la verrons partir sans crainte, car nous savons que ceux qui travaillent pour les choses qui sont éternelles « demeureront fermes », dit le psalmiste, « et l'Eternel guidera leurs pas et fortifiera leur âme (1). »

Emilie de Morsier

(1) Mme Bogelot est en effet partie le 14 avril 1893 pour Chicago, où elle a représenté au Congrès des Sociétés féministes l'*Œuvre des Libérées de Saint-Lazare,* et c'est à la suite de ce voyage qu'elle reçut en avril 1894 la décoration de la Légion d'honneur sur la présentation de M. Krantz, alors commissaire général pour la France à l'exposition de Chicago.

G. de M.

ARTICLE DE MADAME DE MORSIER

PUBLIÉ DANS LE JOURNAL L'*Harmonie Sociale*, EN RÉPONSE A UNE ÉTUDE QUI AVAIT PARU DANS CE JOURNAL SUR LA SITUATION DE LA FEMME DANS LA SOCIÉTÉ ACTUELLE ET QUI RENFERMAIT UNE ATTAQUE CONTRE LA FOI RELIGIEUSE.

MADAME LA DIRECTRICE,

Voulez-vous me permettre de vous exprimer quelques pensées qui m'ont été suggérées par la lecture de votre article intitulé : « Criez vos plaintes » contenu dans votre numéro du 18 février.

J'admets qu'il n'est nullement nécessaire de s'appuyer sur la Bible chrétienne pour soutenir l'idée de l'affranchissement de la femme. Mais j'estime, cependant, que si l'on peut prouver à la femme catholique que les textes évangéliques ont été systématiquement faussés et tronqués par l'Église pour en tirer des arguments en faveur de l'esclavage de la femme, ce sera un puissant appoint apporté à la cause de l'émancipation féminine. Or, les textes dits sacrés, interprétés selon l'esprit et non point selon la lettre sont positivement en notre faveur ; et je ne pense pas qu'aucune femme intelligente prenne les récits bibliques à la lettre. Si ce livre contient une partie d'histoire, il renferme une part plus grande encore de symboles fort instructifs, et ce n'est pas sans raison que l'Eglise catholique ne veut pas le donner aux fidèles. Remarquez au contraire ce qui se passe dans les pays où existe la liberté complète de la conscience, l'Angleterre et l'Amérique. L'idée religieuse a-t-elle entravé le mouvement féminin ? Au contraire, la question de la femme va se poser d'une façon étonnante à l'occasion du centenaire de Christophe Colomb. La femme prouvera qu'elle aussi a découvert un nouveau monde — moral et social. Car il n'y a pas à s'y tromper, c'est elle, typiquement, comme représentante de l'idéal le plus élevé, qui transformera la société.

Dans les deux pays que je viens de citer, les femmes se sont levées en masse, poussées par une foi qu'elles n'ont pas reçue des prêtres, mais qu'elles ont conquise au prix de leurs méditations, de leurs études, de leurs souffrances ; et elles ont dit : « Nous voulons le droit, la vérité, la justice pour notre sexe. » Leur activité a été telle qu'elles ont réussi à constituer un véritable gouvernement féminin officieux à côté du gouvernement masculin officiel. En attendant leur entrée dans les assemblées législatives, elles surveillent les lois qui sont faites par les hommes et agissent pour ou contre par tous les moyens possibles. Et si quelque adversaire de l'émancipation féminine vient les attaquer, la Bible à la main, elles ne sont pas embarrassées pour lui répondre ; car l'esprit du texte interprété par l'intuition féminine a vite raison de la lettre, maniée par l'obscurantisme masculin. Pourquoi donc abandonner à l'Eglise des armes qui sont à nous ? Faisons flèche de tout bois et réclamons tout ce qui nous appartient. Lorsqu'on étudie la Bible comme un livre symbolique, ce qu'elle est, on découvre que le principe féminin y est reconnu à sa juste valeur mais il faut débarrasser les textes des interpolations et falsifications introduites par des clergés composés d'hommes seulement, ne l'oubliez pas. Et voilà pourquoi il y aura à Chicago un Congrès intitulé « le Parlement des Religions » auquel les femmes prendront part au même titre que les hommes et réclameront le droit d'enseigner la religion, tout comme les pasteurs et les prêtres. Et croyez bien que le coup porté ainsi, par les femmes, à l'autoritarisme religieux sera plus sûr et plus fort que toutes les attaques contre la religion elle-même. Mais permettez-moi quelques observations de détail au sujet de votre article.

Je m'appuierai sur l'autorité d'une femme catholique éminente : Jeanne V... que j'ai eu le bonheur de connaître et qui n'est plus de ce monde. Dans un ouvrage remarquable intitulé : *La justice divine et le progrès de l'humanité* elle montre comment certains textes ont été dénaturés par les autorités ecclésiastiques, et en particulier la parole de Jésus de Nazareth que vous citez : « Femme, qu'y a-t-il de commun entre toi et moi ? » Jeanne V... argumente à fond contre les théologiens, en latin s'il vous plaît. Elle reproche aux prêtres de citer la première partie du texte seulement qui n'a de sens que si on le prend dans son entier « Femme, qu'y a-t-il de commun entre toi et moi ; mon heure n'est pas encore venue. » Elle dénonce que la traduction française de la première partie du texte adoptée par l'Eglise détruit complètement le sens de cette parole. La traduction exacte dit : « Qu'est à moi et à toi cette chose ? » C'est-à-dire « qu'y a-t-il de commun entre moi, toi, et ce changement d'eau en vin ? Mon heure n'est pas encore venue. » L'heure du Fils de l'homme n'est pas autre chose que sa passion, le moment où son sang est répandu. « Qu'est à moi et à toi cette chose ? mon heure n'est pas encore venue » tel est le texte exact. Il est donc permis de croire qu'en adressant ces paroles à sa mère, Jésus a voulu dire que si, dans ce changement d'eau en vin il n'y avait rien qui les touchât personnellement l'un et l'autre, il n'en serait pas ainsi lorsque son heure serait venue et que son sang répandu deviendrait, symboliquement, le vin Eucharistique.

Vous me direz peut-être : à quoi bon ces dissertations? La chose n'est pas importante en elle-même, c'est vrai : mais alors ne parlez pas de la Bible du tout. Car si vous en parlez il est indispensable que la femme n'accepte pas les interprétations des prêtres, mais étudie elle-même et se fasse une conviction. C'est la liberté de conscience qui est impliquée dans cette question et c'est bien quelque chose. Lorsque la femme sera vraiment affranchie, il y a deux choses qu'elle ne fera plus — accepter les yeux fermés ce que le prêtre lui enseigne, ou nier « a priori » une chose parce qu'elle lui a été enseignée par un prêtre. La femme libre est celle qui éprouve toutes choses par elle-même avant de dire : je crois ou je ne crois pas.

Un mot seulement encore sur votre allusion au sujet de Marthe et de Marie. Je ne puis m'empêcher de trouver que votre interprétation n'est guère en faveur de l'émancipation de la femme. Les hommes, encore aujourd'hui, ne demandent qu'une chose, c'est que la femme se confine dans les choses pratiques et ne s'occupe que du matériel de la vie. Loin de moi la pensée de méconnaître la valeur de la bonne ménagère. Mais il me semble que la femme a droit à un horizon plus large, elle a droit à la vérité, à la liberté de la pensée et de la conscience. Cette vérité et cette liberté sont la « bonne part qui ne lui sera point ôtée, » lorsqu'elle s'en sera emparée. L'Eglise, pas plus que les ennemis de l'Eglise, ne sauraient empêcher que cette histoire évangélique de Marthe et de Marie, que vous la preniez à la lettre ou symboliquement, ne contienne la plus haute affirmation du droit qu'a la femme de chercher la vérité, d'aspirer à ce qu'il y a de plus haut, d'élargir son horizon, de penser par elle-même, — en un mot de vivre dans la liberté. Je ne sais si cette femme, représentée par Marie, est « une platonique et une rêveuse. » mais à mes yeux elle est la vraie femme ; et je suis bien persuadée qu'après avoir pris son vol dans l'idéal, elle n'en sera que plus apte à remplir simplement et consciencieusement sa tâche terrestre.

Car l'âme se fortifie au souffle des vérités éternelles, et qui comprend mieux travaille mieux.

Pardonnez-moi, chère madame, si j'ai abusé de votre attention ; mais je crois que le premier devoir des femmes qui luttent pour leur propre cause est de s'expliquer en toute franchise et en toute bonne amitié.

Votre

Émilie DE MORSIER.

BAYREUTH — PARSIFAL

En juillet 1892, Mme de Morsier avait eu le grand plaisir d'aller à Bayreuth avec ses fils.

Elle y entendit *Parsifal, Tristan et Iseult*, et les *Maîtres chanteurs*.

Est-il vraiment nécessaire de rappeler ici combien Mme de Morsier était musicienne? Tous ceux qui ont entendu sa voix magnifique pendant les trente belles années de 1860 à 1890, s'en souviendront toujours.

Elle parcourut le chemin de beaucoup d'autres : de la musique italienne qui enchanta sa jeunesse, elle passa aux opéras français, puis à la musique allemande.

Elle chantait peu à Paris, n'aimant pas à s'accompagner elle-même, mais quand elle avait près d'elle quelqu'un pour tenir le piano, elle ne résistait pas aux prières de son entourage et sa voix de mezzo-soprano, chaude et vibrante, faisait une grande impression ; il était difficile de l'entendre chanter *Jérusalem*, de Gounod, *J'ai pardonné*, de Schumann, ou quelques airs des opéras des *Huguenots* ou du *Trovatore*, sans être remué jusqu'au plus profond de l'âme...

Wagner fut pour elle une révélation. Elle eut la joie d'assister à la représentation de *Lohengrin*, autorisée à Paris en 1887.

Cette seule représentation de *Lohengrin* eut lieu au théâtre de l'Eden. Le petit ministère radical Goblet, qui n'avait pas autorisé la représentation à l'Opéra, ne sut pas même garder l'ordre dans la rue et interdit la suite des représentations ; les boulangistes sifflaient au dehors, mais dans la salle ce fut de l'enthousiasme pur, et un triomphe, ce qui permit à M. Reyer de dire, le lendemain, dans les *Débats* : « dans la salle on n'a pas entendu les sifflets, mais dans la rue, ils ont dû entendre nos applaudissements. »

Elle put revoir de nouveau, plus tard, *Lohengrin* à Paris, ainsi que le *Tannhauser*, mais son rêve était d'aller à Bayreuth.

Elle en revint enthousiasmée. Elle avait compris dès l'abord qu'il y avait dans Wagner, autre chose qu'un musicien et que, sous l'enveloppe du compositeur, il y avait une âme de réformateur et de prophète.

Beethoven, dont le génie idéaliste l'avait déjà frappée, avait été son initiateur à cet art musical nouveau, qui mettait en évidence « l'harmonie des forces bienfaisantes de la nature dans une marche vers des sommets plus élevés. »

Mais Wagner l'enthousiasmait définitivement et elle revint de Bayreuth avec le baptême du disciple.

Nous aurons ses impressions toutes fraîches en lisant ce fragment de lettre qu'elle écrivait en sortant du théâtre :

Bayreuth, le 3 août 1892.

... Une certaine angoisse physique, causée par l'émotion et la peur de prendre mal, a légèrement troublé les débuts pour moi, mais cela a vite passé. Je ne sais définir pourquoi c'est au moment de la scène de l'entrée au Graal que s'est passé en moi l'ébranlement foudroyant. J'ai éclaté en pleurs et il m'a fallu plusieurs fois mordre mon mouchoir pour pouvoir résister.

A mon avis, l'entrée au Graal est l'expression résumée de toute la souffrance de l'évolution cosmique ; il me semble y sentir l'agonie de toutes les particules de la matière qui crient sous l'étreinte de la transformation douloureuse qui doit les faire devenir esprits.

L'impression de la scène dans le Temple a été non moins intense et bouleversante, c'est alors le drame de l'âme, uniquement humain ; la douleur individuelle dans Amfortas, l'éternel blessé de la vie sensuelle ; les affres du désespoir, du remords, du sentiment de la vie manquée.

... Et puis dans Parsifal, la révélation, subite, foudroyante de la grande vérité salvatrice, qui s'accomplit par la sympathie humaine ; je trouve cela parfaitement naturel et logique.

... Je n'ai jamais de ma vie éprouvé quelque chose de pareil, c'est inouï et défie toute parole d'admiration.

... A la sortie, après le premier acte, les bons gardiens des portes me regardaient avec sympathie en voyant les larmes à peine séchées sur mes joues.

A défaut du Maître, disparu, Mme de Morsier put s'entretenir avec Mme Wagner et son fils.

A son retour, elle publia dans l'*Aurore* une étude sur le drame de Parsifal, qui l'avait particulièrement émue et intéressée, puis réunit ses lettres en un volume (1). Voici une partie de la dédicace de cet ouvrage, adressée à M. Ed. Schuré ; elle y explique sa pensée et son émotion :

... Il y a 20 ans, j'entendis pour la première fois quelques fragments de ces chefs-d'œuvre ; j'eus alors le pressentiment qu'un monde nouveau s'ouvrait aux accents du Maître incomparable qui convie l'art dramatique à entrer dans la grande synthèse philosophique et religieuse dont notre siècle a préparé les éléments.

Lorsque je lus votre *Drame musical* (2), tout ce que je n'avais fait qu'entrevoir m'apparut en une vision merveilleuse ;

J'avais senti la vérité profonde apportée au monde par Richard Wagner, — vous me l'avez expliquée complètement.

(1) *Parsifal, ou l'idée de la Rédemption*. Fischbacher, édit. Paris. 1893.

(2) *Le Drame musical*, Fischbacher, édit., Paris. 1875.

... Le Parsifal de Richard Wagner est à mes yeux l'idée du principe divin s'incarnant dans la race, le Dieu en évolution dans l'homme dont vous avez montré — dans *les Grands initiés* — la plus haute réalisation en Jésus de Nazareth.

Et ainsi, de même que vous m'aviez analysé et défini l'œuvre de Wagner, Wagner a fait vivre d'une façon plus intense pour moi les idées que j'ai trouvées si merveilleusement exposées et analysées dans votre ouvrage.

Voici encore ce qu'Emilie de Morsier écrivait en tête de son *Introduction* :

Celui qui a eu le privilège inestimable d'entendre, à Bayreuth, le drame religieux de Parsifal, en conserve un souvenir que le temps n'effacera jamais de son âme.

« ... Le propre du génie est de présenter la vérité avec une telle puissance qu'elle pénètre au fond de l'âme.

Chacun interprétera à sa façon, selon son degré de développement, chacun en verra une facette plutôt qu'une autre, mais personne ne songera à dire que cela n'est pas la vérité. Parsifal s'impose à ceux-là mêmes qui ne comprennent pas convenablement Wagner. En face d'une révélation aussi grande, c'est à peine si l'on ose chercher à s'expliquer l'œuvre à soi-même, encore moins tenter d'en donner une idée à ceux qui ne l'ont pas vécue.

Cependant l'humble témoignage d'une âme qui a tressailli sous son souffle n'est-il pas un hommage digne d'être offert au génie ? Ce n'est qu'une larme humaine, mais elle sort de cet océan de douleurs qu'il a remué lui-même jusqu'au fond, qu'il a fait gronder et pleurer en des harmonies sublimes, larme qui devient goutte de rosée aux accents célestes de l'hymne de la résurrection. Parsifal est à mes yeux l'expression la plus saisissante du mystère chrétien dans sa signification ésotérique (1). »

... Et plus loin, elle ajoute, sur l'un des passages les plus admirables de la partition qui révèle, plus que tout autre, la puissance d'expression de la musique de Wagner dans le *domaine humain de l'évolution et de la vie*, les paroles suivantes :

(C'est au moment où Parsifal est conduit au Grâal à travers monts et forêts).

Cette partie musicale de l'œuvre est celle qui m'apparaît comme la plus profondément ésotérique, parce que le génie du maître semble

(1) Introduction, p. 12.

avoir exprimé en ces surhumaines harmonies le mystère de l'évolution de la vie sur tous les plans de l'existence : le plan cosmique, évolution des mondes ; le plan matériel terrestre, évolution de l'homme ; le plan spirituel, évolution de l'âme... Ainsi que les personnages du drame, l'auditeur se croit transporté dans l'infini insondable. Le monde de l'illusion disparait. Nous avons dépassé les limites du temps ; dans le gouffre de la vie universelle, la loi éternelle se déroule avec les mondes qui évoluent et les humanités qui se dégagent lentement des règnes inférieurs de la nature pour s'élever jusqu'à la sphère de l'esprit. Elle est douloureuse, la marche des mondes qui gravitent vers le soleil du système central ; elles sont torturantes les transformations de la matière qui cherche à mouler une forme digne d'être animée par l'étincelle divine, il est déchirant ce crucifiement de l'âme qui s'arrache de la chair et qui crie éperdue vers le ciel (1).

Et voici la fin de la conclusion où se retrouvent les idées dominantes qui ont dirigé sa propre vie :

Il semble vraiment que les hommes n'ont pas assez de causes de discorde à propos des choses visibles et qu'il faut encore qu'ils se querellent sur les choses invisibles. Ne serait-il pas bien simple de prendre pour criterium, non pas de la vérité absolue, mais de la vérité utile à enseigner, cette formule :

Toutes les idées, toutes les conceptions de l'art, tous les enseignements qui ont pour objet de développer les tendances les plus hautes dans l'homme et lui donner la force de vivre selon le bien, sont vrais. Mais toutes les idées, toutes les conceptions de l'art, tous les enseignements qui tendent à exciter les instincts inférieurs de l'homme et à le déprimer moralement en affaissant sa volonté pour le bien sont faux.

. . . .

En ne limitant pas l'idée de la Rédemption à un seul système philosophique ou religieux et en nous le présentant avec une grandeur et une perfection artistique incomparables, Wagner s'est rapproché plus que d'autres de la vérité complète, il a chanté les plus hautes aspirations de l'humanité qui, consciemment, ou inconsciemment, cherche à réaliser la beauté parfaite dans l'amour et par l'amour.

... L'homme ne peut se sauver, c'est-à-dire vivre comme esprit, qu'en se donnant constamment pour tous. Tout le drame de Parsifal, dans sa conception générale et dans ses moindres détails, tend à mettre en lumière cette idée de la Rédemption. »

(1) Premier acte, p. 33.

... Le pur et le simple est sauvé parce qu'il a suivi la voie qui a fait de lui un sauveur...

... La seule voie qui conduit à l'immortalité individuelle, est le renoncement au *moi* inférieur et la conquête du *moi* divin, *dans le don sans réserve de soi-même à ses frères et à l'humanité.*

Elle l'avait fait, ce don d'elle-même, à ses frères et à l'humanité ; elle l'avait fait avec tout son cœur et avec toute sa conscience.

Elle avait pris comme mot d'ordre cette parole de l'Eternel à son serviteur, qu'elle avait inscrite sur la première page de son agenda :

« Va, avec cette force que tu possèdes...» Ne t'ai-je pas envoyée ?

Et sur la dernière page on lit cette parole de Richard Wagner : « Grande est la force du désir, plus grande la force du renoncement. »

L'ADELPHIE

Une première réalisation du vœu d'Emilie de Morsier relatif à l'établissement d'un centre de réunion pour les femmes, à Paris, fut la constitution de l'*Adelphie*, modeste petite société créée dans un but d'aide fraternelle.

La chose se décida un soir d'hiver, dans le salon de la rue Claude-Bernard. Mme de Morsier fut la marraine de cet enfant et ne cessa de lui donner les gages de sa sympathie et de son affection.

Mme H..., qui avait été une des premières inspiratrices de l'œuvre de la collecte russe de 1892, raconta dans les termes suivants la fondation de l'*Adelphie* à la conférence de Versailles, en 1893 (1) :

Les membres de l'*Adelphie* aspirent à être une famille de femmes, unies par une même croyance au bien, dans un esprit de solidarité avec tout ce qui est humain, sans distinction de nationalité, et à aider celles de leurs sœurs qui luttent contre la pauvreté, en leur procurant du travail.

L'Association veut s'ouvrir à toute femme qui cherche à employer son activité pour le bien. Elle a été constituée en février 1893 par quelques femmes que Mme de Morsier recevait dans son salon si hospitalier. Un commencement de bibliothèque féminine a été formé, un atelier d'art industriel a été ouvert.

Quant aux revendications politiques, elles sont, pour le moment, ajournées.

La Société naissante, pour trouver les premiers fonds qui lui permettraient de vivre, organisa, en décembre 1893, une Exposition et vente artistique, produits ou cadeaux de ses membres. Mme de Morsier y prit une grande part. Voici un fragment de l'allocution qu'on lui demanda de prononcer, à l'ouverture de l'Exposition, le 27 décembre :

Mes chères sœurs,

Lorsque la fondatrice de cette Association m'a priée de dire quelques mots pour l'ouverture de l'Exposition de l'*Adelphie*, la parole de l'immortel poète m'est venue à la mémoire :

Oui, la terre
Et le ciel, mes amis, cachent plus de mystère
Que la philosophie encor n'a pu rêver !

(1) Journal *la Femme*, n° du 1er juillet 1893.

Et j'ajouterai :

« Il y a plus de choses, en vérité, derrière les événements de ce monde que nous ne pouvons encore le comprendre. »

Laissez-moi vous dire quels sont les faits qui m'ont suggéré ces réflexions.

Il y a un an, je crois, quelques amies qui fréquentaient mon salon de la rue Claude-Bernard me parlèrent de leur intention de fonder une Association féminine sur un plan nouveau, — Association qui aurait pour but de pratiquer la solidarité entre les femmes que la fortune a favorisées et celles qui gagnent, avec peine, leur vie par un travail quelconque. Il s'agit, — les statuts de l'*Adelphie* vous le diront, — d'une société de secours mutuels dont les membres s'engagent à s'entr'aider dans la mesure de leurs moyens, moralement aussi bien que matériellement.

L'homme, en effet, ni la femme ne vivent de pain seulement, et ceux ou celles qui en manquent, possèdent parfois des richesses spirituelles qui font défaut aux plus fortunées.

Quelques semaines plus tard, par un de ces hasards qui font partie des mathématiques spirituelles, je rencontrai, dans un salon bien connu et qui, en langue ésotérique, porte le nom de *Holyrood*, une sœur d'Amérique avec laquelle je m'entretins longuement du mouvement féminin. Elle aussi me parla d'un projet pour venir en aide aux femmes et spécialement aux artistes américaines qui viennent étudier dans notre grande ville et dont le talent, les efforts, les rêves d'avenir se brisent trop souvent au choc de la réalité matérielle.

Hélas ! de telles choses se voient !

Il y a des vies fauchées prématurément, ou flétries, des génies qui s'éteignent avant d'avoir brillé, faute d'un peu de soleil, d'une nourriture fortifiante, d'un *home*, en un mot, où la jeune fille puisse trouver force et secours dans le travail, et lorsque vient l'heure de la tentation, une main amie pour la soutenir. Mais fonder une maison de ce genre à Paris, vous savez ce que cela suppose d'efforts, d'obstacles, de difficultés de tout genre.

Aussi je m'écriai, avec plus de scepticisme encore que la première fois :

« C'est un rêve irréalisable ; néanmoins, je suis de cœur avec vous, allez, bonne chance ! »

Miss Smedley me regarda avec son tranquille sourire et me répondit : « Vous verrez, rien n'est impossible à Dieu ! »

Bien souvent, au cours des événements qui suivirent, ces paroles, prononcées à peu de distance et empreintes de la même énergie, me sont revenues à la mémoire. Les formules pouvaient différer, mais c'était la même voix qui parlait, la même *idée-force* qui se projetait vers l'avenir, inspirée par le même amour.

En douteriez-vous ? Voici la réponse : « *L'Adelphie* tient sa première Exposition dans le salon de *La Fayette Home.* »

. . . .

Si l'or n'abonde pas encore dans les caisses de l'*Adelphie*, je sais que l'on y trouve à profusion les bonnes idées, le jugement, la sagesse, la sympathie humaine, et l'espérance, qui ceint de de son auréole les têtes fatiguées, comme les jeunes fronts, lorsque, le regard de l'âme perçant le sombre voile des apparences, le cœur peut se réjouir dans la vive représentation des choses qu'il espère.

Voilà ce que l'on trouve dans le coffre-fort de l'*Adelphie*, et, si quelqu'un a besoin de puiser à cette source, c'est bien, je vous l'affirme, la personne qui vous parle ici.

La philosophie peut douter et la science nier ; à vous, sœurs de l'*Adelphie* et jeunes artistes, il appartient de prouver que tout est possible à la femme lorsqu'elle veut croire et aimer en Dieu (1).

(1) *Journal des Femmes*, n° de janvier 1894.

Emilie DE MORSIER.

L'INSTITUT AMÉRICAIN

Nous avons vu le nom de Miss Smedley, dans l'allocution de Mme de Morsier à la fête de l'*Adelphie*.

Elle cherchait à établir à Paris un *Institut Américain* destiné à servir de Collège et de Pension pour les jeunes filles d'Amérique venant en France étudier les arts.

Miss Smedley ne parlait pas le français, elle eut des difficultés de tous genres dans l'organisation de son œuvre et, pour tout, elle avait recours à Emilie de Morsier dont elle avait su gagner le cœur et qui, pendant plus de deux années, fut son soutien et son défenseur infatigable.

Mme de Morsier fit plus de cent visites à tous les personnages de marque, dans l'Industrie et les Arts, qu'elle pensait pouvoir intéresser aux projets de son amie; les personnes qui connaissent un peu Paris, les distances et les habitudes de la grande ville, pourront seules comprendre quelles fatigues de tous genres, quelle somme de travail, de correspondances, de courses et de rendez-vous, une quantité pareille de visites d'affaires comporte !

A force de peine et d'éloquence, de réunions et de lettres, elle réussit à composer à Miss Smedley un Comité français de premier ordre pour l'œuvre de l'*Institut Américain*.

On y relève, entr'autres noms, ceux de MM. Hottinguer, Cléry, Puvis de Chavanne, Bartholdi, Bouguereau, Bonnat, Benjamin Constant, Massenet, Rodin, Mounet-Sully, François Coppée, Sully-Prudhomme, Loti, Bourget, Faure, Jules Simon, Claretie, Flammarion, Richet, Passy, et de Mmes Marjolin, Rosa-Bonheur, Viardot, Bentzon, Juliette Adam, etc., etc.

Miss Smedley était repartie pour l'Amérique en automne 1895, elle ne revint que six mois plus tard, elle ne put pas revoir son amie ni la remercier...

Si l'*Institut Américain* est un jour construit à Paris, ceux qui en entendront parler, pourront se souvenir qu'Emilie de Morsier y consacra près de deux années de sa vie... avec l'ardeur et le dévouement qu'elle mettait à toutes choses.

MORT DE M. NAVILLE

En 1893, Mme de Morsier avait assisté avec grand intérêt au *Congrès national de Patronage*, tenu à Paris du 24 au 27 mai, et y avait pris la parole dans la séance du 27 mai pour défendre une fois de plus, avec son éloquence habituelle, le côté de la morale dans ces difficiles questions, et la nécessité de créer des asiles temporaires, à l'exemple de ce qu'avait fait l'*Œuvre des libérées de Saint-Lazare*.

L'hiver de 1894-95 fut un temps spécial d'angoisses pour Mme de Morsier, à cause de la maladie de son père, qui s'aggravait de plus en plus.

Elle l'avait quitté à la fin de septembre, profondément émue à la pensée que, peut-être, elle ne reverrait pas sur cette terre ce père chéri auquel elle aurait voulu pouvoir éviter toutes causes de souffrances.

La fin du mois de janvier 1895 fut exceptionnellement froide avec de grosses chutes de neige. A Paris, la Seine était prise. L'hiver rappelait celui de 1830, et ce fut au plus fort du mauvais temps que Mme de Morsier fut rappelée soudainement, le 31 janvier, par de plus mauvaises nouvelles.

Son père la reconnut et fut heureux de la voir; elle l'a noté sur son agenda; puis les angoisses d'une longue agonie commencèrent, et il mourut dans sa maison de Vernier, entouré de tous les siens, le 11 février 1895.

Louis Naville était né, le 23 juillet 1812, à Chancy, où son père était pasteur. Ce n'est qu'en 1819 que celui-ci vint s'établir dans la grande maison de Vernier, où il fonda l'Institut pédagogique, célèbre à Genève comme à l'étranger. Il mourut en 1846, et son fils aîné, Louis, devint le chef de la famille et le directeur de l'Ecole jusqu'à la fin de celle-ci, en 1855.

L'année 1846 était celle de la révolution genevoise. Il fit partie de l'Assemblée constituante, qui en fut la suite. Ce fut son entrée dans la vie politique.

Voici une partie de l'article qu'un jeune ami, M. E. C., lui consacra dans la feuille de la Société de Zofingue (1) :

« Conservateur ferme dans ses convictions, tout en étant très libéral, Naville figura parmi les adversaires de James Fazy, homme de génie sans doute, mais plus habile à concevoir de vastes projets de réforme qu'à les faire triompher sans injustice et sans violence...

« Naville était capitaine dans le bataillon du Mandement, et, dans ces tristes journées où l'Etat devait faire appel aux milices pour rétablir l'ordre, on pouvait apprécier son courage et son sang-froid. C'est ainsi qu'il prit une part très active aux événements que provoqua cette fameuse élection du 22 août 1864, élection qui ajoutait un nouveau triomphe à

(1) Numéro de mars 1895.

ceux que, depuis deux ans, le parti libéral commençait à remporter. En 1860, il entra au Grand Conseil et y fut réélu trois fois. Mais la politique, dont il suivait parfois avec tristesse, toujours avec intérêt, les capricieuses péripéties, ne fut jamais pour lui une carrière. Sa modestie, en outre, l'empêchait de se mettre au premier rang.

« Longtemps écarté du Grand Conseil par le régime radical, qui était alors d'un exclusivisme des plus intolérants, Naville avait concentré son activité sur sa commune de Vernier, dont il avait été nommé maire en 1847.

« Quelle sollicitude pour son village! et comme il savait bien en discerner les intérêts! Pensant judicieusement que, « pour rendre une population véritablement plus heureuse, il faut la rendre meilleure, » il cherchait à attirer l'attention de ses administrés sur les vraies causes du bonheur. Un jour qu'il venait de communiquer un rapport annuel à ses conseillers municipaux, estimant n'avoir par là rempli qu'une partie de son devoir, il leur adressa quelques sages réflexions, qui ont été publiées sous ce titre : *Discours d'un maire de village à son Conseil municipal, 1849.* Ces pages dépeignent leur auteur. On y retrouve l'homme sagace et consciencieux. Naville démontre, en effet, tout en exhortant au travail, que celui-ci n'est une condition du bonheur qu'autant qu'il s'associe à la moralité : « C'est un malheur de savoir écrire, pour celui qui fait de faux actes... Qu'on ne dise donc pas : « Il faut qu'une population soit instruite, » sans ajouter aussitôt : « et morale. »

« Il y avait dans sa commune deux cultes différents. Faisant allusion à ce fait dans son discours, et mettant ses auditeurs en garde contre les luttes qui n'ont souvent eu pour prétexte qu'une diversité de confession : « Ah! s'écrie-t-il, qu'ils sont loin de comprendre la religion de charité et d'humilité, ceux qui en font naître la division, la haine et l'orgueil! » Sa vie n'a pas démenti ces paroles, prononcées presque au début de sa carrière municipale; bien que sa confession différât de celle de ses administrés, il sut s'attirer l'affection et l'estime de tous. A une époque où les questions religieuses tenaient une large place dans les choses publiques, grandes devaient être sa tolérance et sa douceur pour avoir pu remplir cette charge pendant près de trente ans. »

Le *Journal de Genève*, dans son numéro du 12 février 1895, consacra un article, écrit d'une plume cordiale et dans une note juste, à ce vieillard aimable, resté jeune malgré ses 83 ans, à ce citoyen consciencieux, dont la vie fut aussi belle que simple et utile. Un autre journal rappela qu'il faisait, comme sa fille, partie de la *Fédération abolitioniste,* et que, sans faire de bruit, il travaillait activement à l'avancement de cette cause qui lui était chère, et lorsque fut discuté le projet de loi de 1885 sur l'organisation et la compétence du bureau de salubrité, il adressa à ses anciens collègues du pouvoir législatif une vigoureuse lettre protestant contre la législation de la prostitution à Genève.

La maladie de M. Naville empêcha sa fille d'assister à l'Assemblée générale de l'Œuvre des Libérées de Saint-Lazare cette année là (1895), et voici la lettre qu'elle écrivit à cette occasion à la directrice :

MA CHÈRE AMIE,

Veuillez exprimer à mes collègues du Conseil et à notre Assemblée générale le regret que j'éprouve de ne pas me trouver avec vous dans ce jour qui est un bel anniversaire.

Je puis, mieux que personne, me réjouir avec vous tous, ayant assisté à la marche progressive de notre Œuvre, sinon depuis le commencement, en tous cas depuis que vous êtes des nôtres.

La généreuse pensée de la fondatrice, Mlle de Grandpré, s'est de plus en plus complètement réalisée, grâce à vous et à ceux qui vous ont aidée. Que cet anniversaire soit donc un jour de joie et de reconnaissance pour tous.

Je vous trace ces lignes auprès de mon père, qui est bien près de quitter ce monde. Comme vous me l'écriviez, sa vie a été si belle; mais ce n'est pas une vie qui s'éteint, car les sentiments et les vertus qui l'ont remplie en ont fait une vie immortelle, non seulement pour ses descendants, mais pour lui-même.

Il n'y a que le mal et ceux qui font le mal qui sont en danger de disparaître pour toujours. Les grandes âmes dominent la mort, parce qu'elles ont créé en elles l'Etre qui ne peut périr.

Vous savez, chère amie, quel intérêt mon père portait à notre Œuvre, et il a voulu que son nom y restât attaché avec celui de sa fille. C'est vous dire que je me sentirai le devoir de travailler doublement, si mes forces me le permettent, afin de faire honneur à son nom.

Pardonnez ces mots tracés au milieu de mes larmes; ils ne vous disent qu'imparfaitement ce que je pense en ce jour.

A vous de cœur,

Emilie DE MORSIER (1).

(1) Quarante-huit heures après la lecture de cette lettre, le 12 février, Mme Emilie de Morsier écrivait : « Mon père est parti hier pour un monde meilleur; « faites-en part, je vous prie, aux amis de l'Œuvre. »

LE CONGRÈS DES RELIGIONS

Mme de Morsier avait été profondément intéressée par le *Congrès des Religions* tenu, en 1893, à Chicago, lors de la grande exposition colombienne. Elle avait déjà réalisé avec ses amis la fusion religieuse dans toutes les œuvres dont elle s'occupait : la *Fédération*, *Saint-Lazare*, la *Conférence de Versailles*, l'*Adelphie*, etc. Toutes avaient pour seul mot d'ordre « le bien de l'humanité, par la foi au Père Céleste, dans la fraternité du Christ. »

Elle avait déjà, en 1887, dans son salon de la rue Claude-Bernard, jeté les bases d'une alliance universelle de femmes de toutes les religions et de toutes les nationalités. Elle ne pouvait que prendre un intérêt très vif à la tentative grandiose du Révérend John Henry Barrows.

Le Congrès fut, comme on l'a dit, « le plus grand acte de paix religieuse et de conciliation des âmes qu'aucun siècle eût jamais tenté. »

Le fondateur du *Congrès des Religions* avait proposé et fait accepter par son immense assemblée, comme mot d'ordre, l'oraison dominicale qu'Émilie de Morsier devait, quelques mois plus tard, proposer aussi comme devise de ralliement à la *Conférence de Versailles*.

Tout d'un coup, elle eut la vision qu'un Congrès, semblable à celui de Chicago, pourrait avoir lieu aussi en France, à l'occasion de l'exposition universelle de 1900, et alors, tout de suite, elle se jeta, avec son enthousiasme accoutumé, au devant de cette idée qui l'enflammait.

Elle en parla à ses amis, entre autres à MM. Wagner, Bonet-Maury et le grand rabbin Zadoc Kahn. Tous lui promirent leur concours, mais il manquait l'élément catholique. Ce fut alors que M. Wagner lui présenta son jeune ami, l'abbé Victor Charbonnel.

Elle le vit, lui parla, lui fit partager son enthousiasme et l'abbé Charbonnel accepta de devenir l'apôtre officiel de la grande pensée et d'essayer d'amener une partie du clergé catholique. Il fallait, avant tout, avoir le Pape pour soi. Le cardinal Gibbons, qui avait adhéré l'un des premiers au Congrès de Chicago, passait justement à Paris allant à Rome ; il se chargea de porter au Saint-Père un mémoire sur la question, signé par ces trois Messieurs.

Le Pape approuva le projet et, sans accepter d'engager dans le débat son autorité de chef de l'Église, il fut favorable, et le cardinal Gibbons rapporta de Rome à l'abbé Charbonnel les paroles les plus encourageantes pour ce grand projet.

Le Saint-Père avait agi de même pour le Congrès de Chicago.

« Quand le Parlement des Religions s'ouvrit par la prière dominicale, récitée par le cardinal Gibbons, beaucoup s'étonnèrent en France et à Rome, et même s'indignèrent, attendant une désapprobation, une condamnation. La condamnation ne vint pas. Le Pape avait donné son assentiment. Chaque fois que des visiteurs, depuis lors, ont rappelé à Léon XIII le souvenir du Parlement des Religions, ses yeux profonds et clairs se sont illuminés de joie. Il avait vu un peu de son rêve réalisé, le Pape de la démocratie et de la réconciliation sociale dans la justice évangélique, de l'union des Églises, de la paix universelle des hommes (1). »

Tous les évêques de France n'eurent pas la bienveillance pontificale. L'abbé Charbonnel rencontre beaucoup de difficultés sur sa route, mais il continue la lutte avec persévérance et foi, et nous faisons les vœux les plus sincères pour le succès de cette œuvre dont la pensée première vint de celle que nous pleurons.

(1) *Revue de Paris*, n° du 1er septembre 1895 : *Un Congrès universel des Religions en 1900.*

LA REVUE « *L'AURORE* »

Cette revue a été fondée par Mme la duchesse de P..., en 1886, sous le titre de : « *L'Aurore du jour nouveau*, revue mensuelle de logosophie, psychologie, spiritualisme, ésotérisme, théosophie de l'Orient et de l'Occident. »

A la prière de son amie, Émilie de Morsier accepta d'en être la secrétaire. L'étude de la théosophie orientale l'intéressait trop vivement pour qu'elle ne profitât pas de cette occasion de se rapprocher de la duchesse, qui en était la grande apôtre en France, et, pendant dix années, elle fut l'ouvrière infatigable de cette œuvre, à laquelle elle donna, sinon tout son cœur, du moins toute son intelligence, une grande partie de son temps et sa rare faculté de travail.

La duchesse de P... a joué un rôle considérable dans le mouvement occultiste contemporain. Elle a raconté elle-même, dans sa *Visite nocturne à Holyrood*, l'origine de ses rapports mystérieux avec l'esprit de Marie Stuart, l'infortunée reine d'Écosse qui fut, au dire de plusieurs, « la plus noble des reines et la plus séduisante des femmes. »

Cette passion pour Marie Stuart fut l'originalité de la duchesse de P... Elle croyait se sentir en communication avec la reine dans l'oratoire de son hôtel, qu'elle avait appelé *Holyrood*, en souvenir du palais d'Écosse, dans les ruines duquel la reine lui avait parlé.

Dans tous ses écrits, dans ses nombreux livres et brochures, elle a cherché « la synthèse de l'idée religieuse ésotérique. » et, ce qui lui avait apparu comme « l'aurore du jour nouveau, » c'était l'avènement de la lumière spirituelle dans l'individu comme dans la société ; elle vivait dans ce qu'elle appelait « le cercle de l'étoile du Christ. »

Si Émilie de Morsier entra avec intérêt dans ce cercle ce fut, comme l'a très bien dit et compris son amie Mme B..., pour tâcher « de faire un peu descendre cette lumière spirituelle sur la terre » et trouver l'occasion de « dissiper des erreurs, combattre des préjugés et remuer des consciences. »

La Théosophie était bien, pour elle, ce qu'en a dit Sainte-Beuve : « l'esprit intelligent et intime des religions », et c'était la recherche et l'étude de cet esprit qui l'attiraient.

C'est pour cela qu'elle avait voulu faire connaissance avec les apôtres de cette religion nouvelle, venus des Indes et d'Amérique, et qu'elle s'était liée avec les meilleurs d'entre eux.

Elle avait examiné toutes choses et retenu ce qui lui paraissait bon. Mais elle avait gardé sa foi au Christ de l'Evangile, et cette étude des théologiens anciens, loin de l'en séparer, l'en avait rapprochée encore plus étroitement.

Sa grande religion, sa religion personnelle était la foi en l'immortalité et la vie éternelle, et la foi dans la prière. C'est cette double foi qui l'a conduite dans sa vie et lui a donné le courage et la force d'accomplir le grand travail qu'elle a fait ici-bas et qui n'était pour elle que le commencement, et la préparation aux devoirs qu'elle aurait à remplir ailleurs.

C'est cette foi agissante qu'elle recommandait à son amie, à son lit de mort : « Je sais en qui j'ai cru, le Courage et la Foi, voilà ce qui fait le bonheur. »

« Travailler et aimer » étaient ses deux mots d'ordre, que lui criait la souffrance humaine vers laquelle elle se penchait, et que lui répétaient son propre cœur, sa religion et sa foi.

Elle organisa les conférences de l'hôtel de P... pour faire entendre, au milieu des dissertations philosophiques, quelques appels éloquents aux cœurs de ces gens mondains et frivoles, de ce public sceptique et rieur qui se pressait dans la grande salle des fêtes et s'y disputait les places comme au spectacle...

Qu'est-il resté des belles et intéressantes, quelquefois éloquentes paroles prononcées dans ce luxueux décor par les Passy, les Richet, les Rognon, Bonet-Maury, Charbonnel, etc... ? *Verba volant.* Peut-être quelques graines sont-elles tombées en bonne terre ?

Tout cela est maintenant fini, pour la terre du moins. La duchesse est morte subitement le 2 novembre 1895. Ses dernières œuvres sont abandonnées, les souvenirs dispersés, l'*Aurore* a disparu dans les ombres de la nuit et, sur un côté de l'hôtel désert, se balance l'écriteau banal parisien qui annonce la fin des choses de ce monde : « A vendre ou à louer. »

CONGRÈS PÉNITENTIAIRE DE PARIS

JUILLET 1895

La dernière grande œuvre à laquelle Mme de Morsier prit part avant de quitter cette terre, fut le *Congrès pénitentiaire*, tenu à Paris dans les dix premiers jours de juillet 1895. C'était le 5me Congrès international sur les nombreuses questions sociales qui gravitent autour de la prison. Ce 5me Congrès comprenait près de 500 membres, représentants de vingt nationalités différentes. Emilie de Morsier y prit part à coté de son ancien collègue du Comité de Paris, M. Yves Guyot, et des délégués de Genève, de la *Fédération internationale abolitioniste*, pour défendre tout le côté moral de la protection de la jeune fille et de la femme dans la société. La question fut mise à l'ordre du jour dans la 4me section et vint en discussion le dernier jour du Congrès. Ce fut ce jour-là, le 10 juillet, que Mme de Morsier, devant cet auditoire composé de l'élite du monde civilisé, prononça une allocution si chaude et si vibrante que l'on put voir des larmes d'émotion couler des yeux des magistrats et des hommes les plus graves et les plus sceptiques. Voici cette allocution :

MONSIEUR LE PRÉSIDENT,

En ouvrant ces débats, vous avez bien voulu nous convier, nous femmes, nous mères, à prendre une part active à vos travaux. Mais l'inquiétude vous a pris alors qu'il s'est agi de la question qui nous occupe aujourd'hui. Je vous ai entendu exprimer la crainte que ce sujet ne fût très désagréable pour les dames.

C'est un sujet douloureux à traiter, en effet, et ce n'est sans peine que quelques-unes d'entre nous se sont décidées à entreprendre cette étude. Mais une fois que nous avons compris cette question, elle s'est imposée à notre conscience. Le seul regret que j'éprouve, Monsieur le Président, c'est de ne pas pouvoir vous dire, ici, toute ma pensée à ce sujet, car je dois me tenir dans les limites posées.

C'est de la traite des blanches seulement dont j'ai à vous parler.

J'avouerai que mon étonnement a été grand lorsque j'ai lu dans le rapport de M. Joseph Loratelli ces mots :

« Aujourd'hui la traite des blanches existe seulement pour les femmes qui ont atteint leur majorité et qui se sont déjà adonnées à la prostitution ou qui comptent s'y livrer. »

Je vous renvoie sur ce point, Messieurs, aux rapports de MM. Minod, de Meuron et Yves Guyot, car le temps me manque pour répéter, ici, ces faits. Je ne parlerai également pas des détails qui touchent à la traite et aux moyens de répression possibles. Dans cette matière si compliquée où textes de lois, considérants et statistiques s'entassent au point de nous donner le vertige, je m'en rapporte volontiers à la compétence des hommes, sachant qu'il y en a parmi eux qui ont la vue assez claire et la conscience suffisamment droite pour arriver à des conclusions en harmonie avec les principes de justice et de morale que les femmes ont le devoir de défendre.

Mais lorsqu'il s'agit d'une prostituée envisagée, quel que soit d'ailleurs son état de dégradation, comme un être humain qui a droit à la justice aussi bien qu'à la pitié, nous serons certainement plus capables que vous de prononcer, Messieurs, car notre expérience dans les œuvres de sauvetage nous a montré comment l'enfant, la jeune fille, la femme, sont entraînées sur la voie douloureuse qui les conduit des jours de l'enfance innocente jusqu'au gouffre de la prostitution. Voyez à ce sujet le remarquable rapport de Mme Oppezzi.

A toutes ces causes qui concourent à perdre la femme vient s'ajouter cette dernière fatalité, le sceau officiel, qui rive pour toujours la chaîne de son asservissement au vice. De la prostitution libre, la femme passe, par les soins de l'administration, dans la prostitution officielle.

Le Dr Lombroso, qui a la prétention de pouvoir déterminer le type du criminel né, lequel, dit-il, est très rare chez les femmes, pense qu'en dernier ressort, « lorsqu'une mineure paraît avoir un penchant invincible pour la prostitution, il faut l'enrôler dans la prostitution officielle. » Voilà un dernier type d'établissement d'éducation ou de correction auquel la IVme section n'a pas songé, je crois.

Ce point de vue tout à fait masculin est d'accord avec l'opinion émise par le Dr Jean Pettorelli, qui nous dit que « la prostitution est nécessaire parce qu'elle contribue à maintenir l'ordre et la tranquilité au sein de la société », et, ajoute-t-il, « s'il était matériellement possible de la supprimer, il ne le faudrait pas ». Ailleurs, il a soin de nous rappeler que l'affaiblissement des convictions religieuses est une des principales causes de la corruption des mœurs, « car sans religion, dit-il, il n'y a ni probité, ni honnêteté, ni morale, ni sagesse. »

Comment il concilie l'idée d'un gouvernement soucieux de la morale et de la religion avec l'affirmation qui précède, c'est son affaire. Mais de ces sortes d'accommodements avec le ciel, nous n'en voulons pas, Messieurs, et je dirai ici — sans crainte d'être démentie par mes amies, mes collaboratrices et les milliers de femmes qui, dans tous les pays, se sont levées pour lutter contre la prostitution nécessaire, autorisée, donc encouragée par les gouvernements — ce n'est pas ainsi que nous entendons la justice, la morale, ni la religion.

Vous nous tenez parfois pour des cerveaux faibles, Messieurs. Eh bien oui, nous avons la faiblesse de croire à une loi supérieure à celles que vous édictez ; une loi qui ne permet pas qu'un progrès moral s'accomplisse au moyen de la violation des principes de la morale ; une loi qui n'admet pas en fait de justice l'arbitraire et les règlements d'exception ; une loi, enfin, devant laquelle l'homme et la femme sont égaux. Cette loi fonctionne, que vous la reconnaissiez ou non. Les uns l'appelent *divine*, les autres la nomment *nécessité*. C'est la force des choses, le choc en retour qui frappe les individus ou les nations lorsqu'ils commettent le mal, la loi de la cause et de l'effet.

Voyez la traite des blanches, par exemple. Vous commencez à être effrayés, et il en est temps, Messieurs, de l'extension qu'a prise cet horrible commerce. Vous cherchez la manière de frapper les proxénètes ; mais vous vous heurtez à ceci : « Les courtières en prostitution, a dit le Dr Jeannel, spécialiste en cette matière, sont *tolérées* » ; par conséquent pourquoi les punir ? Il est vrai que vous ne les tolérez que lorsqu'elles font marché des majeures ; mais les voyageurs de commerce en chair humaine ne sont pas embarrassés pour si peu. On falsifie les actes de naissance. Et comme ces malheureuses sont enfermées dans des maisons autorisées par l'Etat, quoi d'étonnant si la police se montre indulgente pour les tenancières et pour les fournisseurs de ces maisons ?

Quant à la vigilance paternelle du service des mœurs qui, soi-disant, ne permet jamais qu'une fille soit enfermée contre sa volonté, c'est une légende qui ne tient plus debout après les révélations de l'Association contre la traite des blanches et de la Fédération pour l'abolition de la réglementation.

Mais voyez encore comme s'accomplit la vengeance des choses.

Les partisans de la prostitution officielle pensent qu'elle est nécessaire pour la défense des femmes honnêtes. Nos femmes, nos filles s'écrient-ils, seront exposées à tous les attentats. Je me demande si vraiment, à la fin du XIXe siècle, l'homme n'est encore qu'une bête féroce. Mais voilà que la traite des blanches qui se fait en vue de la prostitution officielle engloutit chaque année un grand nombre de pauvres jeunes filles honnêtes, trompées par les manœuvres des proxénètes et des agences louches. La chose est si patente, Messieurs, que ce Congrès scientique, administratif et très décoratif, a été forcé de mettre cette question à son programme. Et le fait de reconnaître que la traite des blanches existe prouve qu'il n'est pas vrai que toutes les femmes qui se trouvent dans les maisons de tolérance y sont de par leur volonté.

Ah ! Mesdames, avez-vous songé à ce qui a dû se passer dans le cœur et l'intelligence de ces malheureuses avant qu'elles en arrivent à ce degré de dépravation où, hélas, nous-mêmes sommes forcées de dire qu'il n'y a guère d'espoir ?

Une de nos amies, qui habite un port de mer, nous écrivait ces mots tragiques :

« Je la vois la fille-mère abandonnée, je la vois dans son angoisse, sa folie, en prison pour crime d'infanticide. Mais il y a un sort plus cruel encore que celui-là ; je la vois, à minuit, dans la rue, offrant son corps décharné et couvert de haillons jusqu'à ce qu'elle périsse dans un coin. Je la vois parmi le troupeau de ses compagnes qui, comme des têtes de bétail, s'en vont à la visite chirurgicale ; je la vois peinte et parée dans sa prison dorée, esclave qui jamais ne trouvera la liberté, vendue au premier venu.

« Je les ai entendues rire et plaisanter, ces pauvres filles, un jour où elles se rendaient en troupe sur le port. Et l'une d'elles criait à un homme qui les regardait passer — un habitué de sa maison : « Ne vous étonnez pas si nous sommes si gaies, ce sera bientôt fini, on nous emmène à Riga pour les marins que l'on attend, maintenant que les glaces sont fondues dans la Baltique ; trois semaines de ça et nous serons finies. Alors on se jette à la mer et puis tout est dit. Hourrah ! »

Voilà comme elle finit, l'esclave blanche ; mais en est-elle venue là toute seule ? N'a-t-elle pas eu des compagnons dans ce voyage de la honte ?

Il y a d'abord le courtier qui l'a vendue 200, 300, 500 francs suivant son âge et sa beauté ; si par hasard la police met la main sur lui, il aura dix-huit mois ou deux ans de prison. Il y a la maîtresse de la maison qui est protégée par le gouvernement ; enfin il y a le client, l'acheteur. Oh ! de celui-là il ne faut pas parler : c'est toujours un très honnête homme.

Dors, pauvre esclave blanche, au fond de la mer immense ; que les algues vertes fassent à ton corps flétri un linceul d'espérance. Nous qui pleurons sur toi, nous croyons que tu t'éveilleras un jour en un lieu où règne la vérité, et où l'âme de la femme ne sera pas pesée dans la balance de la justice des hommes.

Messieurs, vous essayez ici de travailler à une justice relative, et c'est un honneur pour ce Congrès d'avoir mis cette question à son programme, sur la demande du Dr Guillaume, directeur de l'office fédéral de statistique à Berne.

Au nom des femmes qui ont à cœur cette question, je remercie le Président de ce Congrès, M. Duflos, qui a insisté pour qu'elle ne fût pas renvoyée à une prochaine session. Je remercie aussi son Excellence M. Fouks, sénateur, président de la Société juridique de Saint-Pétersbourg, qui a présidé la 1re section de se Congrès ; et M. de Jagemann, envoyé extraordinaire et ministre plénipotentiaire de S.

A. R. le grand-duc de Bade, à Berlin, qui a présidé la IVme section, de la courtoisie avec laquelle ils ont déféré à notre désir pour que la discussion pût avoir lieu en réunissant les deux sections. Et me tenant dans les limites exactes de la question, j'ai l'honneur de déposer la conclusion suivante sur le bureau :

Le Congrès,

Estimant qu'il est contraire à la dignité humaine ainsi qu'à l'esprit et à la lettre des accords internationaux pour la répression de l'esclavage, qu'un être humain puisse faire l'objet d'un trafic quelconque de la part d'un tiers, émet le vœu qu'une entente intervienne entre les divers Etats pour mettre un terme à la traite des blanches.

Cette proposition fut votée par le Congrès.

Ce fut le dernier discours de Mme de Morsier sur cette terre, trois semaines après elle partait pour la Suisse, et le mal cruel qui devait l'emporter, s'emparait d'elle pour ne plus l'abandonner.

Rentrée à Paris à la fin de septembre, la maladie s'accentua. La paralysie gagnait le cerveau, la parole devenait parfois difficile, la fièvre augmentait d'heure en heure ; puis, après deux longs mois de souffrances, un sommeil comateux s'emparait de la malade, elle ne parlait plus que fort peu, répondant par oui ou par non, et pas toujours, aux questions de ceux qui l'entouraient.

La matinée du vendredi 10 janvier fut la dernière un peu lucide. Elle reçut quelques amis qui venaient l'embrasser ou lui serrer la main ; une de ses dernières paroles fut dite à une de ses amies : « Le courage ne suffit pas seul, il faut la foi, la foi qui peut dire : je sais en qui j'ai cru ; le courage et la foi font le bonheur de la vie. »

Elle s'est endormie paisiblement dans les bras de son Dieu, le lundi 13 janvier, à neuf heures du matin, après un sommeil paisible de quarante-huit heures, sans avoir repris connaissance.

... Elle est entrée en paix dans la splendeur de cet au delà, dont elle parlait si souvent à ceux qu'elle aimait, et où elle savait retrouver les biens-aimés qui l'avaient devancée...

Il y a eu un service religieux dans le temple de Passy, rue Cortambert, fait par ses amis Couve et Wagner..., et puis nous avons emmené son cercueil, selon son désir, dans son cher cimetière de Vernier, où il repose sous la verdure, à côté de ceux qui l'ont précédée...

Heureux sont les morts qui meurent au Seigneur, car ils se reposent de leurs travaux et leurs œuvres les suivent.

Apoc. XIV, 13.

IN MEMORIAM

A MADAME ISABELLE BOGELOT

EN SOUVENIR DE SON AMIE (15 JANVIER 1896)

Au mort, qui vient de rendre en son dernier soupir
A la terre son corps, las enfin de souffrir,
Croyez-vous que ce Dieu, maître des destinées,
Qui mesure aux humains les jours et les années,
Notre Dieu tout puissant, Roi de l'immensité,
Ait clos les portes d'or de l'Immortalité ?
Oh ! non, non, dès le seuil des sphères éternelles
Notre esprit aperçoit des vérités nouvelles,
Vérités que parfois entrevoient en rêvant
Le Poète inspiré, le Sage, le Savant.
Fleurs divines que Dieu sème à travers les mondes,
Et c'est pour les cueillir, près des sources fécondes
Qui dans l'immense Ether s'écoulent vers le port,
Qu'à l'homme voyageur Il a donné la mort...

Ici-bas attachés à la rude matière,
Nous ne pouvons, du vrai, supporter la lumière
Et nous marchons craintifs, courbés sur les travaux,
Objets de notre épreuve et source de nos maux.
Mais l'Idéal soutient pourtant notre faiblesse,
C'est lui qui met en nous la Force, la Tendresse,
Le Courage et la Foi, l'indulgente Amitié,
Et la Charité sainte, et la sainte Pitié.

Celle qui vient, hier, de nous être ravie,
De ces nobles vertus sut embellir sa vie,
Pour tous, elle rêvait le Bien, le Beau, le Bon,
Le secours au malheur, aux fautes le pardon.
Si son œil s'attristait devant la défaillance,
Il ne s'en détournait jamais, et sa vaillance

Ne savait reculer devant aucun devoir
Que son cœur bien souvent savait seul entrevoir.
Ah ! c'est que l'horizon n'avait point de limite
Pour cet esprit si pur, pour cette âme d'élite.
Ce foyer tant aimé, que son départ éteint,
A son désir du Bien paraissait trop restreint.
Elle avait le besoin de sauver des misères;
Dans tous les malheureux elle voyait des frères.

Elle savait que c'est toute l'humanité
Que le Seigneur confie à notre charité.
Elle disait : « Heureux cent fois celui qui donne,
Mais plus heureux encore est celui qui pardonne ;
Heureux celui qui peut offrir le pain du corps
Et bien heureux aussi qui calme le remords;
Fait en un cœur brisé renaître l'Espérance!
En ramenant au bien, console la souffrance ! »
Et passant, douce et bonne, elle tendait la main
A ceux que torturait la douleur ou la faim.
Elle disait encore : « Allons au fond du gouffre
Où gît désespéré le pauvre être qui souffre.
Le secours de l'aumône est-il donc suffisant ?
Le désastre moral n'est-il pas plus cuisant ?
Il ne faut pas qu'un mal, quel qu'il soit, nous effraie,
On doit cicatriser, sans faillir, toute plaie,
Pleurons avec celui dont nous voyons les pleurs,
Et son âme, un instant, oubliera ses douleurs !
De notre superflu détournons une obole,
Mais trouvons en nos cœurs quelque douce parole,
Nous aurons fait ainsi parfois, pour l'indigent,
Avec de la bonté plus qu'avec notre argent,
Laissez fleurir en vous, éveillez dans les vôtres,
Ces sentiments d'amour qui firent les Apôtres !
Aimer ! oui, tout est là, rien n'est vrai que l'Amour,
C'est pour aimer que Dieu nous donna ce séjour.
Aux uns il imposa les chagrins et les larmes,
Aux autres le devoir de calmer les alarmes.
Pour prix, à ce devoir, il a mis le bonheur,
Et la sainte Espérance avec la paix du cœur. »

Elle parlait ainsi. De cette âme sereine
Que n'effleura jamais ni la peur ni la haine,
Croyez-vous qu'ici-bas il ne nous reste rien ?
Que tout ait disparu ? Non ! Non ! Sachez-le bien !

En ce qu'elle disait à son heure suprême,
Quand la Mort sur son front a mis son diadème
Que ses nobles vertus ont si bien mérité,
Elle nous conseillait encore la Bonté.

Elle a franchi le seuil mystérieux du Temple,
Nous laissant les regrets, mais nous laissant l'exemple,
Et quand nous la pleurons, inclinés, à genoux,
Sa grande âme est ici qui plane autour de nous !

LÉO.

JOURNAL DE GENÈVE, DU 15 JANVIER 1896

C'est avec un regret auquel s'associeront tous ceux qui ont connu cette gracieuse et excellente femme, que nous apprenons la mort de Mme Emilie de Morsier-Naville, fille de M. Louis Naville Todd, ancien maire de Vernier, qui l'a précédée de bien peu dans la tombe.

Depuis plus d'un quart de siècle, elle s'était fixée à Paris où elle tenait une place considérable dans le monde littéraire, politique et philanthropique, liée avec beaucoup d'hommes distingués et exerçant une véritable influence. Douée d'une intelligence remarquable, d'un cœur chaud et d'une imagination qui la portait à s'intéresser à tout ce qui lui paraissait un progrès religieux ou moral, elle s'était activement associée à des entreprises qui n'avaient pas toutes la même valeur, mais auxquelles elle apportait tout son zèle et toute la chaleur de son âme. Celle à laquelle elle s'était particulièrement dévouée était la protection et le relèvement moral de la femme, dans le sens de cette réforme des mœurs qui fait en ce moment l'objet d'une proposition d'initiative devant notre Grand Conseil. Elle a rempli pendant quelque temps, peut-être même remplissait-elle encore, nous l'ignorons, les fonctions de secrétaire de la Fédération britannique.

Mais ce n'était là qu'une des nombreuses branches de son activité qui s'intéressait à bien des choses, même à la réputation des hommes qu'elle croyait avoir été mal jugés pendant leur vie et qu'elle cherchait à présenter sous un jour plus favorable. C'est à cette disposition d'esprit que nous devons un très beau livre sur Mazzini dont nous avons rendu compte à cette place et où elle relevait l'idéalisme profond et même les convictions religieuses de ce révolutionnaire d'une espèce aujourd'hui très rare, celle des désintéressés et des croyants. Ce n'est pas le seul écrit qui soit sorti de sa plume élégante et facile, mais nous n'en avons pas la liste sous les yeux et nous craindrions en les citant de mémoire, de commettre des erreurs à son préjudice. Mais ce qu'il y avait de mieux en elle, c'était elle-même, une âme faite pour aimer tout ce qui était grand et beau et dont l'amitié pour ceux à qui elle l'avait accordée, était un trésor de grand prix.

PETITE RÉPUBLIQUE, DU 17 JANVIER 1896

L'héroïque champion de l'abolition de la prostitution réglementée, en même temps qu'une des plus attachantes personnalités fémininesde notre époque, Mme Emilie de Morsier, vient de mourir. Un mot la résume toute, le mot : *sympathie*. Nulle femme, en effet, n'incarne plus complètement la sympathie qu'Emilie de Morsier. Elle souffrait les souffrances de toutes les femmes, et, parce qu'elle les souffrait, elle les comprenait, elle y voulait, d'une foi ardente, toujours active, jamais lassée, le grand remède de justice.

A ce « toujours plus de justice », elle donna toute sa vie, vie suprêmement rayonnante : rayonnante dans l'espace, ses sœurs de France, et, après elles, ses sœurs de Suisse, ses sœurs d'Angleterre, ses sœurs d'Amérique, pour ne citer que celles-là, en peuvent témoigner ; rayonnante dans le temps, ceux et celles qui travaillent au règne de la justice, travaillant bien plus pour l'avenir que pour le présent et Emilie de Morsier ayant édifié pour l'avenir autant que consolé pour le présent.

Aussi, toute cette sympathie qui émana de sa grande âme et de son cœur vaillant, lui revient-elle en hommage touchant en ce jour des obsèques.

THE DAWN, DE FÉVRIER 1896

Our dear Madame de Morsier is gone to her rest. She died on the 13th of January, at the age of 52, still full of ardour and of power for work. She has been my fellow worker at intervals since 1875, and I loved her dearly; — a generous, large-hearted woman, free from all littleness and egotisms, and ever aspiring towards the ideal. Those who mourn her, chose well the words wich they affixed to the notice of her departure : — « Blessed are they that hunger and thirst after justice, for they shall be filled » (the words are the same for « justice » and « righteousness » in the French language and also in German). Her soul did indeed thirst for justice; her nature was in continual revolt against all injustice, wrong, and oppression, and *now she is and will be satisfied.* I saw her, for the last time, last September, at La Gordanne. She was then suffering, but had put her case in God's hands. I was struck by the humility and trusting calm with which she spoke of herself. I think I may be permitted to quote, from a number of touching details sent to me by her bereaved husband, the following, namely, that her last clear utterance before her death was to a friend who had spoken of the courage necessary to oppose the great injustice against which she and we had been so ong at war. Mme de Morsier, in intervals of breathlessness, said : — « *Courage is not all which is necessary; we must have faith; — yes, the faith which can say, 'I know in whom I have believed.'* »

Some of my earliest fellow workers will be able to recall with me our impressions of Madame de Morsier in many of our International Conferences. It was truly said of her that she *loved* to grapple with a difficulty. Her intellect was keen and clear, her apprehension of a complex situation rapid and correct, and she had a wonderful facility in unravelling a knotty point, and in separating the root principle which we were called to defend from false or confusing entanglements, and making it stand out clear and free. We can remember her masterly interpretations of speeches made in a language not understood of all, and her resumés of some long-contested arguments which seemed to bring light where there had been mist and confusion. She was gracious and graceful with all, — a true woman. I like to recall her manner, her rich sweet voice, and her beautiful French. This gifted woman and fellow-worker seems to have been taken from us too early; I mourn her loss; her affection for me never failed, and she always received from me with great sweetness and gentleness any expression of views differing from her own. In the matter of our common work we were absolutely at one, as we were also, and are, in our thirst for righteousness.

Our hearts go out in deep sympathy for her bereaved husband and sons, and for her mother, Madame Naville Todd. M. de Morsier tells me of his dear wife's appearance as she lay, after the spirit had fled, endowed with an extraordinary renewal of youthful freshness, fair and calm, her abundant hair spread loose around her, and her hands folded on her breast.

I cannot refrain from giving here an extract from her last public utterance, in the summer of last year at the *Congrès Pénitentiare* in Paris, on the programme of which had been placed the subject of the « White slave trade, » Some who heard her remarked on the tenderness and the noble indignation of her love and words, which for the moment shook the hearts even of the cynical defenders there of the State surveillance of human sacrifices, who, while condemning the traffic in poor girls, asserted in their illogical fashion that the State prison houses of vice must exist, and must therefore be *furnished*, — with human victims!...

Jos. Butler.

REVUE SOCIALISTE, DE MARS 1896

Ce n'est pas une biographie que j'écris, c'est un devoir d'ami que j'accomplis. Je dois à mon excellent ami Benoît Malon l'honneur d'avoir connu cette femme supérieure ; elle ne lui a survécu que de trois ans et tous deux laissent derrière eux un vide qui sera difficilement comblé.

Dans la triste période d'intrigues, de chantages, de hontes que nous traversons, les yeux se tournent de plus en plus vers l'idée nouvelle qui porte en ses flancs un monde nouveau. Et c'est à ce monde nouveau, déjà si fortement ébauché, que Mme de Morsier avait voué son intelligence, sa plume, sa parole, son grand cœur.

Elle aurait pu briller au premier rang dans la vie frivole et banale des salons; elle dédaigna ces succès faciles et préféra se vouer au soulagement des abandonnées. Elle avait tout pour convaincre et séduire une foule : intelligence vive, brillante, solide, nourrie de faits et d'idées; éloquence passionnée, entraînante, dont l'effet était doublé par son beau visage aux traits fins et réguliers, par son abondante chevelure blonde, par son allure majestueuse, par la douceur ferme d'un regard où transparaissait une âme ardente et bonne.

Elle vint au socialisme par le sentiment plus encore que par le raisonnement. Lorsqu'elle en connut les doctrines, elle put s'écrier comme le peintre italien : Et moi aussi je suis socialiste (1).

(1) Quelques citations préciseront le sens dans lequel Mme de Morsier fut socialiste. Elle disait, dans un discours prononcé en 1885 :

« Il faut que la femme soit indépendante de l'homme...

« Il faut que l'ouvrière puisse gagner sa vie, pour ne pas être condamnée à la faim ou à la honte.

« Il faut que la femme instruite puisse choisir librement une profession, afin que son avenir ne soit pas à la merci d'un mariage.

« Il faut que la jeune fille riche renonce aux préjugés de son milieu et comprenne que sa fortune serait mieux employée à soulager les misères de l'humanité qu'à enrichir des communautés ou à doter un mari oisif.

« Il faut que l'épouse sache que les devoirs de la famille ne la dispensent pas

Naturellement ce fut la situation de la femme qui l'attira. Elle comprit que, pour la femme tombée, le relèvement est souvent possible, toujours désirable et, sans se soucier des sarcasmes, elle se donna tout entière à cette tâche de relever les bonnes volontés hésitantes. Qui pourrait compter les malheureuses qu'elle a empêchées ainsi de retomber dans la boue?

Les multiples soucis de ce patronage, ses devoirs de mère et d'épouse ne suffisaient pas à son appétit d'action et de travail. Elle laisse encore une très belle traduction des œuvres de Mazzini et un opuscule, plein de cœur, comme tout ce qu'elle a écrit, opuscule dont je ne saurais ni parler ni me taire, parce qu'il me concerne.

Elle a traduit, en outre, plusieurs ouvrages de l'anglais; et, des lettres, toujours très élevées, qu'elle a éparpillées au cours de sa généreuse existence, on pourrait, on devrait faire un volume qui serait une lecture attachante et un réconfort moral.

Portée au mysticisme, comme bon nombre de femmes, elle avait l'esprit trop large pour ne pas admettre qu'on pût penser autrement qu'elle sur l'au delà mystérieux de la vie, et elle n'a point refusé son amitié à des libres-penseurs, à des matérialistes, voire à des athées comme celui qui écrit ces lignes.

Ce fut une femme enthousiaste et courageuse, dont l'exemple a fait autant que la chaude parole pour la cause qu'elle avait embrassée.

Sa perte n'est point seulement irréparable pour sa famille et ses amis; elle est un deuil pour toutes les femmes et pour le socialisme.

Amilcare Cipriani.

ASSEMBLÉE GÉNÉRALE DE L'ŒUVRE DES LIBÉRÉES DE SAINT-LAZARE, FÉVRIER 1896

Allocution de M. le Pasteur WAGNER

Mesdames, Messieurs,

Ceux qui travaillent dans ce monde ont, à côté de leur famille intime, et des parents qui leur sont alliés par les liens du sang, une

du devoir social, auquel chaque être humain doit apporter sa part, si petite fût-elle.... »

Elle sentit aussi à quel point la société est responsable des crimes individuels qu'elle laisse ou fait commettre. Voir son discours à l'*Œuvre des Libérées de Saint-Lazare*, de février 1892.

(Note de la Direction).

autre famille et d'autres parents: ce sont leurs collaborateurs, les hommes qui, voués aux mêmes intentions, au même idéal moral, leur ont tendu la main pour s'appliquer aux mêmes œuvres.

Si la famille de Mme de Morsier lui a rendu, il y a quelques semaines, de derniers et de douloureux honneurs, il incombait à cette réunion qui représente la famille de ses collaborateurs, de se souvenir d'elle aujourd'hui. C'est le premier devoir d'un groupe agissant de ne pas oublier ceux qui sont tombés sur la brèche, qui ont payé de leur personne, et qui sont entrés dans ce grand mystère qu'on appelle la mort. Il faut toujours travailler avec piété; la piété entre collaborateurs contribue à augmenter leur zèle, leur ardeur et leur courage. Je ne connais rien de plus grand, de plus encourageant que la mémoire pieusement entretenue de ceux qui ont marché avec nous, qui ont travaillé parmi nous, dont la voix laisse après elle un écho vibrant, et qui maintenant, entrés dans le repos infini, dans la vie immortelle, restent présents pour toujours parmi leurs amis, et semblent les encourager, les entraîner, les exciter à ce même bon combat qu'ils ont livré eux-mêmes pendant leur existence mortelle.

L'année dernière, Mme Emilie de Morsier était pour nous une absente; elle était là-bas, près de son vieux père dont elle guettait le sommeil, dont elle soignait la dernière maladie, devenant pour ainsi dire, par un retour touchant des choses, la mère de celui qui était son père et portant sur ses mains d'enfant et de fille celui qui, autrefois, l'avait guidée en l'initiant à l'existence. Elle nous écrivait de Vernier, où ses devoirs la retenaient, qu'elle était auprès d'une vie finissante pour le temps, mais non pour l'éternité... Cette année elle n'est plus absente d'une absence temporaire, elle est absente pour toujours ici-bas; par conséquent je crois qu'il est bon de parler d'elle d'associer son souvenir à celui de ses collaboratrices, de ses collaborateurs, que notre chère directrice générale a mentionnés tout à l'heure, et de nous associer tous ensemble à l'espoir, au courage et au labeur de nos morts aimés. Ceux qui sont pour la solidarité ne la pratiquent pas seulement entre vivants, mais ils pratiquent encore la noble, la sublime solidarité des vivants et des morts.

Mme de Morsier n'était ni de la race des satisfaits, ni de celle des résignés, ni de celle des mécontents, races pullulantes qui se partagent les foules. Les uns sont satisfaits parce que tout va bien pour eux; n'ayant rien à désirer, ils n'ont point de plaintes à formuler. Les autres sont résignés parce que, étant malheureux, ils pensent qu'il n'y a rien à changer à leur malheur, que le mal est fatal, et que l'homme est trop petit pour lutter contre la fatalité. D'autres encore sont mécontents, mais le mécontentement pour eux est une carrière. Ils ne croient point au bien, ils croient au mal, au mal qui leur fournit tous les jours une matière pour se plaindre, pour exhaler leur haine et leur mécontentement. Le mécontentement par lui seul est stérile; les satisfaits sont stériles; ceux qui sont résignés ne produisent rien : il faut être un mécontent qui croit au mieux et surtout au devoir de travailler à ce mieux. Le monde meilleur ne tombera pas du Ciel, il sera réalisé par les hommes fermes et courageux qui oseront déclarer la guerre à ce qu'on appelle une fatalité et prouver à ce géant qu'il peut être tombé par des mains mortelles, réduit à néant par ceux qui espèrent, qui croient et qui travaillent. Mme de Morsier était donc une mécontente qui croyait aux choses meilleures : elle y aspirait de tout son pouvoir; l'injustice la tourmentait, la torturait, s'installait dans son âme comme un remords; non seulement elle en souffrait, mais elle s'en croyait en quelque sorte coupable.

Il y a un effet de la solidarité bien comprise qui fait que l'homme ressent les douleurs d'autrui et qu'il s'accuse quelquefois des fautes que d'autres commettent : effet mystérieux, mais conforme à la justice. Nous sommes responsables les uns des autres et les uns pour les autres; c'est pour cela que ce n'est point une utopie et un rêve de sentir sur son front une marque d'ignominie, parce que certains autres fronts sont chargés d'indignité. Mme de Morsier n'a jamais pu admettre qu'une femme puisse être maltraitée, dégradée, avilie par les mœurs privées ou par les lois publiques, sans que toute femme, toute fille, toute mère dût se sentir atteinte par cette même flétrissure. Elle n'a jamais pu croire qu'il puisse y avoir une tare dans le cœur de la femme et un stigmate de honte sur son visage sans que la famille, l'enfant et l'homme, tout ce qu'il y a de sacré sur la terre, et la source même de la vie en soient compromis et pour ainsi dire souillés. C'est pour cela que, voyant dans la société où nous vivons, certaines femmes marquées d'un signe indélébile, d'un signe de réprobation, qui leur fait un sort d'exception et de misère, un sort de parias, elle comprit que s'il y avait pour la femme, pour la mère, pour celle à qui a été donnée une situation plus morale et plus heureuse, un devoir impérieux, c'était celui de s'occuper de ses sœurs tombées.

Avec ces dispositions d'esprit, ce devoir gravé dans son cœur, cette voix qui lui disait : « Marche, va, voici l'ennemi, tu l'attaqueras, tu ne transigeras pas, tu ne capituleras pas », avec ces dispositions, notre défunte amie était prédestinée à rencontrer un jour ou l'autre la Société des Libérées de Saint-Lazare. Il y a des êtres qui se rencontrent tôt ou tard dans ce monde, qui sont faits pour se rencontrer, malgré tous les obstacles et toutes les distances. « Les heures arrivent toutes », a dit le poète; et il est arrivé une heure où Mme de Morsier a rencontré Mme Bogelot, a rencontré votre société. Ce jour-là, elle a compris que ce qui était en elle, que ce qu'elle rêvait, que ce qu'elle proclamait, avait pris corps dans une œuvre assise sur la patience, sur le courage pratique, sur la méthode, une entreprise enfin dans laquelle toutes les vertus, on peut bien le dire, se sont donné rendez-vous. C'est pour cela qu'elle entra dans vos rangs avec tant d'enthousiasme, avec un cœur si chaud, et que jamais, dans aucune circonstance, sa voix, si éloquente cependant, ne trouva d'accents plus généreux et plus pénétrants que lorsque vous la chargiez de traduire en public ce que vous vouliez, ce que vous sentiez, votre principe, vos expériences, et votre but. Elle est devenue votre porte-voix, et ce porte-voix a retenti au loin. Elle a sonné pour vous de la trompette magnanime, du clairon qui fait trembler les vieilles bastilles et les vieilles forteresses, et tous vos courages se sont senti, à certains moments, enflammés par les cris entraînants qu'elle prêtait à vos sentiments.

Et maintenant en pleine force, en pleine vie, elle a été enlevée par un mal implacable, un mal subit, quoique son action ait été longue et torturante. Elle a été enlevée aux siens, à l'affection de ses enfants, de son mari et elle vous a été enlevée ! Désormais vous n'entendrez plus cette voix, et c'est pour cela qu'il faut d'autant plus nous souvenir de ce que cette voix disait, de ce que vous lui avez inspiré et de ce que vous voulez vous-mêmes.

Votre société est un milieu dans lequel on ne fait pas seulement du bien à ceux auxquels vous vous consacrez, que vous ramenez, que vous ennoblissez, et que vous élevez vers un idéal plus pur et une vie plus juste. Votre société n'a point seulement assumé une charge d'honneur en sauvant pour sa part l'honneur du pays; car il y a certains déshonneurs qui pèsent sur un pays jusqu'au jour où quelques nobles cœurs comprennent qu'il faut les enlever et les effacer comme des taches, et si vous avez déclaré la lutte à quelque chose qui semble inaccessible, et tenté de réaliser ce qu'on nous représente comme l'impossible même, c'est que, du moins, vous saviez qu'en tentant l'impossible et qu'en aspirant à l'inaccessible, on peut quelquefois sauver l'honneur, alors même qu'on ne ferait rien d'autre. Eh bien, votre société non seulement est une société bienfaisante, une société d'honneur, mais elle est encore un milieu salutaire et fécond, un milieu propice à l'éclosion de belles et durables amitiés.

On dit quelquefois que l'amitié s'en va de ce monde, qu'il y a peu d'amitié. Savez-vous pourquoi ? L'amitié est une plante délicate qui demande à être cultivée dans certaines conditions de pureté d'atmosphère et de qualité de terrain ; tous les terrains ne sont pas bons et toutes les atmosphères ne sont pas favorables. Lorsque vous vous liez pour des intérêts misérables ; lorsque vous vous liez sous l'influence de l'esprit de parti ; lorsque vous vous liez purement et sim plement pour des égoïsmes vulgaires, des plaisirs d'un jour et quelquefois pour vous corrompre et vous avilir les uns les autres, quoi d'étonnant que votre amitié ne dure pas plus que vos plaisirs et que vos intérêts ! Mais lorsque des hommes se donnent la main pour une œuvre qui n'est point d'un jour, mais de toujours, qui ressort de l'obscure et impérieuse consigne du devoir sous laquelle tout individu doit plier; lorsque vous vous unissez et que vous travaillez ensemble pour une telle œuvre, alors votre amitié est cimentée par ce qu'il y a de plus noble et de plus ferme dans la nature humaine. C'est pour cela que vous avez vu naître parmi vous des amitiés comme celle de Mlle Caroline de Barrau, de Mlle Isabelle Bogelot, de Mme de Morsier, et bien d'autres encore. Amitiés si profondes et si durables qu'elles tiennent pour la vie et la mort. Car, alors même que celles qui en étaient animées sont entrées dans la vie immortelle et invisible, ou plutôt, par cela même qu'elles y sont entrées, leur amitié demeure et prend un caractère plus fort, plus touchant et plus haut.

Il ne nous reste plus qu'une chose à vous dire :

Lorsqu'un soldat tombe au champ d'honneur, on crie : « Serrez les rangs ! » Après avoir salué ceux qui sont tombés, nous aussi serrons nos rangs ! marchons au combat, l'âme remplie de leur souvenir. Ils ont marqué la route derrière nous de leurs tombeaux et de la croix d'espérance et de douleur que nous plantons sur ces tombeaux. Ils marquent et jalonnent notre route dans l'avenir en nous poussant toujours plus fermement vers le but. Adieu donc aux chers morts ! adieu à Mlle Emilie de Morsier de tout cœur ! adieu à tous ceux que nous avons perdus cette année ! et de cœur aussi : courage encore pour l'avenir et courage pour toujours, en leur nom et au nom de la cause que nous défendons !

Allocution de M. Léon BOURGEOIS, Président

Mesdames, Messieurs,

Nous allons procéder au vote, mais je ne veux pas laisser s'ouvrir cette opération, qui doit clore la réunion d'aujourd'hui, sans vous adresser mes excuses pour mon absence au commencement de cette réunion. J'aurais très vivement désiré assister au début de cette séance et m'associer aux paroles qui ont été dites sur l'œuvre et particulièrement sur les pertes si douloureuses que nous avons faites au courant de cette année. Si j'en ai été empêché, j'ai tenu du moins, ne fût-ce que très tard, à venir vous donner, par un instant de présence, l'assurance que votre président, quoique retenu ailleurs par une charge très lourde, n'en est pas moins resté de sentiments et de cœur tout à fait avec vous (applaudissements), et que je suis très heureux toutes les fois que je peux trouver, représentant l'Etat, une occasion de témoigner au nom de l'État, au nom de la République, la reconnaissance de tous envers l'Œuvre des Libérées de Saint-Lazare.

Je suis très heureux que les différents comptes rendus qui vous ont été tout à l'heure communiqués vous permettent de mesurer que chaque jour, à chaque heure, notre œuvre se développe, que chaque jour elle est plus puissante et plus prospère, que chaque jour, par conséquent, elle est plus bienfaisante et plus utile, que chaque jour elle est mieux connue.

Il est certain que, peu à peu, le rayonnement de notre action se fait sentir à des points où il était non seulement inconnu, mais encore considéré comme impossible. Il est certain que, chaque jour, chacune de ces bonnes actions, qui sont faites parfois sur quelques points lointains du territoire, sert de semence, et nous finissons plus tard par en récolter les fruits. Remercions donc notre directrice générale, qui est toujours debout, toujours vaillante, et dont l'activité s'exerce non seulement par un courage et une vaillance au-dessus de tout éloge, mais encore... comment dirai-je ?... par une ingéniosité dans le bien qui double pour ainsi dire l'effet de ses bienfaits (applaudissements). Et reportons notre pensée vers une des nôtres qui a disparu, dont on a parlé tout à l'heure (je regrette bien de n'avoir pas été là pour applaudir aux paroles éloquentes dont j'ai entendu l'écho en entrant dans cette salle), reportons notre pensée vers un apôtre également admirable, que nous avons perdu, Mme de Morsier, dont la parole si vibrante et si généreuse retentit encore à nos oreilles. Nous ne l'entendons plus, et cependant nous l'entendons encore, et c'est elle qui toujours nous inspire et nous guide chaque fois que nous avons une œuvre à entreprendre.

Elevons donc notre reconnaissance à la fois vers ceux qui nous ont quittés et vers ceux, qui Dieu merci, nous restent encore pour longtemps ; et les uns et les autres, avec ce sentiment du bien commun et de la solidarité dont on parlait tout à l'heure, continuons à faire de notre mieux. (Applaudissements)

ASSEMBLÉE GÉNÉRALE DE L'ADELPHIE, LE 30 MARS 1896

Mesdames,

Je suis profondément touchée de la bonne inspiration qu'ont eue les dames de votre comité, en m'invitant à dire quelques mots dans cette réunion importante, qui est votre assemblée générale.

.....Si j'ai accepté de vous parler, Mesdames, moi, simple membre de votre groupe, c'est que je ne suis pas une étrangère pour plusieurs d'entre vous, et qu'il m'est doux de faire connaître aux jeunes recrues, qui assistent à cette réunion, ce qu'elles ignorent peut-être; c'est-à-dire les noms des fondatrices de l'*Adelphie* et le point de départ de cette association, dont toutes, nous commençons déjà à recueillir les sérieux bienfaits.

L'une de ces fondatrices est au milieu de vous, c'est Mme Holstein; vous pouvez apprécier les services qu'elle vous rend; l'autre, hélas, n'est plus, la mort nous l'a prise, le 13 janvier dernier, et les *Adelphistes* se seraient amoindries et auraient manqué aux devoirs les plus sacrés de la reconnaissance, en ne saluant pas publiquement le nom d'Emilie de Morsier, dans l'Assemblée générale qui nous réunit toutes, une première fois, depuis que nous l'avons perdue.

Cette grande amie si regrettée de ceux et celles qui l'ont connue, était suisse et le nom de Naville, qu'elle tenait de son père, est tout un programme de loyauté et de dévouement; de sa mère, elle sentait circuler dans ses veines le généreux sang de ce pays écossais, dont l'hospitalité est proverbiale.

Emilie de Morsier n'a jamais manqué à ses nobles origines : elle possédait, au contraire, à un degré très élevé les hautes qualités qui font les vaillants et les forts. Bien jeune, elle vint se fixer en France avec son mari qui l'aida toujours dans ses œuvres, et deux de ses fils — son troisième garçon est né à Paris. Elle vécut vingt-sept ans au milieu de nous et c'est dans notre ville qu'elle a rendu son dernier soupir. Elle fut grandement française par le cœur et servit sa seconde patrie aux heures douloureuses du siège, lui donnant sa jeunesse, son activité et sa grande foi. La France lui rendit sa tendresse en l'aimant comme une fille adoptive et toutes les femmes sont fières de l'avoir eue pour sœur.

Mais cette grande affection qu'elle ressentait pour notre pays ne lui fit jamais oublier ses origines, elle savait ce qu'il en coûte de quitter la terre natale et que ce n'est jamais sans un motif d'ordre supérieur que l'on s'expatrie.

Que le sacrifice soit obligatoire ou volontaire, il faut arracher, au moment du départ, un grand nombre des racines qui vous retiennent au sol! Emilie de Morsier avait ressenti tous ces déchirements et voilà pourquoi sa maison était si hospitalière, pourquoi les portes de son foyer étaient largement ouvertes à ceux et à celles qui arrivaient de loin et qui souffraient. Elle se croyait la sœur des exilés! N'allez pas croire, Mesdames, qu'en rappelant ces touchants souvenirs, je sorte de mon sujet; si je m'en éloigne ce n'est qu'en apparence. Je suis ici pour vous parler de votre société et je ne l'oublie pas ; seulement, le nom d'Emilie de Morsier est trop lié à la fondation de l'*Adelphie* pour qu'il ne soit pas de la plus stricte loyauté de parler beaucoup d'elle, en ce jour. — Permettez-moi, même dans votre intérêt, de jeter un regard en arrière afin de vous faire toucher du doigt, pour ainsi dire, la grandeur du point de départ de votre association et le profit moral et matériel que vous pouvez en recueillir. En 1892, une terrible famine sévissait en Russie. A cette date, Mme Holstein voyait souvent Emilie de Morsier, elle lui fit un récit navrant des souffrances endurées par ses compatriotes les Russes, amis et alliés de la France. Rien ne se disait jamais devant cette femme de bien, sans faire vibrer son cœur, et séance tenante, Emilie de Morsier jeta les bases d'une souscription privée afin de venir en aide, si possible, aux malheureux torturés par la faim.

..... L'idée généreuse fit son chemin et il s'organisa d'autres souscriptions où l'argent abonda, grâce peut-être au bon exemple donné par ces deux femmes associées pour le bien. Emilie de Morsier eut alors un moment de grande joie : elle avait entraîné d'autres cœurs à sa suite, des frères malheureux allaient être secourus ; un jour, n'aurait-elle pas la douce satisfaction de soulager, efficacement aussi, les souffrances de son sexe, en fondant pour les femmes un grand courant d'esprit de solidarité.

En écrivant ces lignes, je revis par la pensée l'enthousiasme et l'ardeur pour le bien de celle que nous pleurons et j'ai sous les yeux les pièces de la comptabilité des sommes reçues et dépensées ; car, Mesdames, sachez-le, les comptes en règle sont la base fondamentale de toutes les entreprises. — Les chiffres ont aussi leur éloquence et leur poésie ; c'est eux qui représentent, par leur exactitude, la valeur réelle du bien réalisé ; mais comme Emilie de Morsier n'attachait à l'argent qu'une valeur relative et qu'elle croyait, avant tout, à la puissance du travail et du don de soi-même, elle associa sa famille à son projet.....

..... Comme elle rencontrait sans cesse des misères sur son chemin, sa tâche n'était jamais achevée, toute action nouvelle réclamait une suite. — C'est ainsi que le *Congrès des œuvres et institutions féminines*, en 1889, donna le jour aux *Conférences de Versailles* qui réunissent tous les ans, aux Ombrages, un plus grand nombre de travailleuses, et que l'*Adelphie* est le résultat de la sympathie née du travail en commun par la *souscription de la famine en Russie*.

Voilà, Mesdames, la noble origine de votre société — voilà votre acte de naissance et si mes paroles vous font désirer plus de détails sur vos heureux débuts, je vous engage à lire le discours d'Emilie de Morsier, prononcé à l'occasion de votre première vente (1).

(1) *Journal des Femmes*, janvier 1894.

A cette date, j'écrivais à notre amie qui me cita. « *Adelphie* voulant dire : Paix, harmonie, amitié, on peut sous ce titre qui unit au lieu de diviser établir la franc-maçonnerie de l'avenir. »

Ce que j'écrivais en 1893 vous avez essayé de le mettre en pratique depuis cette époque et je suis heureuse en finissant de vous remercier de votre bienveillante attention. J'ajoute que, si notre glorieuse morte pouvait nous voir, elle serait heureuse et fière d'avoir contribué à la fondation de notre société qui réalise une partie du bien que rêvait sa grande âme, en donnant à la femme une plus belle indépendance, s'appuyant sur le dévouement et la dignité. Tout ne meurt pas avec nous, Mesdames, si en quittant cette terre nos bonnes pensées et nos bonnes actions profitent à autrui, si notre nom peut encore être prononcé avec affection par ceux et celles qui ont le culte du souvenir et le respect de la tradition. Je termine enfin en témoignant ma reconnaissance à votre comité qui m'a procuré la douce joie de vous parler en sœur et de faire revivre, au milieu de nous, le souvenir de celle qui fut pour moi et pour beaucoup l'amie la plus dévouée.

Isabelle Bogelot,
Directrice de l'Œuvre des Libérées de Saint-Lazare.

CONFÉRENCE DE VERSAILLES DE JUIN 1896

Allocution de Mlle S. MONOD

Mesdames,

Quelques jours avant la mort si soudaine et si solennelle de M. André, notre Conférence même était frappée au cœur par la mort de Mme Émilie de Morsier. Certes, si l'année dernière, à pareil jour, nous nous étions demandé laquelle d'entre nous manquerait aujourd'hui à l'appel, personne n'aurait songé à elle. Avec quel charme et quelle émotion elle nous parlait alors et nous rendait compte de l'activité de la *Ligue des enfants pour le bien !*

Vous vous rappelez combien, dès le début, la pensée de cette Conférence lui avait été sympathique : c'est elle qui, pour lui conserver ce caractère de paix, de fraternité, de dignité que nous avions désiré lui imprimer dès l'origine, eut la pensée d'ouvrir chacune de nos séances annuelles par l'oraison dominicale, ce modèle divin de la prière. « Je vois de plus en plus, disait-elle, l'importance de ce signe de ralliement. » Elle avait en notre modeste réunion tant de confiance, et pour elle tant d'ambition, que nous en étions parfois étonnées nous-mêmes. Mais nous nous laissions gagner par son entrain si communicatif; nous admirions cette vie si intelligente, si large, si pleine; et pourtant il y a trois ans déjà elle m'écrivait : « Je suis absolument navrée de voir mes forces baisser quand il y a tant à faire. » Etait-ce déjà peut-être le commencement du mal qui devait l'emporter après de longs mois de souffrances?

Nous avons peine à croire, n'est-il pas vrai, que cette belle intelligence s'est éteinte; que ce cœur généreux, qui battait d'une manière si intense, si impatiente parfois, pour les causes qui lui étaient chères et pour lesquelles elle n'avait jamais peur de se compromettre — relevons ce trait distinctif de son caractère — s'est arrêté; que nous n'entendrons plus cette voix éloquente et sympathique.

Mais, Mesdames, ce qui disparaît à nos yeux n'est pas mort pour cela. Pourrions-nous penser que l'âme serait moins vivante pour être délivrée de sa fragile enveloppe, et pour avoir passé simplement des conditions étroites du temps dans la plénitude de l'éternité? J'aime à me rappeler ici avec vous une des dernières paroles de Mme de Morsier, que nous citait à son service funèbre le pasteur Wagner, et qui se sera peut-être gravée dans votre mémoire comme dans la mienne. Faisant allusion à ses souffrances, et sans doute au sacrifice même de sa vie, qu'elle ne pouvait voir s'approcher sans le frémissement légitime de la nature, elle disait : « Le courage ne suffit pas; il faut la foi; il faut pouvoir dire : je sais en qui j'ai cru. »

Eh bien, Mesdames, ce n'est pas seulement pour mourir que le courage ne suffit pas; c'est aussi pour vivre. Ce n'est pas seulement pour mourir qu'il faut la foi; c'est aussi pour vivre. Ce n'est pas seulement pour mourir qu'il faut pouvoir dire : Je sais en qui j'ai cru; c'est aussi pour vivre. Et si, dans un sens moins élevé même que celui où parlait Mme de Morsier en présence de la mort, il suffit, pour faire quelque chose de grand en ce monde, d'avoir la foi dans une idée, la foi au succès d'une cause, la foi à une vérité qui nous possède et qu'on est prêt à défendre quoi qu'il en coûte, quelle sera la force de celui qui a la foi non seulement à une vérité, mais à la Vérité elle-même reçue dans le cœur, embrassée de toutes les forces de l'âme?

Il faut que cette foi à la vérité soit la nôtre; à cette vérité qui est, non pas une idée ou une théorie, mais un cœur vivant et divin, qui s'est abaissé jusqu'à nous pour nous élever jusqu'à lui, et qui a pu dire ce que personne n'a jamais osé dire : « Je suis la Vérité. Suis-moi. »

M. Alfred André, Mme de Morsier, que nous considérions comme des forts, tant d'autres, que nous pourrions nommer, et pour nous en tenir à ces dernières semaines, j'ai presque dit ces dernières heures, ces deux femmes de bien, ces deux sœurs, dont le nom est sur toutes les lèvres (1), pourquoi disparaissent-ils ainsi d'une manière qui déjoue nos calculs et renverse toutes nos prévisions? Pourquoi la mort, qui surprend toujours, même lorsqu'elle semble le plus attendue, les a-t-elle ainsi touchés de son doigt? Si chacun de nous a une œuvre à faire dans ce monde, ne devons-nous pas penser, nous qui sommes toujours prêts à juger selon les apparences, qu'en moins de temps que nous avions prévu, ceux qui emportent avec eux nos regrets affectueux et reconnaissants ont achevé ce qui était demandé d'eux? Et si nous sommes laissés nous-mêmes, c'est que nous avons encore quelque chose à faire : notre œuvre n'est pas achevée. Quelle que soit la forme extérieure de cette œuvre, puissions-nous nous rappeler qu'elle n'a de valeur que par l'esprit que nous y apportons et par l'amour qui l'inspire ; et que c'est une grande œuvre déjà, et la plus grande, puisque c'est celle qui nous fait ressembler le plus à notre Modèle suprême, que le don vrai de nous-mêmes, avec toutes les conséquences voulues et acceptées à l'avance que ce don comporte.

Je propose à la Conférence d'adresser un message de respectueuse sympathie à Mme Alfred André ; — et à la famille de Mme de Morsier : à son mari, à ses enfants qui sont représentés ici ; à sa digne mère frappée en moins d'une année par la mort de son mari et de sa fille.

(1) Mmes Arthur Mallet et la baronne Alphonse Mallet.

PORTRAIT GRAPHOLOGIQUE

M. Crépieux-Jamin, de Rouen, l'auteur bien connu de *l'Écriture et le Caractère*, a fait un portrait d'Émilie de Morsier sur des lettres de ces dernières années.

Voici cette esquisse, suivie d'un spécimen de son écriture courante et de sa signature, en mars 1895 :

« L'écriture de Mme de Morsier est espacée, assez inégale, pâteuse, simplifiée, mais elle est surtout très mouvementée. Ces signes nous indiquent une intelligence vive et cultivée, avec une imagination ardente et un véritable besoin d'activité. C'était là sa passion dominante, passion féconde, du reste, car l'activité s'applique à toutes les qualités du caractère et en est le coefficient par excellence.

« Elle était bonne (écriture courbe), généreuse (écriture espacée), sensible (écriture inégale), et il en résultait un ardent amour pour les faibles et les petits, une bienveillance profonde excluant tout égoïsme.

« Sa droiture était extrême ; elle était foncièrement sincère, loyale et juste, mettant un point d'orgueil à agir avec vérité et grandeur. A cet égard, elle était exceptionnellement soutenue par une imagination vive qui lui montrait les choses sous un aspect noble s'accordant avec ses tendances. Elle ne croyait pas au triomphe du mal, grâce à un optimisme que son caractère explique très bien.

« Emportée par son ardeur, dégagée, du reste, des préjugés courants, elle marchait dans la vie, intéressant tous ceux qui la voyaient agir et entraînant à sa suite une élite confiante et admirative.

« Elle était cependant fort modeste, sachant se dérober à l'heure du succès, n'ayant pas de petites vanités, ne se vantant jamais.

« Son écriture dit tout cela avec intensité, surtout quand on en compare beaucoup de pages parce qu'on trouve dans chacune la même flamme, la même activité rayonnante... »

J. Crépieux-Jamin.

27 Mars

30 Av. Henri Martin

Cher Monsieur

Merci mille fois du portrait qui confirme les impressions de ma mère au sujet de la personne....

bien vôtre

Emile de Morsier

OBSÈQUES DE MADAME DE MORSIER

TEMPLE DE PASSY, MERCREDI 15 JANVIER 1896

Allocution de M. le Pasteur B. COUVE

Il y a bien des années que j'ai appris à connaître Mme de Morsier, vingt-six ans et plus, et je ne me doutais guère alors, ni depuis, que je devrais un jour, à ce privilège d'une vieille amitié, cet autre et douloureux privilège de lui rendre les derniers devoirs, et d'avoir à surmonter mon émotion personnelle, en oubliant presque certains souvenirs communs d'autrefois, pour rappeler devant son cercueil son attachante personnalité, et surtout pour affirmer devant vous les espérances consolatrices de l'Évangile.

C'est à vous surtout, chers affligés, que je voudrais faire entendre les paroles de la vie éternelle : à vous d'abord, sa famille immédiate, car, comme les âmes vraiment tendres, elle aimait *les siens*, et, tout en se créant chaque jour de nouvelles sympathies, elle ne délaissait pas ceux qui avaient sur elle les premiers droits, et ni les morts ni les vivants ne pourraient lui reprocher d'avoir oublié le devoir prochain pour le devoir lointain ; ce frère aîné, ce père vénéré qui reposent là bas, dans le cimetière de Vernier, où elle ira bientôt aussi, savaient combien elle les aimait. Et ceux qui restent le savent aussi : vous, sa mère, si douloureusement frappée par des coups si rapprochés ; vous, ses frères, présents et absents ; vous, ses fils, en qui elle répandait, avec sa noble sincérité, le meilleur d'elle-même ; vous, surtout, mon pauvre ami, qui avez connu pendant trente-deux ans la joie d'une union pleine d'intimité...

On pouvait différer d'avis avec elle, et, sur les points qui me tenaient le plus à cœur, je ne partageais pas plus ses idées qu'elle ne partageait les miennes. Mais sa physionomie morale avait des traits caractéristiques qui la rendaient inoubliable, et je dirais même, irrésistible. Ces traits, qui avaient sans doute existé chez elle de tout temps, s'étaient accusés avec l'âge et l'expérience, qui enlèvent à l'âme quelque chose de sa fraîcheur et de son élan, lui avaient apporté une ardeur plus expansive et une générosité plus agissante. La soif de justice, le besoin de se donner, le dédain pour les vulgarités et les platitudes, le désir d'étreindre toujours plus son idéal, la passion de faire toujours plus et mieux pour servir les déshérités, les petits, les tombés, et pour réaliser la vérité et la justice, tout cela semblait davantage envahir son cœur et sa vie.

La *Conférence des œuvres féminines*, qui se réunit chaque année à Versailles, dont elle était un membre actif et très aimé, m'a prié de dire aujourd'hui un mot en son nom, un mot de bien affectueux et reconnaissant souvenir pour sa mémoire : « Il nous est douloureux, m'écrit le secrétaire de la *Conférence*, de penser que nous n'entendrons plus cette parole si chaleureuse, si entraînante, et derrière laquelle on sentait battre un cœur vraiment noble et désintéressé qui n'avait jamais peur de se compromettre. » Oui, c'est bien cela, elle n'avait pas peur de se compromettre. Ou, plutôt elle n'avait peur de rien. Il y avait en elle, à côté des dons remarquables de l'intelligence, quelque chose d'héroïque et de chevaleresque ; elle aimait les choses difficiles, les causes en péril, les œuvres contestées, les âmes douloureuses et prisonnières, comme elle aimait aussi les pensées hautes, les recherches aventurées, les explorations et les conquêtes dans l'inconnu. Et, avec cela, elle était très femme, dans le plus noble sens du mot, pleine de pitié et de bonté, sensible et vibrante, inquiète même et passionnée, au point de chercher toujours un but plus noble et une tâche plus laborieuse...

Et maintenant, la voici dans son cercueil. Ou plutôt ce n'est pas elle qui aurait souffert une parole si terrestre et si fausse. Je me rappelle qu'il y a longtemps, — plus de vingt ans, je pense, — elle a traduit un livre : *les Portes entr'ouvertes*, où l'auteur, dont elle interprétait la pensée, a essayé de soulever le voile qui nous dérobe l'éternité et de rapprocher le ciel de nous en nous rapprochant du ciel. Je crois qu'à travers les vicissitudes de sa pensée altérée du vrai, elle n'a jamais perdu la foi au monde invisible, mais que plutôt elle a serré plus étroitement ce trésor dans son âme vaillante. Mais je pense aussi, telle que nous l'avons connue, qu'en se représentant l'avenir d'outre-tombe, ce n'est pas le repos qu'elle y aurait cherché, mais plutôt l'activité dans la vérité et dans la justice. Et, en cela, elle ne souhaitait et ne demandait rien qui ne soit conforme à notre Évangile. Le ciel, pour des chrétiens, c'est la vision de Dieu, et Dieu, c'est la Vérité ; c'est la possession de Dieu, et Dieu, c'est la Justice même ; c'est la vie avec Dieu, et Dieu « travaille jusqu'à maintenant », selon le mot de Jésus. Et quand l'apôtre nous dit que, « si nous n'avons d'espérance en Jésus-Christ que pour cette vie seulement, nous sommes les plus misérables des hommes », cela veut dire que Jésus allume en nous une soif qui ne peut être étanchée que dans la vie éternelle, et que les chrétiens seraient plus misérables que les plus misérables des hommes, à savoir les épicuriens et les égoïstes, puisqu'ils auraient appris à aimer, à désirer, à espérer, et que tous ces désirs, ces espoirs, ces amours, seraient condamnés au néant. Ce qui protestait chez elle contre le mal qui est dans le monde aspirait par cela même au bien qui n'est pas dans ce monde...

Qu'est-ce donc que la vie présente, si elle n'est pas l'apprentissage d'une autre vie ? A quoi bon se fatiguer et se meurtrir le cœur pour faire au péché, sous toutes ses formes, une guerre acharnée, si quelque jour la victoire ne doit pas illuminer le front des combattants, s'il ne leur est pas réservé cette joie suprême de voir le mal vaincu et la justice triomphante ? Quand Jésus, notre Maître et notre Sauveur, a allumé en nous par son amour la flamme de l'amour, ce n'est pas pour qu'elle s'éteigne après avoir dix, vingt, quarante ans, vacillé péniblement sous les souffles hostiles de la terre, mais bien pour brûler ailleurs d'un plus vif et plus durable éclat.

Si nous sommes chrétiens, c'est parce que le Christ, après nous avoir appris comment il faut vivre, n[illegible]ppris qu'on ne doit pas mourir...

Et c'est là ce qui nous console et ce qui peut vous consoler, chers affligés, car, pendant que nous comptons, non pas sur nos vertus pour nous ouvrir la porte des cieux, mais sur la vertu du Christ pour nous en préparer l'accès, nous remettons nos bien-aimés dans les bras de l'Éternelle Miséricorde, et nous crions vers cette Miséricorde pour qu'elle nous rende la terre plus supportable sans eux, — et en même temps, le ciel plus rapproché, plus visible et plus présent.

Allocution de M. le Pasteur WAGNER

Mes Frères,

Il nous faut consentir à la mort d'une certaine façon, en l'acceptant, malgré notre douleur, comme une dispensation de la sainte volonté qui enveloppe toute notre destinée et qui, seule, a le secret de notre tombe comme de notre berceau.

Mais il y a dans la mort et dans son appareil terrifiant, un défi jeté à tout ce que nous sommes, à tout ce que nous aimons, une formidable démonstration de ruine et de néant. Il est de notre devoir de relever ce défi et de ne point nous incliner devant cette démonstration. Aussi, lorsque l'un d'entre nous vient d'être terrassé par la mort, si nous parlons de lui, ce n'est point sous l'influence d'une impuissante vanité et pour donner, pendant un jour, un semblant de réalité à ce qui n'en a plus. Mais c'est pour rendre à Dieu et à ce qu'il y a d'impérissable en nous, l'honneur qui leur est dû.

Sous l'humble buisson de la vallée, cette fleur, qui charme notre regard, est un sourire du soleil captif sur la terre Et de même, une belle existence humaine est un sourire de Dieu tombé dans nos obscurités. Ce sourire, ce message réconfortant, gardons-en, au fond de nos cœurs, le pieux souvenir. Affermissons nos courages, adoucissons nos regrets et nos larmes, en pensant que, si ce qui vient de la terre retourne à la terre, ce qui est venu de Dieu ne peut retourner qu'à Dieu. On ne parlera jamais assez de nos chers morts et du bien que Dieu nous fait par eux. En suivant l'impulsion légitime de nos plus pures affections, nous sommes conduits ainsi au bord des rives mystérieuses, où la foi et l'espérance ont construit un pont qui joint le monde visible au monde invisible.

J'essaierai de fixer ici quelques traits de la figure qui remplit aujourd'hui nos mémoires.

Il y avait en Mme Émilie de Morsier un contraste heureux.

D'autres peuvent avoir autant d'idéalité, mais leurs enthousiasmes sont d'un caractère platonique. Ils se contentent de nourrir en eux une flamme sacrée pour ce qui est digne d'attirer nos intelligences ou d'émouvoir notre compassion ; mais tout se passe en eux-mêmes sans aboutir à l'effort de l'action.

D'autres encore ont autant d'énergie extérieure et de pouvoir pratique, mais leur activité est dépourvue de cette lumière intérieure qui, seule, donne un sens à nos œuvres. Il est bien rare de trouver réunies en une même personne ces qualités diverses et presque opposées, telles que nous avons pu les remarquer en celle que nous pleurons.

Elle s'en est fait des armes pour le plus noble des combats, le combat pour la justice. Car elle n'était pas de l'école de ces gens qui semblent avoir pris pour devise la parole de l'Ecclésiaste en lui donnant une interprétation funeste : *Ce qui est courbé ne peut se redresser*. Le mal, pour elle, n'était pas le résultat d'une fatalité devant laquelle nous devions abdiquer la résistance. Si tant de choses sont tordues, déviées, souillées dans ce monde, il faut en chercher la cause dans nos esprits égarés et nos volontés mauvaises. C'est le péché qui est la source impure des maux dont nous souffrons, et le remède est à chercher dans nos âmes sanctifiées par l'amour, dans nos volontés régénérées et purifiées. Le grand et noble combat dans ce monde, est celui que mènent contre toutes les forces coalisées du mal, toutes les forces alliées de la justice. La [illegible] qui nous excite à ce combat s'est éveillée tôt dans l'âme de Mme de Morsier et ne s'est jamais laissé réduire au silence. Notre amie a dit quelque part :

« Le jour où nous nous consacrons à une œuvre, où nous avons compris, au fond de notre conscience, qu'il y a un devoir humanitaire aussi impératif que le devoir familial ou individuel ce jour-là, il faut être prêt à bien des sacrifices ». Ces sacrifices, elle les a vaillamment offerts. Aucune peine, aucune fatigue, aucune de ces conventions mondaines, si puissantes et quelquefois si lâches, ne l'arrêtait Et, naturellement, elle allait surtout là où elle voyait le plus de victimes du mal, le plus d'existences flétries ou écrasées par l'iniquité : « Mon cœur troublé aurait voulu pénétrer jusqu'au fond de ces âmes et de ces consciences, et je me disais que Dieu seul pourrait distinguer ici les criminels des fous, les coupables des victimes... »

Il faut que ceux qu'une irrésistible consigne intérieure pousse ainsi au plus épais de la mêlée, aient des facultés d'espérer plus énergiques que le commun. Car, s'il paraît possible et presque facile d'espérer une amélioration lente et successive de la société, dans son ensemble, il est infiniment plus difficile de garder cette espérance en face de certains phénomènes de dégradation personnelle, et des déformations que le vice a fait contracter à des catégories entières d'êtres humains Ecoutez ce que dit à ce sujet Mme de Morsier; j'éprouve une émotion d'un caractère inexprimable en vous faisant entendre la voix de celle qui nous a quittés, comme si elle nous parlait du sein de Dieu où elle est entrée : « Oh! ne dites jamais d'un homme ni d'une femme qu'ils sont perdus sans espoir de retour, et ne renoncez pas, je vous en supplie, à prononcer sur le dernier des misérables, fût-il à son dernier jour, une de ces paroles de consolation et d'amour, semence féconde jetée au hasard d'un avenir qui nous est inconnu, mais qui germera d'une manière ou de l'autre, sans doute, dans cet univers dont la loi est que rien ne se perd. Qui sait si cette parole de tendre compassion ne l'accompagne pas comme une force bienfaisante et rédemptrice pour le reste de sa pauvre vie et jusque dans la mort qui n'est pas la fin, mais le commencement d'un nouvel ordre de choses. »

Si l'on peut dire de plusieurs d'entre nous qu'ils ont la bonté hésitante ou molle, on peut dire de Mme de Morsier qu'elle avait la bonté audacieuse. Elle l'avait aussi tenace et persévérante. Je n'en donnerai pour preuve qu'un chiffre. Elle était collaboratrice à l'*Œuvre des Libérées de Saint-Lazare*, et de celle de Mme Butler, depuis vingt ans. Inutile de dire, car chacun ici le sait, avec quelle ardeur communicative se faisait cette collaboration. Nous lisons dans ses adieux à Mme Caroline de Barrau, une de ses compagnes de labeur, ces paroles qui sonnent aujourd'hui comme son propre testament :

« Travaillez ! c'est le mot que nous laissent ceux qui nous ont devancés et sont tombés au champ d'honneur.

« Travaillez ! c'est le mot que nous disent des milliers de voix, dont la plainte douloureuse s'élève chaque jour de cette grande cité.

« Travaillez ! c'est le mot que murmurent ces mères désespérées qui voient leurs filles tomber dans le gouffre de la misère et de la honte.

« Travaillez et aimez ! voilà les paroles que nous devrions placer au fronton du monument que la France élève pour y convier toutes les nations de la terre. »

Malgré cela Mme de Morsier était loin de se complaire et de s'absorber dans ces préoccupations d'ordre pratique. Son esprit avait besoin d'un horizon et son activité d'un prolongement de nos destinées au delà de leur terme naturel et visible. « Nous demandons, disait-elle, que, tout en travaillant à l'amélioration pratique de l'humanité, on lui laisse la foi indomptable et l'espérance immortelle qui ont soutenu les martyrs de la liberté, comme ceux de la religion. » Son activité sociale devenait pour notre amie un motif de plus d'espérer et entretenait sa faculté de croire à une vie supérieure : « Si l'espérance immortelle ne peut pas naître de l'égoïsme, tous les horizons de la vie éternelle se dévoilent devant celui qui peut aimer ! » La vue sur l'Au delà était pour elle un besoin permanent. A chaque instant, nous la voyons lever le regard des sillons où nous semons et labourons pour aspirer l'air des hauteurs lumineuses.

Cette tendance naturelle de son âme en faisait une sœur en la foi de tous ceux qui croient et prient. La vivacité de ses convictions n'avait pour égale que leur largeur. Beaucoup de nous se rappellent les réunions intimes que M. et Mme de Morsier, associés étroitement dans toutes les entreprises pour le bien, nous donnaient, il y a quelques années, dans leur demeure de la rue Claude-Bernard. Nous nous rencontrions là entre personnes de tous les milieux religieux de ce temps, pour échanger des témoignages de solidarité. Lorsque, plus tard, le Congrès de Chicago révéla en grand ce qui avait été révélé en petit, la joie de Mme de Morsier fut entière, et ceux qui l'ont fréquentée, pendant les derniers temps, savent avec quelle passion elle s'intéressait à ces projets du « Congrès religieux de 1900 » qui ont vivement éveillé l'attention publique.

C'est que jamais Mme de Morsier n'a pu faire abstration dans l'homme de ce qu'il a d'éternel, sous les formes éphémères de cette vie. Et, pendant sa maladie, si longue et si pénible, sa croyance en l'éternité n'a fait que s'affermir au sein de ses souffrances.

D'une voix tremblante, entrecoupée par la faiblesse, elle disait, quelques heures avant sa mort, à une de ses plus fidèles amies : « *Le courage ne suffit pas, il faut la foi, il faut pouvoir dire : je sais en qui j'ai cru* », et je trouve cette parole plus touchante et plus forte parce qu'elle est tombée d'une bouche qu'allait envahir le grand silence de la mort.

Oui, de toute son âme elle croyait à la vie éternelle, à la parole de Celui qui, sentant s'éveiller en lui, sous nos poussières terrestres, toutes ses hérédités divines, a dit pour affermir nos âmes à jamais : « Je suis la résurrection et la vie, celui qui croit en moi vivra, quand même il serait mort. »

Et maintenant, au nom de tous ceux qui vous aiment, au nom de vos collaborateurs, au nom de tous ceux, obscurs, inconnus, méprisés, que votre main a touchés, sur qui se sont arrêtés vos yeux pleins de pitié, nous vous disons : Adieu, sur la terre.

Mais, au nom de Celui que nos mères nous apprennent à prier sur leurs genoux, avec le sentiment de notre misère, mais, avec la certitude d'un cœur éclairé par Dieu, en face de votre pauvre corps, brisé et vaincu par un mal implacable, nous vous disons : Au revoir! au revoir dans cette terre matinale où tout ce que ce monde brutal écrase s'épanouira sous le regard de Dieu en une fleur immortelle; au revoir là où selon vos paroles, « il n'y aura plus ni vices, ni injustices, ni prisons! »

Amen.

CHAPELLE DE VERNIER, JEUDI 23 JANVIER 1896

Allocution de M. le pasteur CHOISY

Mes Frères,

Pour être disciple du Christ, il faut en accepter la condition, la souffrance. Il *fallait*, disent les Ecritures, que le Christ souffrit. Pour le suivre, il faut boire sa coupe, monter après lui le Calvaire. Il faut que nous soyons jetés dans le creuset jusqu'à ce que l'image du Christ se reflète dans notre âme comme se reflète dans l'or fondu l'image du fondeur. Les souffrances peuvent être extérieures, dans le corps, mais elles peuvent et doivent être aussi intérieures, atteignant jusqu'aux moelles et aux jointures de l'âme. L'amie que nous avons perdue a souffert des deux manières; sa chair et son cœur se sont également consumés. Mais elle savait en qui elle avait cru. Il me souvient que, la dernière fois que je la vis dans cette chapelle, c'était le dimanche 22 septembre. Je prêchais sur Hébr. X. 36 : « Vous avez besoin de patience, afin qu'après avoir fait la volonté de Dieu vous obteniez ce qui vous est promis. » Je ne sais pourquoi, ce jour-là, j'eus une émotion particulière. Etait-ce le pressentiment que, parmi les personnes présentes, plus d'une allait prochainement, après avoir souffert avec patience, obtenir ce qui lui avait été promis? Ce pressentiment s'est réalisé pour notre amie.

A notre tour, nous souffrons de ce départ, mais comme elle, nous savons en qui nous avons cru. Nous croyons au pauvre fils de Marie, à l'époux de la terre *en deuil* (pour emprunter le langage d'un poète de notre pays),

Qui pose la lampe de vie
Dans le mystère du *cercueil*,

et, instruits, fortifiés par lui, nous répétons le *Credo* de la douleur et de l'espérance :

« Je crois, ô mon Dieu, qu'en souffrant avec résignation j'achève en moi la Passion du Christ !

« Je crois que toute créature en ce monde est gémissante et comme dans la douleur de l'enfantement..., et qu'elle attend le jour de la manifestation du Fils de Dieu. Je crois que nous n'avons point ici de demeure stable et que nous en cherchons une dans l'avenir.

« Je crois que toutes choses coopèrent au bien de ceux qui aiment Dieu. Je crois que, s'ils sèment dans les larmes, ils moissonneront dans la joie.

« Je crois que bienheureux sont ceux qui meurent dans le Seigneur.

« Je crois que nos tribulations forment en nous un poids éternel de gloire si nous contemplons, non ce qui se voit, mais ce qui ne se voit point ; car les choses que nous voyons sont passagères, celles que nous ne voyons point sont éternelles.

« Je crois qu'il faut que notre corps corruptible revête l'incorruptibilité, que notre corps mortel revête l'immortalité, et que la mort soit absorbée dans cette victoire.

« Je crois que Dieu essuiera toute larme dans les yeux des justes, que la mort ne sera plus en eux, ni les gémissements, et que leur douleur s'arrêtera enfin, car tout le premier monde aura passé.

« Je crois que nous verrons Dieu face à face (1). »

AMEN.

ALLOCUTION DE M. LE PASTEUR FERRIÈRE

« On creuse une nouvelle tombe dans le cimetière de Vernier, mais ce n'est pas là que nos âmes le cherchent. » Telles sont, à la mort de son frère Georges, et à l'adresse des siens, les paroles d'Emilie de Morsier. Elle y exprime, en termes que je demande la permission de vous relire, sa ferme espérance en l'Au delà.

« Pour retrouver nos morts, il faut les croire vivants et nous élever par l'Esprit jusqu'à leur nouvelle patrie. Ce n'est pas eux qui descendent des sphères radieuses du monde éthéré sur notre triste terre ; c'est nous qui montons, attirés par leur amour, dans le rayonnement de leur vie spirituelle. Ils ne sont pas perdus pour ceux qui savent aller à eux. »

(1) Abbé Gerbert.

Ces paroles, c'est de Là-haut, maintenant, chers amis, qu'elle vous les adresse.

Depuis qu'elle les écrivit, une nouvelle tombe s'est creusée dans le cimetière de Vernier, « à l'ombre du mausolée du chef vénéré de la famille Naville ».

Et maintenant, à un an d'intervalle à peine, elle, à son tour! Mais ce n'est pas là que nos âmes la cherchent!

Sa vie fut courte et bien remplie.

Elle apparait. dans mes souvenirs de jeunesse, brillante, au milieu d'un cercle de famille où l'on était fier d'elle; entrant dans le monde, sûre d'elle-même; sans dédain, toutefois, car, dès son enfance, tout en elle fut noble, large et élevé.

Elle eut tout pour la réussite mondaine, pour être heureuse au sein de la vie élégante et facile; sa voix était splendide; mais Dieu l'appela « à des choses plus excellentes. »

Deux traits résument son caractère: « FORCE, COMPASSION. »

Ses dons éminents devinrent l'instrument d'une force divine. Le don céleste de la compassion dans l'épreuve se réveilla en elle.

Y a-t-il correspondance entre les forces latentes que nous portons en nous et les événements de notre vie? Je ne sais! Il y a des âmes auxquelles la destinée semble injuste, soit qu'elle brise leur ressort par de grandes souffrances, soit qu'elle étouffe leurs virtualités spirituelles dans le bien-être d'une vie trop facile.

Emilie de Morsier, elle, fut placée dans des circonstances admirablement faites pour développer tout ce qui sommeillait encore dans la jeune femme brillante et admirée.

Elle a répondu aux appels de la Providence. Elle a fait valoir les talents qui lui avaient été confiés.

Lorsque la vie fut devenue pour elle un long et parfois âpre combat, son âme se dégagea de cette loi de fatalité qui pèse sur les âmes prisonnières des choses. Elle est restée victorieuse du destin.

Il y a eu sans doute dès lors quelque chose de viril dans son attitude. Il semblait parfois qu'elle eût revêtu une armure, mais sous cette armure battait tout ce qui est humain, et là où tant d'autres se replient sur eux-mêmes et s'aigrissent dans un rétrécissement d'être, elle a protesté contre ce qui déprime par la plus belle des protestations, celle d'une immense pitié pour ceux qui souffrent.

Voici un mot qu'elle écrivait, il y a longtemps déjà, à une amie : « Il n'y a que les malheureux qui m'intéressent; les autres m'ennuient. » Il en dit long, ce mot-là, sur le drame secret de son âme!

Elle arriva à Paris quelque temps avant le siège. Là, vous savez ce que fut l'ambulancière. Les soucis d'une jeune famille à élever et à nourrir dans ces temps difficiles, ne l'empêchèrent point de consacrer aux blessés et aux malades tout ce qu'elle avait de forces et de ressources disponibles.

Sa vocation s'était réveillée, car c'est bien d'une vocation qu'il s'agit dès lors, et vers la femme surtout, la femme blessée sur le champ de bataille de la vie, elle se sentit attirée.

Comment réussit-elle, avec de faibles ressources, des enfants à élever, étrangère à Paris, à trouver du temps pour la famille des malheureux? C'est le secret de la charité.

D'autres, douées comme elle, se créent des relations mondaines. Elle aussi savait y réussir, mais la charité, voilà pour elle toujours la raison d'être de la sociabilité. Son modeste salon, ouvert à tous, rendez-vous des grands, *home* hospitalier des petits et des isolés, rappelle mieux que tout ce que j'ai connu, dans notre XIXe siècle, et nos sociétés raffinées, l'écho de l'ordre du Maître : « Va dans les carrefours, et presse-les d'entrer (1) ».

Je le répète, les hommes plus encore que les œuvres ou les théories, voilà ce qui intéressait Émilie de Morsier. Il y a dans toute institution, inhérente à toute œuvre, même la plus conforme à l'esprit évangélique, une altération fatale et presque inconsciente qui consiste à faire de l'œuvre elle-même le but, et des êtres vivants, un moyen de faire prospérer l'œuvre. De là des déviations qui blessent des sentiments légitimes, des chemins de détours que l'on prend parfois, et où alors on foule aux pieds les âmes « pour la plus grande gloire de Dieu ! »

Émilie de Morsier avait l'âme trop droite et le cœur trop chaud pour ne pas se souvenir que le respect des âmes est le vrai moyen de leur faire du bien, pour ne pas sentir d'instinct que le vrai moyen de relever et de consoler son prochain, c'est d'entrer en contact personnel avec lui.

Le fond de sa nature, c'était l'indignation contre l'injustice, et tout son effort a tendu vers ce but : protester contre l'iniquité.

Là, peut-être, est la vraie cause de son admirable spontanéité et de la persévérance qu'elle mettait, une fois la résolution prise, à aller droit au but.

Un jour, une de ses amies l'engageait à l'accompagner dans une réunion où devait parler Mrs Joséphine Butler. Mme de Morsier ne connaissait pas encore Mrs Butler.

L'œuvre de cette dernière rencontrait en elle des répugnances, suscitait quelques défiances. L'amie qui était venue la chercher et qui insistait, finit par l'emmener, presque malgré elle, à la réunion.

Eh bien, de cette réunion datent les rapports intimes, et toujours plus intimes, qui se sont établis entre ces deux nobles femmes, et la plus belle œuvre qu'il leur a été donné de faire de concert avec d'autres femmes. Je parle en particulier de Mlle de Grandpré et de Mme Bogelot dans l'œuvre plus spéciale des détenues libérées.

Un trait de détail, si vous voulez ; il est caractéristique : les détenues de Saint-Lazare étaient relâchées de très grand matin, alors que la rue est relativement déserte. Mme de Morsier allait à la porte de la prison, avant le jour, attendre ces malheureuses pour leur offrir le refuge qu'elle leur avait préparé. Aucune démarche ne lui coûtait. Elle allait au fond des questions, se rendait, par elle même, compte des situations. Lui parlait-on d'une malheureuse à protéger, d'un jugement à redresser, elle se mettait en toute séance tenante, ne se donnant pour battue que si elle se heurtait décidément à l'impossible.

Si elle est arrivée à des opinions passablement avancées en matière de

(1) Saint Matth. XXII.

réorganisation sociale, c'est par l'expérience. Elle n'acceptait pas les injustices, même celles qui sont une conséquence inévitable de l'ordre de choses établi.

Elle protestait non par esprit révolutionnaire, mais parce qu'elle n'admettait pas qu'un ordre social quelconque puisse accepter l'injustice comme mal nécessaire.

Aussi ne craignait-elle pas d'entrer en rapport avec des hommes à étiquettes sociales diverses, et à chercher dans leurs rangs, comme ailleurs, les cœurs élevés. Vous savez, chers amis, quelle amie dévouée elle fut pour Benoît Malon, de quelle affection elle l'a entouré à son lit de malade, passant de longues veillées auprès de l'agonisant, comme s'il eût été un frère.

Et l'enquête à laquelle elle s'est livrée pour exposer dans un petit écrit plein d'une noble indignation les injustices dont Cipriani avait été l'objet avant de devenir un révolté. Personne n'eût osé prendre sa défense. Mme de Morsier, elle ne s'est jamais laissé retenir par des considérations de ce genre. Il faut parfois plus de courage, surtout à une femme, pour relever les blessés sur ce champ de bataille-là que sur ceux où éclatent les obus. Toujours, elle est descendue elle-même ramasser les blessés, et a ainsi réalisé la loi spirituelle formulée par Jésus-Christ quand il dit que : « celui qui sait s'abaisser sera élevé ».

Et, à côté de ce qu'on peut appeler l'héroïsme de son cœur, il y a les attentions délicates, les fleurs de charité qu'elle semait sur sa route : ce pauvre musicien des rues, par exemple, qu'elle amène dans son salon et auquel elle ménage, avec un petit succès une gentille somme collectée séance tenante; auquel, une autre fois, elle fera apprendre quelques airs d'un compositeur inconnu, pour l'envoyer ensuite jouer ces airs dans une arrière-cour, sous les fenêtres de leur auteur, et donner un moment à celui-ci, pauvre ignoré, la sensation de la popularité.

Je n'ai pas à vous rappeler ici ce qu'elle a fait dans le domaine plus général de l'organisation et ce qu'elle a obtenu, non seulement pour des individus, mais pour des classes d'individus ; ni les améliorations considérables que ses efforts, joints à ceux des dames que je viens de nommer, ont fait introduire dans le régime pénitentiaire des femmes ; ni ce monument littéraire élevé par ses soins aux œuvres féminines, ni ce Congrès de 1889, dont elle fut l'âme, ni ses nombreux discours, dans les assemblées des diverses œuvres auxquelles elle collaborait.

Son éloquence était de celles qui empoignent et remuent profondément les consciences. Elle a jeté à pleines mains, dans ses discours, des idées neuves, larges, fécondes, vraies semences qui lèveront encore longtemps dans les cœurs. Ses pensées sur les responsabilités des classes cultivées vis-à-vis des déshérités, ses conseils en éducation méritent d'être conservés (Voir, par exemple, le *Bulletin de l'Œuvre des libérées de Saint-Lazare*).

Ceci m'amène maintenant à parler, après la femme d'action, de la femme de pensée. Les hommes l'intéressaient plus que les théories, et elle ne s'en tenait pas, comme tant d'autres, à la théorie et à l'organisation. Mais il ne serait pas exact de dire que l'action chez elle ait primé et dépassé la pensée. Dans les deux domaines, sa force fut égale et ces deux formes de son activité allaient de pair.

Sortie d'une famille qui compte des hommes célèbres par leurs aptitudes philosophiques, elle a apporté à toutes les questions de cet ordre une grande vigueur de pensée, un goût passionné pour le problème de la destinée humaine, une remarquable lucidité d'exposition.

Rompant volontiers avec les traditions, elle abordait ces problèmes à un point de vue nouveau, cherchant de préférence les voies inexplorées. Mais, fidèle à son caractère, fidèle à sa race aussi, elle les a toujours envisagés à un point de vue spiritualiste et franchement éthique.

C'est la doctrine de la Rédemption qui, visiblement, la préoccupait avant toute autre. Elle a exposé sur cette question les idées qui lui tenaient à cœur dans un petit ouvrage intitulé : *Parsifal ou l'Idée de la Rédemption*.

Passionnée de musique, puissamment attirée par le drame de Wagner, elle fut plus encore frappée par le côté philosophique et moral de cette œuvre.

Qu'elle ait prêté ou non ses idées à Wagner, que nous importe ! C'est sa pensée à elle qui nous intéresse. Elle saluait en lui un de ces génies prophétiques et vraiment humains qui projettent de la lumière même sur des régions étrangères à leur domaine spécial, parce qu'ils sont au centre des choses. D'un autre côté, nous ne nous étonnerons pas de constater que Mme de Morsier n'a pas envisagé, au même point de vue que l'Eglise, cette grande loi du monde spirituel que l'on appelle la Rédemption. Mais le dogme traditionnel aurait-il le monopole de la vérité, et n'y aurait-il pas à ce profond et mystérieux phénomène de la vie morale et de l'humanité d'autres faces que celle mise en relief par l'Eglise ?

Qu'elle ait eu, elle, femme et femme d'action, la hardiesse et le goût d'aborder avec une telle ampleur ces redoutables problèmes qui intéressent à la fois la philosophie et le cœur humain, qu'elle les ait abordés de front et en face à un point de vue si élevé et si individuel en même temps, et qu'elle nous laisse dans cet ouvrage tant de pensées bienfaisantes et fécondes, ceci est une preuve de hautes facultés philosophiques et d'une puissance d'intuition spirituelle peu commune.

C'est cette même préoccupation, à la fois morale et philosophique, qu'elle a apportée dans le domaine des études psychiques et de l'occultisme. De bonne heure déjà elle a étudié ces questions avec un intérêt passionné. On peut dire que là fut sa religion, la religion où son âme vivait, où elle puisait sa nourriture spirituelle.

Très affirmative en apparence et absolue dans ses opinions, ayant un grand besoin de généraliser les faits, de formuler des lois, capable, en même temps, d'un grand enthousiasme pour certaines théories, comme pour certaines personnalités, elle ne s'est cependant jamais livrée sans réserve et sans contrôle à l'attrait puissant, à la possession intellectuelle que le côté ténébreux de la nature comme l'appelait déjà Schubert, exerce sur tant d'intelligences, bien nobles cependant. Et c'est là où je retrouve la marque de la forte culture philosophique, de la foi dans la réalité de la liberté morale qu'elle tenait de son éducation première.

Il semble que l'occultisme n'eût pas dû trouver grand accès dans cet esprit si lumineux, si viril, tout le contraire de rêveur, si bien dressé à servir d'instrument à une volonté forte et passionnée d'action, d'action sur le monde présent. Et pourtant, en y regardant de plus près, on constate une profonde unité entre sa religion et sa vie extérieure.

Elle avait rompu assez complètement avec les doctrines traditionnelles, mais elle en avait conservé à la fois, et la substance morale qui est la charité, et ce que je pourrais appeler la substance religieuse, c'est-à-dire l'espérance ferme de l'Au delà.

Elle le voulait vraiment vivant, cet Au delà, vraiment humain : fermement convaincue, en même temps, que la solidarité humaine est la grande loi de ce monde-ci et de l'autre, elle voulait aussi que cette loi reliât les deux mondes entre eux. Ses racines intellectuelles et morales plongeaient trop avant dans le sol protestant, protestant réformé, c'est-à-dire libre et individualiste, pour qu'elle eût pu jamais chercher la satisfaction de ses besoins dans la doctrine catholique.

Il est donc naturel que l'étude du spiritisme ait eu, de bonne heure, un grand attrait pour elle.

En outre, il était dans son caractère de protester contre tout ce qui déprime, tout ce qui pèse sur l'âme humaine, de ne pas accepter ce mot si facile aux découragés : « Il faut se résigner; les choses sont ainsi. » Elle protestait contre l'injustice, elle protestait aussi contre la fatalité, contre la mort qui en est l'expression absolue ici-bas. Elle voulait soulever un coin du voile qui nous cache l'invisible, elle voulait toucher l'intangible. Mais ce n'était pas le fait d'une imagination maladive, ni même l'ambition de la recherche scientifique qui la poussait, c'était avant tout le besoin moral de la vie, la conviction que le secret de la vie c'est la force morale, et que cette force morale est une puissance qui tient la matière en dépendance immédiate.

Elle a été plus loin; elle voulait, semble-t-il, que la loi morale elle-même fût l'expression d'une loi naturelle d'évolution Je ne veux pas entrer ici dans l'examen de ses vues philosophiques, mais il me paraît que, là, sa pensée a faussé compagnie à sa conscience, restée, elle, croyante, c'est-à-dire fermement attachée au fait de la liberté morale. Et, parce que sa conscience n'a jamais abandonné le roc du sentiment de la responsabilité, l'occultisme n'a pas non plus porté atteinte à sa santé morale, bien au contraire. Aussi, au lieu de dévier graduellement vers ces régions ténébreuses où le spiritisme, à la poursuite du phénomène occulte qui surgit et qui se dérobe, s'égare en les confins de l'absurdité scientifique et parfois même se souille de mensonge, elle a progressivement éliminé de sa foi spirite tous ces éléments impurs, et s'est élevée, oui, élevée, dans une direction toujours plus sereine où la recherche de l'occulte devient simplement l'affirmation de la continuité qui existe entre l'ici-bas et l'Au delà, vérité que le christianisme a toujours confessée comme une des grandes bases de sa foi.

A cet égard, les belles pages qu'elle consacre à la mémoire et au caractère élevé de son frère Georges, sont aussi un témoignage touchant qu'elle se rend, sans le vouloir, à elle-même, à ses propres convictions, aux mobiles profonds de sa vie, à ses espérances humanitaires et ultra-terrestres à la fois, et les paroles que je vais lire sont bien la conclusion logique et comme l'aboutissement suprême de sa pensée.

Je les trouve dans ce morceau qui va de la page 52 à la page 56 et qui se termine ainsi :

« Comment pourrions-nous la maudire, comment pourrions-nous la « mépriser, cette humanité, puisque c'est d'elle que doit sortir une race « nouvelle, puisque, selon l'expression d'André Jackson Davis, elle est en « lutte et en travail pour créer l'homme spirituel, de même que la nature « a été en lutte et en travail pour créer l'homme terrestre. Mais à chaque degré « supérieur d'évolution, le travail s'ennoblit. Si la nature physique accom- « plit son œuvre inconsciemment, obéissant sans le savoir aux lois divines, « nous sommes appelés à travailler consciemment. Nous savons que le but « de notre vie terrestre est de créer et de développer l'homme divin, et « nous savons que la loi qui gouverne l'évolution des êtres est une loi « collective aussi bien qu'individuelle, en sorte que nul ne peut prétendre « devenir un homme complet, un homme en esprit s'il s'enferme dans « une indifférence égoïste. Nous vivons les uns par les autres ; une solida- « rité intime unit tous les êtres entre eux. Cette loi est inscrite dans toute « la nature physique, et l'histoire la crie d'une génération à l'autre. »

Vous le voyez, chers amis, tout se tient dans sa vie parce que tout était un dans son âme, et que le centre moteur en elle, était un fait de volonté morale et de foi au bien et au vrai. Quoi qu'elle entreprît, elle fut toujours elle-même et entière dans ce qu'elle entreprenait. Aussi, malgré la diversité de ses occupations et de ses préoccupations dans l'atmosphère agitée et agitante d'une grande ville, à travers les crises de la pensée, comme à travers les luttes de la vie, elle a toujours marché en avant à la conquête de la vérité.

Toutes les lignes convergent, et toutes montent vers un point central. Aussi l'avez-vous vue dépouillant peu à peu le côté militant de son énergie; vous avez vu la compassion devenir en elle douceur et harmonie par un rayonnement toujours plus bienfaisant de l'unité intérieure.

Quel fut le secret de cette unité ? Il y a un nom bien connu et bien souvent appliqué à faux : c'est la foi, la foi au sens vrai et spirituel du mot Voilà le seul point d'appui réel pour toute âme. Ce fut le sien.

Je parlais de ces deux mots qui résument sa carrière : « FORCE ET COMPASSION. »

A ces deux mots, j'en ajoute donc maintenant un troisième : la FOI, la foi, ressort profond, invisible bien souvent aux yeux des hommes. Elle-même, peut-être, l'ignora, du moins au début de sa vie. Mais il a été forgé dans cette âme à travers la vie ; il s'est trempé, fortifié.

Il est, chers amis, le dernier mot de votre bien-aimée avant d'entrer dans cet Au delà qu'elle avait tant cherché à comprendre ; le témoignage qui sort des lèvres de la mourante est un témoignage de foi.

Le roc affleure sur lequel avai été bâtie sa maison.

Laissez-moi vous lire quelques paroles recueillies à son lit de mort par une main pieuse :

On vient lui dire que Mlle B... voudrait la voir. « Oui. Celle qu'on appelle quand il faut du courage ». Et le lendemain : « Dites à Mlle B... que le courage ne suffit pas. Il faut la foi, la foi qui dit : Je sais en qui j'ai cru. »

Et maintenant, nous, amis et parents de la défunte, qui entourons ici cette chère famille en deuil, que dirons-nous à ceux qui pleurent ? Nous leur dirons : Nous sommes reconnaissants envers Dieu qui vous a donné cette mère, cette épouse, cette fille.

Nous sommes reconnaissants, et nous, sa grande famille genevoise, nous sommes fiers d'elle.

Nous ne l'avons pas toujours été, il est vrai, comme nous l'aurions dû. Nous n'avons pas toujours, ni tout de suite, compris cette nature. Nous qui l'aimions tant et qui l'admirions, nous étions plutôt étonnés, parfois un peu attristés de ses opinions, de quelques unes de ses relations. Nous trouvions qu'elle n'était pas assez Genevoise.

Mais une vue plus sereine et plus élevée des choses donne la conviction qu'en étant ce qu'elle a été elle a obéi à un appel d'En-Haut. Nous constatons maintenant qu'elle était faite pour devenir une véritable colonisatrice spirituelle. Elle fut une de ces natures largement ouvertes, douées d'une grande force d'expansion et de sympathie, comme nous en avons trop peu parmi nous, et qui sont appelées à transplanter et à faire mûrir sous de nouveaux climats les vieux plants de notre christianisme évangélique réformé. Voyez ses rapports avec Benoit Malon : vous savez qu'elle ne lui a pas seulement tendu dans ses souffrances une main fraternelle ; elle a ouvert son horizon du côté des choses spirituelles. Croyez-vous qu'elle eût pu avoir sur celui-ci la moindre influence bienfaisante, qu'elle eût pu seulement entrer en contact avec un esprit aussi différent du sien, si elle n'avait eu avec lui certaines affections communes dans les questions sociales, certains points de contact dans le domaine de la pensée ?

Eh bien ! chers amis, dans l'amie de Benoit Malon, dans le biographe de Mazzini, dans l'avocat indigné de Cipriani, dans la tendre sœur des détenues libérées, comme dans l'amie de Joséphine Butler, nous reconnaissons une fille de la vieille cité républicaine et huguenote des rives du Léman, nous saluons une des nôtres, et nous sommes fiers d'elle.

Et à nous tous qui la pleurons, elle lègue, comme à tous ceux qui l'ont connue, une démonstration vivante de cette parole biblique :

« Et maintenant ces trois choses demeurent : la foi, l'espérance et la charité, mais la plus excellente est la charité. »

Amen.

TABLE DES MATIÈRES

Alençon. Imprimerie GUY, Veuve, Fils et Cie

www.ingramcontent.com/pod-product-compliance
Ingram Content Group UK Ltd.
Pitfield, Milton Keynes, MK11 3LW, UK
UKHW020442200726
13857UKWH00002B/538